2013 年度中央财政支持地方高校发展专项资金建设项目“公安学及公安技术学科创新团队”成果
重庆高校物证技术创新团队资助项目成果（合同号：KJTD201301）

西南政法大学刑事侦查学院公安学学术文库

社会科学证据研究

梁　坤　著

群 众 出 版 社
·北　京·

图书在版编目（CIP）数据

社会科学证据研究/梁坤著. —北京：群众出版社，2014.5
（西南政法大学刑事侦查学院公安学学术文库）
ISBN 978-7-5014-5238-5

Ⅰ.①社… Ⅱ.①梁… Ⅲ.①社会科学—证据—研究 Ⅳ.①D915.130.4

中国版本图书馆 CIP 数据核字（2014）第 107931 号

社会科学证据研究

梁 坤 著

出版发行：群众出版社
地　　址：北京市西城区木樨地南里
邮政编码：100038
经　　销：新华书店
印　　刷：北京市泰锐印刷有限责任公司

版　　次：2014 年 7 月第 1 版
印　　次：2014 年 7 月第 1 次
印　　张：18
开　　本：787 毫米×1092 毫米 1/16
字　　数：280 千字

书　　号：ISBN 978-7-5014-5238-5
定　　价：55.00 元

网　　址：www.qzcbs.com
电子邮箱：qzcbs@sohu.com

营销中心电话：010-83903254
读者服务部电话（门市）：010-83903257
警官读者俱乐部电话（网购、邮购）：010-83903253
公安综合分社电话：010-83901870

序

大约十年前，我到四川大学法学院参加博士研究生答辩，就有人向我介绍过梁坤，说他是一个很优秀的学生。后来，他考上中国人民大学法学院的硕士研究生，投到我的门下。获得硕士学位之后，他继续深造，又成为我指导的博士研究生。他很聪明，也很勤奋，具备扎实的理论功底和良好的学术意识，能够敏锐地把握学科研究中的前沿问题，并通过刻苦钻研转化为富有价值的研究成果。他的博士学位论文《论社会科学证据》，就选择了我国证据法学研究的一个前沿问题，并且交出了令人满意的答卷。

人类司法证明的历史是一个逐渐走向科学化的过程，证明的主要依据从“神证”到“人证”再到以“物证”为基本型态的科学证据。几千年来，司法官员一直在探寻查明和证明案件事实的科学方法，于是，各种类型的科学证据相继登上司法证明的舞台，而一些科学证据还扮演了“证据之王”的角色，如指纹证据、DNA证据。时至今日，科学证据已经成为司法证明中不可或缺的工具。然而，伴随着司法实践的发展和科学技术的进步，科学证据领域仍然存在可以不断拓展的空间。

长期以来，我国法学界所研究的科学证据主要局限于自然科学，而与之相对应的采用社会科学方法的社会科学证据尚未得到研究者的重视。然而，在司法实践中已经产生了这种研究的需求，例如，司法人员应当如何评价和使用关于未成年刑事被告人的社会调查报告等问题。这说明我国在社会科学证据领域的研究已经滞后于司法实践。正是在这种背景下，梁坤率先对这个问题进行了探究，并将其作为博士论文的选题。他这种带有“探险”性质的求索是值得称赞的，也是富有成就的。获得博士学位之后，梁坤又到中国人民大学社会与人口学院跟随郭星华教授从事博士后研究，使他对这个问题的认知更加开阔也更加深入。如今，他在博士学位论文的基础上再集博士后研究之心得，写成了这部专著。这既是他个人学术生涯之喜事，也是证据法学研究之幸事。

《社会科学证据研究》是一部开创性的著作，该书在内容体系和研究方法方面都有颇值称道之处。首先，在“社会科学证据概论”部分，梁坤博士对“科学证据”、“社会科学证据”、“社会研究报告”的基本界定和相互关系做出了精到的论述，可以开拓人们的视野，促动人们的思维。其次，梁坤博士将社会研究报告作为链接公众的群体认知和法官的个人认知的一个桥梁，为司法裁判合理有效地吸纳民意提供了一种新的方案。在中国目前尚难建立陪审团制度的情况下，这种做法可以在一定程度上为破解司法困境提供可行的路径。再次，梁坤博士采用实证研究方法，将收集到的66起案例进行了详细的定量分析和重点案例评析，对社会科学证据的主要形式即社会研究报告在我国司法实践中的应用进行了系统研究，充分展现并客观评述了这类新型证据在司法实践中应用的现状，为理论创新提供了具有说服力的支撑。最后，梁坤博士根据社会科学证据在中外司法证明实践中的应用情况，前瞻性地探讨了这种证据在我国刑事、民事诉讼中的应用前景及其可能面临的问题，对于相关的理论研究和司法实践都具有指导意义。

综上，《社会科学证据研究》一书开辟了我国证据法学研究中一个新的领域，其理论和实践价值将随着时间的推移不断得到验证与升华。

何家弘

2014年5月写于北京世纪城痴醒斋

目　　录

对于法律的理性研究，今天称雄的还是刻板的法条主义者，但是主宰明天的将会是能驾驭统计学、经济学的人。

——奥利弗·温德尔·霍姆斯

导　论

2009年9月，四川省泸州市中级人民法院受理了一起商标侵权和不正当竞争案件，四川爱心（集团）有限公司将泸州爱心金行推上了被告席。四川爱心金店于1996年11月14日经国家商标总局核准，将“爱心”文字以及一个下半方有椭圆环绕的“心”形图案注册为商标，注册证号为第896308号。同日，国家工商行政管理总局商标局（以下简称国家商标局）还批准了该金店申请的另一个商标——字体较大的“爱心”汉语文字与下方字体略小的“LOVINGHEART”英文组合，即第896309号商标。2004年8月，两个商标的注册人经国家商标局核准变更为四川爱心（集团）有限公司，经营范围为“生产和销售金银珠宝”。被告泸州爱心金行则于1999年4月经泸州市工商行政管理机关登记设立，主要从事“首饰、工艺品及收藏品零售等业务”。被告在其经营过程中，使用“爱心”文字为其企业字号，在商品标牌、外包装盒上使用了“爱心”文字和“爱心”心形商标。据此，原告主张被告的行为构成了商标侵权和不正当竞争，故向法院提起诉讼。

然而被告辩称，该金行使用的“爱心”心形图案的整体构思明显区别于原告的注册商标。为了证明金行在泸州市民中的知晓度、信誉度以及消费者不容易对诉讼双方的商标和商号产生误认的事实，被告于2009年11月3日对泸州市民进行了随机问卷调查。泸州市诚达公证处经被告的申请，为后者进行的调查过程和市民的答题结果办理了保全证据公证。该公证处派出公证员、公证员助理及摄影师共3人，于当月11日9：45至17：20在泸州市江阳区钟鼓楼下方、泸县福集万福购物中心门前、江阳区白塔喷泉广场前，监督了顺路经过的55位市民填写“问卷调查表”的过程。在这个过程中，公证处的摄像人员进行了现场录像。其后，公证人员对上述55份“问卷调查表”的答题情况进行了如实统计。该“问卷调查表”所设置的问题、答案选项及市民的回答情况如下：①

1. 您的年龄区间是？

A. 18岁以下；B. 18~30岁；C. 30~40岁；D. 40岁以上。

（答A的为0人，答B的为22人，答C的为16人，答D的为17人）

2. 您从事何种职业？

A. 政府、事业单位；B. 服务行业；C. 自由职业者；D. 其他。

（答A的为2人，答B的为16人，答C的为24人，答D的为13人）

3. 您了解泸州爱心金行吗？

A. 非常了解；B. 了解一些；C. 不了解。

（答A的为25人，答B的为29人，答C的为1人）

4. 通过什么方式了解的？

A. 朋友介绍；B. 广告宣传活动；C. 消费购买；D. 其他。

（答A的为2人，答B的为16人，答C的为37人，答D的为0人）

5. 什么时间了解的？

A. 2000年以前；B. 2000~2003年；C. 2004~2007年；D. 2008年以后。

（答A的为34人，答B的为11人，答C的为8人，答D的为2人）

6. 您认为泸州爱心金行在什么地方？

A. 水井沟；B. 钟鼓楼下方；C. 天益广场；D. 新建的鼓楼世家内。

（答A的为1人，答B的为53人，答C的为1人）

7. 您知道泸州有几家爱心金行？

A. 1家；B. 2家；C. 3家；D. 不知道。

①参见四川省泸州市诚达公证处（2009）泸诚证字第0996号公证书。

（答 A 的为 26 人，答 B 的为 19 人，答 C 的为 5 人，答 D 的为 5 人）

8. 您知道在泸州经营的爱心金行成立多少年了？

A. 刚成立；B. 5 年以上；C. 10 年以上；D. 5 年以下。

（答 A 的为 0 人，答 B 的为 6 人，答 C 的为 49 人，答 D 的为 0 人）

9. 您能识别出泸州爱心金行的标识吗？

A. B. 爱心金行 C. 爱心 LOVINGHEART

（答 A 的为 1 人，答 B 的为 53 人，答 C 的为 1 人）

10. 您知道在成都也有一家爱心公司经营珠宝吗？

A. 不知道；B. 知道；C. 不清楚。

（答 A 的为 25 人，答 B 的为 22 人，答 C 的为 8 人）

11. 您见过这个商标吗？

A. 没见过；B. 见过；C. 印象不深。

（答 A 的为 37 人，答 B 的为 7 人，答 C 的为 11 人）

12. 您认为、爱心金行、爱心 LOVINGHEART 有无区别，容易混淆吗？

A. 有比较大的区别，不太可能混淆；B. 差别不大，容易混淆。

（答 A 的为 48 人，答 B 的为 7 人）

13. 您是否认为泸州爱心金行是泸州知名企业？

A. 是；B. 不是；C. 不知道。

（答 A 的为 52 人，答 B 的为 1 人，答 C 的为 2 人）

14. 请问您是否听说过“××年来，我们兑现了一切承兑”？

A. 听说过，是泸州爱心金行的宣传语；

B. 没有听说过；

C. 听说过，但不晓得具体含义。

（答 A 的为 37 人，答 B 的为 5 人，答 C 的为 13 人）

15. 您认为泸州爱心金行的整体形象在您心目中是怎样的？

A. 有信誉，值得信赖；B. 良好，还有提升空间；C. 有很多不足，需要从各方面去改进。

（答 A 的为 45 人，答 B 的为 11 人，答 C 的为 1 人）①

16. 您认为泸州爱心金行的标识给您的感觉是？

A. 非常容易辨识，有特色；B. 比较容易辨识，比较普通；C. 不容易辨识，没有特色。

（答 A 的为 50 人，答 B 的为 6 人，答 C 的为 0 人）

然而，被告的这样一份内含“问卷调查表”的公证书在提交给法院后，却没有在一审判决书中得到明确的反映。法院只是根据法庭交锋中呈现出来的案件事实，认为“被告虽然在其企业名称中使用了‘爱心’文字，因在本次诉讼前，其使用范围仅限在泸州地区，且仅仅是在使用自己的企业名称时没有使用全称，存在不规范的行为，但不会使公众与尚未进入泸州地区经营的原告之间产生误认，故被告的该行为不构成商标侵权”。此外，法院还针对诉讼双方的商标与商号明确指出，“两个心形图形之间存在明显区别，不会导致相关公众产生误认”②。为此，原告的全部诉讼请求均被驳回。

四川爱心（集团）有限公司不服一审判决，很快向四川省高级人民法院提起上诉。上诉人一个重要的上诉理由是，原审认定事实错误。具体而言，“对泸州爱心金行在经营过程中使用与四川爱心（集团）的注册商标相同的文字是否造成相关公众对其商品的来源产生混淆这一关键事实，原审法院仅凭主观臆测作出判断，违反了证据法则”。对此，被上诉人答辩称，原判认定事实没有问题，“泸州爱心金行的标识是‘心’形图形加‘爱心金行’四个字，一直合并使用，与四川爱心集团的注册商标有明显区别。此外，泸州爱心金行关于‘社会调查’的公证书已证明消费者不易对两者产生误认的事实，并非一审法官主观臆测的结果”。不过，二审法院在判决书中也没有对包括“问卷调查表”在内的公证书发表任何意见，而仅仅是在对诉讼双方的商标图案进行比较后指出，“二者并不相同，其整体构图及各要素组合后的整体结构也不

①数据直接采自案卷材料，问卷第 15、16 题答案中的数字总数均超过了 55，本书未作更改。

②四川省泸州市中级人民法院（2009）泸民初字第 36 号判决书。

相近似，泸州爱心金行使用的标识不会使相关公众对商品来源产生混淆和误认，也不会因此认为泸州爱心金行提供的商品和服务与四川爱心（集团）注册商标标识的商品之间存在特定联系，故泸州爱心金行使用的心形标识不构成商标侵权”。与此同时，四川省高级人民法院却认为泸州爱心金行在其经营活动中简化并突出使用的“爱心”文字字号，“易使相关公众与‘爱心’注册商标所标识的商品相混淆并造成误认，[①]其不当使用字号行为构成商标侵权”。据此，终审判决书要求“泸州爱心金行应立即停止在其经营活动中突出使用‘爱心’文字……为避免与‘爱心’商标标识商品相混淆，泸州爱心金行还应在其经营场所的显著位置及商品包装盒等使用企业名称的物品上加注相应的文字说明以示区分”[②]。

实际上，这起案件争议的问题不限于此，这里仅就“问卷调查表”及公证书所凸显出来的证据法问题进行评析。首先，从初审和二审两次审判的判决书可以看出，该公证书被忽视了。但是从这次问卷调查的实施过程来看，我们发现泸州爱心金行对问卷进行了精心设计，而且还通过公证的形式来证明调查过程和调查结果的真实性和客观性。但是，两次审判的判决书都对这份公证书只字未提，凸显出其适用中面临的尴尬。对于案件中涉及的泸州金行在泸州市民中的知晓度、信誉度以及消费者是否会对诉讼双方的商标、商号产生误认的事实，法官并没有考虑被告提交的可以用来直接证明这些事实的“问卷调查表”及公证书，而是采用了一种更为传统的、更多地依赖于司法经验的事实认定方法来加以判断。因此，我们需要思考的是，从法官的角度讲，他们为什么会忽视这份公证书？抑或该公证书特别是其中的“问卷调查表”是否真的就毫无价值？进一步讲，被告作为证据材料提交给法庭的这种书面文件到底是否可以称之为证据，这种文件到底有无证明案件事实的价值？

其次，正如本书第三章“社会科学证据在我国司法实践中应用的实证分析”所展现的，实践中还存在大量未经公证的社会研究报告，这类针对公众进行调查而单独提交法庭的社会研究报告应当归入哪一种

①判决书中的这句语言表述有一定的问题，正确的表述应当是：易使相关公众就该文字字号与“爱心”注册商标形成混淆并造成对商品的误认。

②四川省高级人民法院（2010）川民终字第182号判决书。

法定的证据形式？抑或不属于现有的任何一种法定证据形式？

再次，泸州爱心金行开展的问卷调查实际上属于一种以随机截访形式进行的抽样调查，它不仅是公司、企业经常采用的商业调查措施，而且从更高层次上讲，还是社会科学研究中常用的“调查研究法”（survey research）。因此，如果从社会科学研究的“调查研究法”的角度来看，通过这种方法获取并提交法庭的证据似乎便有了科学外衣的装扮，那么可否把它也称为“科学证据”抑或“社会科学证据”？如果答案是肯定的，那么它在证据法中应当有什么样的理论定位？它与诸如鉴定意见这样的通常被认为属于科学证据的证据形式存在哪些方面的区别？

最后，除了上述案例所属的知识产权诉讼之外，以社会研究报告为代表的“社会科学证据”在司法证明活动中还有哪些适用范围？它们在应用的过程中将受到什么样的证据规则的调整？

当然，以上所列举的问题远远没有穷尽这起案件中出现的“问卷调查表”及公证书所应当带给我们的思考。然而综观我国的证据法学研究，显然这些问题还没有引起研究者系统、充分的关注；从四川省两级法院针对这起案件的判决书以及本书的实证分析部分将展现的更多的案例来看，一部分地区的法官还没有认识到这种新型的社会科学证据的证明价值，而是像这起案件中的法官那样，对这种证据予以“忽视”，或者不予置评。而从附录 2“山东省鲁宝厨业有限公司诉淄博市临淄信福诚工贸有限公司商标侵权纠纷案（2005）”和附录 3“鲁道夫·达斯勒体育用品波马股份公司与农工商超市（集团）有限公司侵犯商标专用权纠纷上诉案（2009）”两起案件的对比来看，由于社会科学证据的取证规范性、结论可靠性在实践中差异极大，裁判者在类似的案件中对这种证据有时候便会出现泾渭分明的态度。

与我国在这个领域已经严重滞后的研究和实践状况相对应的是，以美国为代表的英美法系国家在 20 世纪初便在诉讼中出现了社会科学证据的雏形。特别是 1954 年，美国最高法院在“布朗诉托皮卡教育委员会”（Brown v. Board of Education of Topeka）一案的判决书中援引了 7 份社会科学领域的研究报告或著作（参见附录 1），成为社会科学证据在司法证明历史中最为重要的里程碑。在经历了一个世纪的发展之后，社会科学证据在美国无论从学术研究还是司法实践来看都已经在专家意见这种证据形式的框架下呈现蔚为大观之势，这对于我国证据法学在该领域的深入研究和司法证明制度的完善具有十分重要的启示意义。

本书不仅将在第二章中系统地梳理社会科学证据在美国司法证明活动中一个世纪的应用史，而且还将在第四章中从证据的审查认定所关注的核心问题即证据的采纳和采信入手，深入分析社会科学证据的采纳规则和采信规则。除了这两章采用以历史研究、比较研究及理论思辨为主的研究方法之外，本书第三章将主要采用实证研究的方法，以美国的“他山之石”，以社会研究报告为切入点对我国司法实践中业已出现的法庭上的社会科学证据进行一定程度的定量研究。在用数据说话的同时，实证研究中凸显出来的社会科学证据应用中重要的理论问题也将得到深入的分析。最后，本书第五章将结合前述几章对导论部分提出的诸多问题的回应，框架性地勾勒出社会科学证据在我国司法证明中适合应用的领域。当然，作为以上章节的铺垫，即将展开论述的第一章将提纲挈领地对社会科学证据在理论定位、概念、研究和实践意义、类型等方面的基本问题展开探讨。

第一章　社会科学证据概论

第一节　科学证据研究与应用体系的开拓

纵观人类司法制度的历史，我们可以清晰地看到科学对其所产生的影响经历了一个从无到有、从局部到整体、从微观到宏观的发展历程。时至今日，司法制度已经离不开科学，而科学也已经深深地嵌入到了司法之中。就司法制度中的证据法律制度而言，科学的魅影也无处不在。自 20 世纪初开始，科学证据作为理论研究与司法实务的新宠儿，在过去的 100 年间受到了越来越多的重视。然而时至今日，尽管研究科学证据的论著已经汗牛充栋，但是关于科学证据的体系和范围的争论却仍未尘埃落定。为此，本节将首先考察我国和国外证据法学研究中所谓的科学证据究竟通常都具体包括哪些内容，然后再从这些具体信息所反映出来的“经验事实”之中总结出科学证据研究中的特点。

一、常见的科学证据简述

我国三大诉讼法中规定的证据形式包括物证、书证、证人证言、当事人陈述、鉴定意见、笔录、视听资料和电子数据 7 种。① 从这些法定的证据形式来看，我们并不能一目了然地判断出哪一种是所谓的科学证据。不过，在我国的证据法学研究中，学者们却惯常从以上法定形式的视角出发，具体分析其中的某种证据是否属于科学证据。由于分类的标准和侧重的差异，针对我国诉讼中正在使用的抑或应当应用的科学证据

①部分称谓在三大诉讼法中略有不同，如在《刑事诉讼法》中，当事人陈述具体分为被害人陈述及犯罪嫌疑人、被告人供述和辩解，笔录则具体分为勘验、检查、辨认、侦查实验笔录等形式。

的观点所出现的争论十分激烈。

总的来说，我国学者一般倾向于认为，在以上7种证据形式中，鉴定意见和视听资料这两种形式的证据属于科学证据。例如，根据何家弘教授的观点，证明方法和手段在人类历史上出现过两次重大转变，第一次是从以“神证”为主的证明向以“人证”为主的证明的转变，第二次是从以“人证”为主的证明向以“物证”或“科学证据”为主的证明的转变。在第二阶段，物证在司法活动中的应用和推广总是伴随着科学技术的发展。正是在这个意义上，我们称物证及其相关的鉴定结论等证据为“科学证据”。[①] 与此相类似的是，徐静村教授在其主编的《刑事诉讼法学》一书中，将科学证据与人证、物证、书证并列，认为科学证据主要包括鉴定结论和视听资料。[②]

此外，近年来随着电子数据逐渐被理论和实务界所接受，一般也认为这种新型证据属于科学证据。但是，由于2013年之前我国立法中并没有规定电子数据这一证据形式，于是在21世纪初的几年间，关于它的证据形式的争论一度也相当激烈。这样一来，一旦将电子数据归入某一种法定证据形式，那么某些原本被认为是科学证据的证据形式（如上文提到的鉴定意见、视听资料）便巩固了自己的位置，而另一些原本被认为与科学证据不沾边的证据形式则摇身一变，也可以被列入科学证据的行列之中。[③] 刘品新博士曾提出，法律规定的7种形式的证据在当今都可以表现出电子化的形态。[④] 根据这种观点，如果确认电子数据是一种科学证据，那么任何证据形式便都有可能成为科学证据了。

---

①何家弘：“中国证据法学的发展趋势”，载《检察日报》1999年9月2日。需要说明的是，经事后与何家弘教授交流，他的观点其实主要是从司法证明的历史发展趋势的角度出发，强调物证在司法证明中的应用往往需要科学技术的支持，其意并不在于将物证这种证据本身视作科学证据。此外，这里仍沿用该文写作所使用的“鉴定结论”的表述。下文除在引文中仍沿用“鉴定结论”的称谓外，将统一采用2013年《刑事诉讼法》和《民事诉讼法》修订后所采用的“鉴定意见”的表述。

②徐静村主编：《刑事诉讼法学》（上），法律出版社1997年版，第160页。

③例如，何家弘教授的另一篇探讨科学证据的论文便将电子证据纳入其中一并讨论，于是电子证据作为一种“书证”便同某些物证、鉴定结论一道成为该文中科学证据的表现形式。参见何家弘、刘晓丹：“论科学证据的采纳与采信”，载《中国司法鉴定》2002年第1期。

④参见刘品新：“论电子证据的定位——基于中国现行证据法律的思辨”，载《法商研究》2002年第4期。

由此可见，从证据形式的角度对科学证据进行界定只能让人感到十分困惑。形成这样的局面，很大程度上是因为当前证据形式的立法分类与科学证据的表现形式之间无法一一对应。笔者认为，不能因为有的物证需要用科学方法和仪器提取，就一般性地归纳出所有的物证都是科学证据。毕竟，大量物证的获取过程实际上与科学技术的应用没有什么关联。同样，也不能因为某些司法鉴定意见在形式上通常需要由专业人员通过一定的仪器或科学方法做出，便认为所有的鉴定意见都是科学证据。我们在观念上应当意识到，任何形式的证据都有可能成为科学证据。在分析科学证据的时候不应当笼统地认为我国立法规定的某一种证据形式便是科学证据。因此，一个比较可行的方案是摒弃证据形式的分类，专门考察各种具体的科学证据。

那么让我们来看看美国和日本具有代表性的著作对科学证据的列举都包括哪些内容。美国学者华尔兹的《刑事证据大全》第十八章中的“科学证据”包括：[①]（1）精神病学和心理学；（2）毒物学和化学；（3）法庭病理学；（4）照相证据、动作照片和录像；（5）显微分析；（6）中子活化分析；（7）指纹法；（8）DNA 检验法；（9）枪弹证据；（10）声纹；（11）可疑文书证据；（12）多电图仪测谎审查；（13）车速检测。[②] 莫森斯、英博和斯塔斯在他们的著作《刑事案件中的科学证据》中对科学证据的列举与华尔兹书中的内容大同小异，比较特别的内容只是包括“麻醉分析和催眠术”这一部分。[③] 日本学者田口守一在《刑事诉讼法》一书中所论述的科学证据包括：（1）拍照、摄像；（2）采集体液；（3）监听；（4）测谎器检验结果；（5）警犬气味结果；（6）声纹鉴定和笔迹检验；（7）DNA（基因）鉴定。[④]

从美国和日本学者的研究来看，他们书中所称的科学证据与中国证据法学界所探讨的科学证据从范围来看实际上并没有太大的区别。例

---

①这些内容中有的部分从严格意义上讲并不能叫作科学证据，而是科学证据所属的学科领域（如毒物学和化学）或科学证据的取证方法（如中子活化分析）。

②参见（美）乔恩·R. 华尔兹：《刑事证据大全》（第 2 版），何家弘等译，中国人民公安大学出版社 2004 年版，第 456 ~ 582 页。

③See Andre A. Moenssens, Ray Edward Moses Fred E. Inbau, Scientific Evidence in Criminal Cases, the Foundation Press, Inc. , 1975.

④（日）田口守一：《刑事诉讼法》，刘迪等译，法律出版社 1999 年版，第 239 ~ 242 页。

如，华尔兹书中所列举的“照相证据、动作照片和录像”便可以纳入我国证据形式分类的书证、视听资料、勘验检查笔录之中，对声纹、枪弹进行检验所形成的专家意见所对应的则是鉴定意见，等等。这进一步印证了笼统地用我国立法中规定的7种证据形式来判断哪些是科学证据，从理论上讲是行不通的。相对而言，用列举的方式对科学证据进行研究则更为可行，能够更为明晰地显示科学证据所应涵盖的内容。

二、科学证据的重要组成部分：社会科学证据

在对常见的科学证据进行介绍之后，笔者认为，我们对科学证据的研究和应用或许都受到了视角上的极大限制。毕竟，一个显而易见的事实便是，无论从其赖以形成的知识、理论抑或方法而言，除了像华尔兹书中所分析的“精神病学和心理学”[①] 等方面的极其有限的证据之外，以上所称的科学证据从总体上讲都属于自然科学或硬科学的范畴。也就是说，自然科学在科学证据的研究和具体应用中占有举足轻重的地位。例如，还是以华尔兹书中所列举的诸多科学证据为例，除了某些科学证据来自毒物学和化学、法庭病理学这些明显的自然科学领域之外，我们也可以发现，枪弹证据、车速检测、声纹检测主要是物理学的应用，而DNA检验法则主要是生物学的应用……

于是，如果大致将科学从总体上划分为自然科学和社会科学的话，[②] 我们当前所熟悉的科学证据在很大程度上都是以自然科学的理论、知识或方法为基础的。换言之，我们长期以来所研究、应用的科学证据实际上只占到了整个科学证据的一部分。如果从社会科学的角度来考察科学证据的表现形态，我们对科学证据的认识将大为扩展，科学证

---

①例如，关于心理学到底属于社会科学还是自然科学，一直存在着理论上的争议。

②实际上，和对科学的界定一样，对科学的学科划分在历史上也从来没有达成过一致。我国的教科书一般将科学划分为三大学科领域：自然科学、社会科学、人文科学。社会科学与人文科学有时也合称人文社会科学或简称社会科学，与自然科学并列。不过，时至今日，我们已步入一个多种知识领域之间不存在对抗的时代，自然科学、社会科学和人文科学之间的三元划分也不再像以前那么明晰。参见（英）吉尔德·德兰逊：《社会科学——超越建构论和实在论》，张茂元译，吉林人民出版社2005年版，第8页。尽管如此，笔者认为，考虑到我国证据法学界和司法实务界所熟悉的科学证据都主要局限在自然科学领域的现实，对科学证据的研究从自然科学和社会科学这两大学科的角度出发，将极大地开拓我们的研究视野，具有重要意义。

据实际上还应当包括社会科学证据这一重要组成部分。

不过，在我国的证据法学研究中，对科学证据应当持有的这种认识却基本上没有得到重视，只有极少数研究者简单地触及这个问题。例如，杨波博士在对科学证据进行研究的论文中，提出“科学”应当包括自然科学和社会科学，因此对科学证据也应当有一种宽泛的界定。[①]然而限于该文以程序为视角的主旨，这个问题没有得到更进一步的分析。刘晓丹博士也是少有的对科学证据之“科学”进行学科划分的学者，她在《论科学证据》一书中指出：科学方法既包括自然科学方法，也包括社会科学方法。按照这样的逻辑，科学证据理应包括自然科学证据和社会科学证据。不过，该书第一章对科学的这种界定却没有体现在分论中对具体的科学证据的分析之中。实际上，她在该书第八章至第十一章只论述了“指纹鉴定结论”、“笔迹鉴定结论”、“测谎证据”和“DNA 证据”这几种并不依赖于社会科学的证据。[②] 张保生教授持相似观点，虽然改为使用“证据科学”的称谓，但是实际上与本书所探讨的“科学证据”有密切的关系。他认为：广义的证据科学研究领域，可以包括概率论、统计学、法学、医学、地理学、教育学、哲学、古代史学、经济学、心理学和计算机科学等学科领域；也可涉及特文宁教授所列举的证据形式，如运动员兴奋剂检测，文物鉴定，恐怖事件调查，武器核查，新科技手段对考古学、艺术史、天文学等领域证据方法的影响等。在这个范围内，一切指向证据问题的人文社会科学和自然科学研究都属于证据科学的范围。[③] 当然，作为对“证据科学”所涉及研究领域的一种框架性勾勒，张保生教授的研究也没有对本书所指称的社会科学证据展开进一步的探讨。

从自然科学与社会科学界分的视角出发，与我国相对滞后的研究和应用现状相比，我们可以发现国外其他一些以“科学证据”为题的著作对这个问题的研究超越了上述华尔兹与田口守一教授书中的表现形态，将一些明显带有社会科学特点的证据纳入了科学证据的体系。例

①杨波：“对科学证据的反思——以程序为视角的关照”，载《当代法学》2005 年第 6 期。

②刘晓丹：《论科学证据》，中国检察出版社 2010 年版，第 193 ~324 页。

③张保生：“研究证据科学，促进司法公正”，载《证据科学》2007 年第 15 卷第 1、2 期。

如,《现代科学证据:标准、统计及研究方法》一书在“科学证据的研究方法”(实际上指的是科学证据的生成方法)部分重点介绍了从经验型证据中作出推论的逻辑(The Logic of Drawing Inferences from Empirical Evidences)、多重线性回归分析(Multiple Regression)[①]、样本调查研究(Survey Research)、毒物学及流行病学证据的调查方法等。[②] 与此相类似,《科学证据与法律的平等保护》一书在“作品描述”(Product Description)中便主旨鲜明地提出,自然科学证据及社会科学证据[③]在过去的数十年间为司法判决提供了证据材料。特别是在美国民权历史上,这种证据还为证明不平等现象的存在作出了贡献。当然,这类证据还存在着不少争议。[④] 这里列举两位作者在书中作为论据的两起案例:Brown v. Board of Education 一案中使用了用以证明黑人小孩在学校教育中遭到歧视的社会科学证据;[⑤] McCleskey v. Kemp 一案中则使用了统计证据,证明当受害人是白人而被告人是黑人时,死刑适用的比例存在着偏差。《法律中的社会科学》一书在第二章“用于确定事实的社会科学”这一部分则通过大量的案例阐述了消费者调查报告、民意调查报告等社会科学证据在商标、淫秽和损害赔偿案件中的应用。[⑥]《麦考密克论证据》(第 5 版)一书在第二十章“科学证据”之下的第 208 节、第 209 节对统计学研究进行了论述,具体包括调查和民意测验、关于歧

---

①所谓回归分析法,是指在掌握大量观察数据的基础上,利用数理统计方法建立因变量与自变量之间的回归关系函数表达式(称回归方程式)进行数据分析的方法。回归分析中,当研究的因果关系只涉及因变量和一个自变量时,叫作一元回归分析;当研究的因果关系涉及因变量和两个或两个以上自变量时,叫作多元回归分析。

②David L. Faigman, Michael J. Saks, Joseph Sanders, Edward K. Cheng, Modern Scientific Evidence: Standards, Statistics, and Research Methods, 2008 Student ed. Thomson West, 2007.

③原文的表述为“Scientific and social scientific evidence”,“social scientific evidence”译为社会科学证据,“Scientific evidence”译为自然科学证据或硬科学证据。另外,也有学者使用“social science evidence”表示社会科学证据,详见本章第二节“社会科学证据的界定”。

④Angelo N. Ancheta, Scientific Evidence and Equal Protection of the Law, Rutagers University Press, 2006, Product Descripiton.

⑤作为社会科学证据在诉讼中应用的标志性案件,本书第二章将进行详细介绍。

⑥(美)约翰·莫纳什、劳伦斯·沃克著:《法律中的社会科学》(第 6 版),何美欢、樊志斌、黄博译,法律出版社 2007 年版,第 91 ~ 178 页。

视的统计证据。[①]

此外，美国联邦司法中心于2000年发布的《科学证据参考手册》也明确地对“统计数据”、“多重线性回归分析”、“样本调查研究”等方法进行了介绍。[②] 2004年版的《复杂诉讼手册》也清楚地指出，科学证据中的“科学”既包括所谓的硬科学（如物理学、化学、数学、生物学），也包括软科学（如经济学、心理学、社会学）。[③]

再来看看司法实践中带有社会科学属性的科学证据。科学证据的研究，不可能绕过1993年多伯特案中所谓的“科学证据”。而综观这个领域的研究，也必然要讨论该案中涉及的一个必须回答但又超越普通人认识的专业问题——苯涤丁（Bendectin）是否会导致新生儿畸形。在这个问题上，常规的科学证据基本上都是围绕着生物体内及体外的实验及药物的化学结构等的专业分析，以此判断药物的使用与损害结果之间是否存在因果关系。从本质上讲，这类科学证据的形成机理和方法都是立足于病理学、生物学等自然科学，而该案中运用的大量科学证据也属于这种类型。但是，该案还出现了一种采用社会科学研究中常见的统计方法而对上述因果关系进行分析、解释的特殊证据。具体而言，它所分析、解释的是一起事件与另一起事件或者药物的运用是否存在因果关系的统计学意义上的概率。对这种证据进行取证的基本方法是对一组接触某种因素的人群与另一组没有接触该因素的人群进行比较，计算前一组人群罹患疾病的概率上的“相对风险值”。[④] 在多伯特案中，原被告双方为了证明自己的诉讼主张，恰恰都提出了这种以统计分析为基本方法的证据。例如，原告的一位关键证人是加州卫生局的一位声誉卓著的流行病学专家，她做证称从流行病学研究中得出的数据支持苯涤丁与胎儿

---

①(美) 约翰·W. 斯特龙主编:《麦考密克论证据》(第5版)，汤维建等译，中国政法大学出版社2004年版，第419~424页。需要说明的是，从具体学科的划分来看，定量研究方法中的抽样调查等方法广泛被统计学等学科的学术研究及应用研究所采用，因此《麦考密克论证据》一书在这个意义上将通过这些方法获取的证据称为“统计证据”。社会科学研究方法中的许多方法实际上从具体学科的划分来看就包括统计学方法。因此，《麦考密克论证据》在分析科学证据的时候所提到的“统计证据”，实际上就是本书所关注的采用社会科学研究的定量方法所形成的证据的具体表现形式。

②Federal Judicial Center, Reference Manual on Scientific Evidence, second edition, 2000.

③Federal Judicial Center, Manual for Complex Litigation, Fourth, 2004, p. 469.

④刘晓丹:《论科学证据》，中国检察出版社2010年版，第60页。

发育缺陷之间存在联系的结论。[1] 她和其他几位专家证人的证言主要都依赖于对当时存在的基于统计分析方法的流行病学研究报告的评估。最高法院将这些专家意见同样作为科学证据来加以审视，结合本案中应用的其他科学证据，最终摒弃了适用几十年的弗赖伊规则，进而创立了新的多伯特规则。[2]

因此，关于多伯特规则中涉及的科学证据所涵盖的内容，不能从传统的自然科学的视角进行简单的概括。通过对案件中应用的科学证据进行深入分析便可以发现，以上这种采用了统计方法，通过提出假设、进行统计验证并最终得出结论的模式，从本质上讲更倾向于一种社会科学研究，而基于此形成的证据便应当从理论上划归社会科学证据。只要在案件中开展这种研究的整个流程符合社会科学研究方法的规范并且得到了严格实施，那么这种社会科学证据就可以在司法证明中发挥重要的作用。

三、小结

正如上文所言，就我们所熟知而且在司法实践中应用的常见的科学证据而言，实际上主要属于自然科学证据。归根结底，这种现象的出现主要还是因为我们对科学证据的研究不够深入。因此，不论是学术研究还是司法实务（如导论中提到的案例），我们都在相当程度上忽视了科学证据还应当包含社会科学证据这一重要的组成部分。当然，这里需要指出的是，虽然后文会不断提到美国在社会科学证据领域的研究和实务方面所取得的丰硕成果，但是这并不等于说它作为科学证据的重要组成部分在该国已经形成共识。毕竟，美国司法实践和立法针对科学证据进行调整的三部曲（弗赖伊规则、《联邦证据规则》第 702 条以及多伯特规则）从本质上讲还是主要局限在自然科学领域。这种现象近年来已经得到了有识之士的警觉。例如，著名的证据法学家伊姆维克里德（Edward J. Imwinkelried）教授便明确提出：“从过去 30 年美国使用专家证言的法律经验中应汲取的教训是，仅仅狭隘地关注硬科学证言是一个

①（美）肯尼思·R. 福斯特、彼得·W. 休伯：《对科学证据的认定——科学知识与联邦法院》，王增森译，法律出版社 2001 年版，第 13～14 页。

②关于这两个重要规则的具体内容，将在第四章第一节进行分析。

重大的错误。”[①]

从全球范围来看，司法证明活动中应用的科学证据最初的确来源于自然科学的理论、知识或方法，日本学者松尾浩也甚至更为具体地认为，“证据的科学化是从法医学和审判化学开始的”。[②] 时至今日，笔者认为我们已经到了对长期以来荫蔽在自然科学视域下的科学证据进行一番认真反思的时候了。因此，在自然科学与社会科学作为科学的两大学科门类已经得到共识的背景下，有必要也将科学证据相应地划分为自然科学证据和社会科学证据这两大基本的类型。在自然科学证据在中国目前的理论和司法实践中占绝对统治地位的背景下，社会科学证据的提出无疑将大大开拓科学证据的研究体系与应用体系。在用一节的篇幅对本书研究的理论背景进行梳理和论证之后，接下来的一节将正式进入本书的研究主题，对社会科学证据进行基本的界定。

第二节　社会科学证据的界定、意义及构成要素

一、社会科学证据的上位概念：科学证据的界定

本书在科学证据的理论框架下提出社会科学证据这一概念，那么在对社会科学证据进行具体的界定之前，有必要对其上位概念科学证据先进行一番界定。综观中外学者对科学证据的解释，可谓众说纷纭。虽然英美法学者在学术研究中一般不对科学证据下具体的定义，然而一个普遍的共识是，由于科学证据通常是以专家证言的形式提出的，因此它属于一种专家意见。[③] 从这个意义上讲，科学证据是从属于意见证据的。

①(美) 爱德华·J. 伊姆维克里德：“从过去30年美国使用专家证言的法律经历中应吸取的教训”，载《证据科学》2008年第5期。

②参见（日）松尾浩也：《日本刑事诉讼法》（下卷），张凌译，中国人民大学出版社2005年版，第108页。

③美国学者的文章中将“科学证据”（scientific evidence）与“专家的科学证言”（expert scientific testimony）、“科学的专家意见”（scientific expertise）、“科学意见”（scientific opinion）等视为同义语，认为科学证据属于专家证言的范畴，不包括实物证据。参见刘晓丹：《论科学证据》，中国检察出版社2010年版，第11页。由于专家证言属于意见证据规则的例外，专家可以就案件中的专门性事实问题发表意见，因此本书统一采用“专家意见”的表述，而不另外使用“专家证言”的称谓。

例如，《布莱克法律词典》对科学证据所下的定义是：为了体现其证明价值而依赖于技术性的或专门性的知识并且基于科学方法的言词证据或意见证据。[①] 我国也有学者采用了这种英美法的研究视角，认为科学证据指的是“运用具有可检验特征的普遍定理、规律和原理解释案件事实构成的变化发展及其内容联系的专家意见”。[②] 进一步讲，按照言词证据与实物证据的划分，科学证据“应属于言词证据而非实物证据”。[③]

然而，英美法视角下关于科学证据概念的这种界定目前恐怕很难得到中国证据法学界的普遍认同。这是因为，正如上一节所分析的那样，从证据法定形式的角度入手，像视听资料这种具有科学技术属性的证据理所当然地属于科学证据。然而从证据的学理分类来看，视听资料显然属于实物证据而非言词证据，当然也就更谈不上是一种专家意见了。不过与此相对的是，另一种被普遍认为是科学证据的鉴定意见则又明显地带有言词证据或意见证据的特性。

因此，用英美法的视角来审视我国证据法学界及司法实务中所熟知的科学证据，便会产生理论上的错位。实际上，科学证据中的关键词“科学”本身就具有十分丰富的含义，这就决定了对科学证据进行界定容易令人困惑。例如，与“科学”这个词密切相关的内容包括科学的理论、科学的知识、科学的技术、科学的方法甚至还包括科学的工具等，将这些与科学有关的要素与司法证明中使用的证据建立起联系都有可能揭示出一份证据所内含或外在的某些方面的科学特性。例如，在英美法的视角下，专家基于科学的理论、科学的知识、科学的技术、科学的方法而出庭做证，那么裁判者必然需要采用科学证据的审查认定方法来进行认证，这种专家意见就是一种科学证据。然而在我国的证据法学研究中，一般认为具有高科技含量的证据[④]、用科学方法提取的证据[⑤]等才属于科学证据。

由此可见，我国证据法学界所谈论的科学证据与英美法视角下的科

---

①See Bryan A. Garner, Black's Law Dictionary, 9th ed., West Group, 2009, p. 580.

②张斌：“论科学证据的概念”，载《中国刑事法杂志》2006 年第 6 期。

③张斌：“论科学证据的三大基本理论问题”，载《证据科学》2008 年第 2 期。

④何家弘、刘晓丹：“论科学证据的采纳与采信”，载《中国司法鉴定》2002 年第 1 期。

⑤参见张君周：“刑事诉讼中的科学证据与权利救济——以比较法研究为视角”，中国人民大学 2009 年博士学位论文，第 7 页。

学证据显然不是一回事。当然，对科学证据进行界定所产生的这种认识上的偏差不能简单地判断孰对孰错，它们实际上都是从不同的侧面对证据的科学属性进行的解读。不过，为了厘清科学证据的真正内涵，确实有必要在对科学证据进行界定的诸多视角中做出一个选择。为此，笔者认为，在证据法学研究或者司法证明实务中探讨某一种证据是否科学证据，应当通过对该证据进行审查认定的时候是否需要采用科学证据的特殊的规则来加以判断。否则，即使某一份证据具有“高科技含量”或者“用科学方法提取”，但是在法庭上接受裁判者审查认定的时候无须通过特殊的审查认定规则，而只需根据一般性的证据规则甚至日常生活经验即可，那么便没有必要将它视作科学证据。

以视听资料为例，这种以录音磁带、录像带、电影胶片或计算机相关存储设备等形式为载体的证据固然具有高科技的属性，而且在很多情况下的确需要借助高科技设备进行提交，甚至在法庭上还需要借助相关的科技设备才能展示，但是如果与这些高科技相关的专门性问题并没有成为案件的争点，无须科学证据的特殊审查认定规则来加以判断，那么在实际的审判中它只是一种普通的证据，并非科学证据。再具体来讲，如果民事诉讼中的一方当事人举证时提交了一份视听资料，而法官仅以该证据不具有关联性而不予认可，那么对它所适用的显然只是一般性的证据规则而非特殊的科学证据审查认定规则。因此，在这个意义上无须把它作为科学证据来加以处理。与此相对应的是，凡是一份证据涉及超出普通人认知范围的专门性事实问题，从而需要专家通过科学理论、知识、技术、方法加以鉴别、检验、鉴定并出具专家意见，裁判者才有必要通过科学证据的审查认定规则来进行认证。据此，笔者认为，一份视听资料本身并不是科学证据，只有对它进行鉴别、检验、鉴定的专家意见才是科学证据。同理，一枚通过专业的科学仪器在犯罪现场提取到的指纹，作为一种物证，其本身并不是科学证据，对它进行鉴别、检验、鉴定的专家意见才是科学证据。至于这种专家意见在不同的法律体系之中是以言词形式抑或书面方式出现在法庭上，并不影响它作为科学证据的特性。

可见，英美法与我国的证据法学研究对科学证据的界定所存在的主要分歧就在于，前者是在专家意见的理论框架之下研究和应用科学证据，而后者则基本上脱离了这一框架，只注意到了一些证据所具有的某些科学属性。因此，为了让本书的研究更具有实践意义，也为了将本书的主题限定在科学证据审查认定的特殊证据规则的理论框架之下，笔者将放弃我国证据法学界对科学证据进行界定的传统视角，而是从专家意见的角度展开分析。[①] 笔者认为，专家意见是科学证据的上位概念，科学证据则是专家意见的具体表现形态。由于专家意见所包含的范围十分广泛，专家也可以基于专门的知识、技术、经验、训练或者教育而出具意见，于是科学证据只是涉及科学理论、科学知识、科学技术、科学方法等内容的专家意见。

二、社会科学证据的界定

（一）社会科学证据的概念

在分析社会科学证据的具体概念之前，有必要考察一下国外关于相关概念的论述。社会科学证据对应的英文表述为“social science evidence”或“social scientific evidence”。然而，虽然这个术语已经成为从属于科学证据的一个专有名词并且已经在大量英文文献中出现，但是笔者仍然难以检索到对这个概念的准确定义，这与大陆法系学者开展研究时惯常从概念出发的研究传统形成鲜明对比。不过，从美国的相关研究来看，我们也可以大致窥测出社会科学证据的含义。从相关文献来看，从类型化的角度讲，社会科学证据大致可以划分为三大类：其一，专家在诉讼中开展针对案件事实的社会科学研究，从而以研究报告的形式表现出来的专家意见以及专家在法庭上的证言；其二，专家并不针对案件事实进行具体的研究，而只是接受委托出庭，根据社会科学的知识、理论、相关文献或自己曾经开展的相关研究做证；其三，当事人向法庭提交相关社会科学文献，或者法官直接引用这类文献，作为证明、认定

①我国也有学者持类似的看法。例如，张爱国先生从商标侵权案件中所使用的“消费者调查”证据出发，认为“可以明确消费者调查的专家证人证言的性质”。参见张爱国：“商标消费者调查的正当性研究——从49份商标侵权纠纷民事判决书谈起”，载《知识产权》2011年第2期。

“背景事实”及“立法事实”的依据。① 鉴于社会科学证据的第二种类型具有明显的专家证人制度的背景，在我国的相关司法制度中无法找到合适的落脚点，因而本书对此不作详细探讨。第三类社会科学证据由于其运用目的不在于证明案件中的“裁判事实”，因而一般只用作经验法则的依据或者对“立法事实”进行司法认知的依据，② 不仅实际应用较少而且问题并不是特别突出，本书只作附带介绍和研究。因此，本书的研究将主要针对用于证明“裁判事实”的第一类社会科学证据。正如下文将要阐释的那样，这类社会科学证据的运用最为复杂，要受普通证据规则和科学证据专门规则的双重调整，学术研究的价值也最大。于是，本书也只对第一类社会科学证据的概念进行界定。

将社会科学证据定位于科学证据的一个分支，而科学证据又属于一种专家意见，社会科学证据从逻辑上讲也应是一种专家意见。这里需要说明的是，在我国的司法制度条件下，鉴定意见、证人证言这样的言词证据通常是以书面形式提交法庭的，社会科学证据作为一种专家意见，在法庭上也几乎体现为书面报告的形式。据此，本书所研究的社会科学证据便指的是专家根据诉讼当事人或法院的委托，采用社会科学的研究方法就案件中的专门性事实问题进行调查或研究，以书面报告或出庭做证的形式表现出来的专家意见。

这里还需要特别说明的是，尽管本书从社会科学与自然科学界分的角度，将科学证据从总体上划分为社会科学证据与自然科学证据，但是不可否认，一些科学证据同时带有社会科学与自然科学的因素。这类证

---

①虽然第三类“社会科学证据”中不存在专家出庭做证的情况，但是由于这类社会科学文献实际上都属于社会科学专家的言辞、意见的书面表现形态，因此也可以把这种证据视为是一种专家意见。实际上，这三种类型的划分并无明确的文献表述，只是在笔者对美国的“社会科学证据”进行全面考察之后的归纳和总结。根据笔者与邢朝国博士共同翻译的《法律与社会》一书中第四章“立法”关于“法官造法”的论述，作者对“立法与社会科学”的介绍可以较为明确地反映出这三种“社会科学证据”的类型。参见（美）史蒂文·瓦戈：《法律与社会》（第9版），梁坤、邢朝国译，中国人民大学出版社2011年版，第134～135页。需要说明的是，由于法官造法在普通法国家被认为是一种立法活动，因此该书“立法与社会科学”中的内容具体是指社会科学文献在法官造法过程中作为司法证明目的的应用，实际上也是“社会科学证据”的一种类型。

②关于社会科学证据在证明“裁判事实”与“立法事实”方面的差异，本章第三节将进行详细介绍。

据显然不能笼统地被称为社会科学证据，我们可以将它们划入混杂型科学证据的范围。以测谎结论（意见）这种在美国一些州具有可采性的证据形式为例，它一方面需要借助多参量心理测试仪器等设备对包括皮肤电阻在内的一系列生理参量的变化情况进行测试，而这一测试方法是典型的自然科学实验方法；另一方面，在问题的设置、测试者与被测者的语言交流等方面，又必然涉及心理学、[①] 行为科学、认知科学等社会科学的知识。因此，从这个意义上讲，我们可以将测谎结论视作一种同时涵盖两大学科因素的混杂型科学证据。

混杂型科学证据的另外一个典型例子是司法精神病鉴定意见。一方面，专家在进行精神病鉴定的时候需要采用脑电波检测等带有自然科学特征的方法；另一方面，这种鉴定还需要依靠心理测试、智商检测、对过往病史以及家庭病史进行分析等带有社会科学研究特征的方法，而且所应用的也主要是心理学、精神病学、行为科学等总体上可以归入社会科学学科的理论、知识和方法。更进一步讲，精神病鉴定过程中采用的访谈法、资料分析法等方法与社会科学研究中的定性研究并无实质区别。

综上所述，在将社会科学证据与传统的自然科学证据区分开来之后，还需要十分注意在这两类科学证据之外，还存在同样是科学证据的重要组成部分的混杂型科学证据，这是对社会科学证据加以准确界定所不可忽视的。

（二）社会科学证据作为一种专家意见的开放式界定

需要特别注意的是，以上概念中的“专家”应当作开放式的界定，他们并不局限于数量极其有限的精通社会科学理论或方法的专业人士，更不仅仅指从事社会科学教学、研究的学术界人员。根据英美法系的专家证人制度，包括社会科学专家在内的专业人员在诉讼中作证的时候并不需要像大陆法系国家所要求的形式上的资质，这就决定了专家的范围

①心理学及下文即将提到的精神病学到底属于自然科学还是社会科学，学术界目前还存在争议，但是本书倾向于将它们纳入社会科学体系，或者说这些学科主要涉及的是社会科学的内容。在美国的证据法学研究和司法实务中，也有学者和司法判例在分析科学证据内容的时候明确地将心理学和精神病学称为“软科学”（社会科学）。参见（美）爱德华·J. 伊姆维克里德：“从过去30年美国使用专家证言的法律经历中应吸取的教训”，载《证据科学》2008年第5期。

可以十分广泛。从在司法证明活动中已经大量应用社会科学证据的美国的实践来看，这种证据的实际取证主体分布于不同的行业，他们有的来自高校等科研机构，有的则来自专业的市场调查机构等，并且广泛地分布在统计学、社会学、市场营销学等专业领域。他们的一个共同特点是具备社会科学研究的专业知识或者经历过社会科学研究的专业训练，有能力在诉讼中针对案件事实进行相应的研究。

但是从本书第三章对我国司法实践中应用的社会科学证据进行的实证分析可以发现，一部分以社会研究报告的形式提交法庭的社会科学证据是由当事人、公证人员甚至法官制作的。就他们的身份与社会科学专家在形式上的不同而言，笔者认为，不能简单地据此否定由他们采用社会科学研究方法就案件事实进行研究所得出的专门性意见的价值。实际上，本书对社会科学证据最主要的关注点在于，只要这类证据在取证过程中规范性地采用了社会科学的研究方法，并且按照这些方法的规范步骤严格地实施，那么最终形成的超出普通人认知范围和程度的专门性意见就是这里所称的社会科学证据。因此，专家是否具有某种特殊的身份、头衔抑或是否具备某一领域的专门知识，并非对社会科学证据取证主体的必然要求。从另一个角度讲，笔者认为，应当将目前在我国由大量非专家型人员制作的这类证据放在证据法律制度在我国尚处于形塑过程中的宏观背景下加以认识。毕竟在证据法律制度尚不完善特别是我国不存在专家证人制度的情况下，还不能一味地强求这类证据的形成过程必须有专家的参与。因此，虽然一部分证据的实际取证主体并非所谓的专家，但是本书依然将以书面形式提交到法庭的这类证据称为社会科学证据，将其纳入专家意见的理论框架中进行研究。此外，结合第三章实证分析中反映出来的非专家型人员提交的社会科学证据所存在的许多问题，笔者认为未来应当有更多的专家参与到需求日渐旺盛的社会科学证据的取证过程中来，从而更加有效地保证这类证据的证明价值。到那个时候，我国诉讼中出现的社会科学证据将会在形式上更符合专家意见的特征。

（三）社会科学证据的主要形式：社会研究报告

从全球范围来看，社会科学证据在司法证明的历史中经历了一个世纪的发展之后，虽然远不及自然科学证据应用得那么广泛，但是在大量案件中也不难发现它们的踪影。例如，在知识产权侵权纠纷案件、知识产权行政裁决案件中，当事人有时会聘请专家对社会中不特定的消费者进行调查，以判断他们是否会对涉案的商标产生混淆；在环境侵权或药物侵权诉讼中，当事人有时会聘请专家采用社会科学的研究方法，对涉案地与非涉案地人群的患病状况进行比较，以考察环境侵权与人群罹患疾病之间存在因果关系的概率；在大规模侵权诉讼中，原告的诉讼代表人或者法官有时会委托专家对为数众多的当事人进行抽样调查，从有限的样本探查原告的全体当事人所应获得的损害赔偿数额；在名誉侵权案件以及刑事诉讼的“损害商业信誉、商品信誉罪”的指控中，原告或检察机关有时会聘请专家对不特定的公众进行调查，以判断他们是否会认为当事人、公司的名誉或者社会评价度受到了损害；在刑事诉讼的淫秽案件中，被告有时会聘请专家就案件中所涉及的物品是否属于淫秽物这一问题进行“社区标准”调查，以使自己的辩护意见得到有力的支撑……

当然，这里列举的仅仅是社会科学证据在实践中较为常见的应用，由于案件类型的高度丰富性和复杂性，笔者难以穷尽适合这种证据应用的所有案件类型。但是纵观以上所列举的社会科学证据在诸多案件中的应用，除了环境侵权或药物侵权诉讼以外，这些证据所考察、分析、探究的大部分都是为数众多的消费者、当事人或者不特定的社会公众关于案件事实的认识、态度或者观点。也就是说，社会科学证据尽管从理论上讲可以表现为更多、更复杂的类型，但是它们在司法证明中的应用实际上主要是对为数众多的人所进行的社会研究。[①] 据此，本书将这些采用了社会科学研究中作为定量研究方法重要组成部分的“调查研究法”(survey research)，在个案中针对为数众多的人关于涉案事实的认识、态度或者观点进行调查而形成的社会科学证据称之为社会研究报告

①根据本书第五章第二节的论述，这些人实际上主要可以分为当事人、证人和普通公众三类。根据意见证据规则，证人只能就其所感知的案件事实向司法机关做证。但是一方面由于他们接受社会调查的行为并非做证行为，另一方面他们的陈述也不是直接面向司法机关，因此他们的陈述可以突破意见证据规则的限制。关于这个问题的更加详细的分析，将在第三章第三节得以展现。

（social survey report）。[①] 由于社会研究报告本身也是由专家针对个案的案件事实所得出的且通过书面形式体现出来的调查结论，这一社会科学证据在实践中适用最多的类型也属于一种专家意见，也即上文所介绍的三类社会科学证据中的第一种类型。这样一来，本书围绕社会科学证据表现出来的四个密切相关且呈种属关系的概念便分别是“社会研究报告”、“社会科学证据”、“科学证据”、“专家意见”。因此，虽然本书研究的主题是社会科学证据，但是由于社会研究报告在社会科学证据中的应用最为普遍，为了使本书研究的内容适度集中并且重点突出，笔者将在具体的论证过程中更多地对社会研究报告这种社会科学证据的主要形式展开分析。

三、社会科学证据的理论意义和实践意义

（一）社会科学证据的理论意义

社会科学证据的理论意义既包括它本身存在的理论意义，也包括对它进行研究的理论意义。

在科学证据的理论和规则框架之下分化出社会科学证据这种新的证据类型，可以视为是人类社会在司法证明科学化道路中出现的又一个重要的发展阶段。从理论上讲，社会科学证据与自然科学证据的并列是社会科学与自然科学的二元划分结构在证据法中的具体体现，社会科学证据概念的提出无疑会使科学证据的研究领域和应用范围实现全新的突破，进而大大拓展传统的主要以自然科学为理论和方法基础的科学证据

①“调查研究法”（survey research）指的是一种采用自填式问卷或结构式访问的方法，系统地、直接地从一个取自某种社会群体的样本那里收集资料，并通过对资料的统计分析来认识社会现象及其规律的社会研究方式。参见风笑天：《社会学研究方法》（第3版），中国人民大学出版社2009年版，第159页。正是由于本书所探讨的社会研究报告的核心特征即为研究过程中采用了这种方法，因此笔者采用了“social survey report”这种英文表述来加以指代，从而区别于采用一般证据调查方法的社会调查报告（social investigation report）。特别是在当前刑事诉讼中的未成年人犯罪案件中，司法机关或特定的社会机构经常会就未成年人的平时表现、成长经历、社会关系等进行调查从而制作“社会调查报告”，以作为其量刑的有效依据。由于这种“社会调查报告”并未采用社会科学研究中的“调查研究法”，因此不能与本书的研究内容相混淆。不过，由于目前已经有一部分判决书或文献采用了“社会调查报告”来指称这种采用了“调查研究法”的证据，下文在引述相关材料时虽保留了这些称谓，或为了表述的方便依然会在文中多处保留使用“社会调查”及“社会调查报告”的表述，但是它们实际上指的是本书重点探讨的“社会研究报告”。

的范围。这不仅仅是近20年来以美国为代表的法治发达国家在科学证据研究领域出现的越渐明朗的重要进展，而且也是对我国的诉讼中已经零星出现的带有社会科学特征的证据形式进行的理论回应、总结和展望。这是社会科学证据本身存在的理论意义。

对社会科学证据进行研究的理论意义也是不言而喻的。对于在科学证据研究领域尚不够深入的我国证据法学而言，对社会科学证据进行系统的研究，从理论上讲可以在科学证据的范围内开辟一个全新的研究领域。而且，正如本书在多个章节将要展现的那样，社会科学证据的应用与证据形式、证明对象、证明标准、证明方法、证据的审查认定等理论都密切相关，因此对社会科学证据进行研究的过程实际上也是对这些相关理论加以深入推进的过程，对于这些理论的研究无疑具有重要的推动作用。

从当前的司法实践来看，社会科学证据在司法证明中应用得最多的便是社会研究报告，因此这里再谈一下社会研究报告的理论意义。由于社会研究报告调查或研究的对象往往是传统意义上与相对封闭的司法审判关联不大的普通公众，他们的意见一旦被吸纳进社会研究报告，这种证据的使用便至少可以在一个局部深刻地影响人们关于司法的一种传统的认识。一般认为，狭义的司法仅仅指法庭的庭审活动和法官的判决。在法庭这个狭小的“剧场”内“上演”关于两造对抗和法官中立裁判的“剧目”，“观众”甚少。特别是在不进行陪审的情况下，司法的这种审判形式在相当程度上是与社会相隔绝的。这个剧场中“演员”的数量通常也极其有限，除了控、辩、审三方的基本构架外，参与其中的也仅仅是对专门性问题提供专业服务的专家和“知道案件事实情况”的证人等。因此，尽管司法提倡公开，但是司法却不允许证人之外的大量公众、媒体等主体对判决施加实质性的影响。总之，司法从形式上向社会公开，但是实质上却在很大程度上与社会隔离。然而，以社会研究报告这种社会科学证据为例，普通公众的意见却突破了“证人证言”的形式，被纳入法官的视线范围内，这不能不说是对传统司法观念的重要更新。于是，曾经狭小的庭审空间便有可能向极大范围的社会延伸，从而将司法与社会更加紧密地联系在一起。这种认识或观念上的转变对司法制度所具有的重要意义是不言而喻的。例如，我们至今还在深受“民意审判”的理论困局的滋扰，殊不知在司法证明中运用社会研究报告的便有可能实现司法意见与民意完美的结合，这显然可以成为司法民主化进程的一个绝佳突破口。萧瀚先生就曾针对本书第三章所要介评的“范志毅诉文汇新民联合报业集团名誉侵权案”中社会研究报告在法庭中的证据应用指出，“公众意见能够被法庭参考，这是一个追求法治的国家司法实践中的应有之义，是司法民主化的必然要求”。①

（二）社会科学证据的实践意义

1. 推动司法证明的科学化

从司法实务的角度讲，社会科学证据作为司法证明与科学联姻的一种新的表现形式，它的应用将有效地解决长期以来困扰司法裁判的一些证明难题。一方面，对诉讼中存在的一些超出普通人认知范围、通过自然科学证据仍不易解决的事实认定问题，可以尝试通过社会科学证据的应用而加以解决。例如，某些环境侵权和医疗侵权案件的因果关系的证明长期以来都是困扰司法的一个难题，现有的自然科学条件或环境下的检测有时还无法给出明确的、令人信服的解释。在这种情况下，采用社会科学研究中的实验法、抽样调查法等方法，通过概率统计的方式对侵权行为与损害后果之间的因果关系给出专家的意见，在某些案件中已经被证实能够收到很好的证明效果。另一方面，对于带有社会性因素的事实认定而言，社会科学证据的应用可以有效地避免法官单纯依靠法律解释和经验法则进行判断可能出现的弊端，将传统的司法证明及司法裁判方法引向科学化之路。而且，对于一些确有必要考察公众意见的案件而言，以社会研究报告形式出现的社会科学证据为裁判中的事实认定提供了有力的根据，而且也为当事人提供了科学证明的可能。实际上，从下文对中美两国的司法实务的考察来看，目前诉讼中应用率最高的社会科学证据也正是这类采用“调查研究法”的社会研究报告，它为实现司法证明的科学化起到了积极的促进作用。

2. 促进事实认定的客观化

对于法律没有明确规定或者法律已经规定但是却难以证明的一些问题——如“公众”意见的证明，现在有了一种新的证明方法加以应对。

①萧瀚：“‘公共人物’登录判决书及陪审团制度萌芽——范志毅诉文汇新民联合报业集团名誉侵权案评析”，载《清华法学》2003 年第 2 期。

司法证明有两种基本模式，即自由证明和法定证明。[①] 在自由证明的情况下，由于法律对某些证明事项没有明确规定，因此裁判者在认定案件事实的时候并没有什么限制，同案不同判的情况不时发生，而且有时还表现得十分明显。在法定证明的情况下，虽然法律对某些事项进行了规定，但是在特定的情况下运用传统的、常见的证据形式却都很难证明。于是，裁判者在认定案件事实的时候在很大程度上只能通过法律解释技术来解决这个问题。然而众所周知的是，法律解释虽然已经发展出诸多不同的技术，但是在实际操作的时候并不存在一定之规，法官运用法律解释的时候仍然需要相当程度的自由心证。因此，虽然笔者同意相较于纯粹的自由证明而言，法定证明代表着司法证明模式的发展方向，但是却并不认同法定证明就能极好地解决司法证明实务中林林总总的证明难题。因此，对比那种过多地依靠法官的经验和生活常识判案的传统做法，社会科学证据作为一种新型的科学证据，通过经验事实的验证方法，不仅可以提高法律解释之客观性，[②] 也可以为事实认定提供一种更为客观的考量标准，从而使法官在进行自由心证的时候也可以将判决建立在更加客观的证据的基础之上。

例如，在导论中的“四川爱心（集团）有限责任公司诉泸州爱心金行商标侵权与不正当竞争案”中，上诉人就曾提出质疑，“对泸州爱心金行在经营过程中使用与四川爱心集团的注册商标相同的文字是否造成相关公众对其商品的来源产生混淆这一关键事实，原审法院仅凭主观臆测作出判断，违反了证据法则”[③]。对于这个问题，被上诉人则指出其在一审中已经向法院提交了包含对公众进行随机问卷调查情况的公证书，以此说明一审法官的事实认定并非上诉人所称的“仅凭主观臆测”。虽然两次审判的判决书都没有明确提到这份公证书，但是不可否认的是，这种证据的提出必然会对法官的心证产生影响。笔者 2010 年年底在四川省高级人民法院对该案二审法官进行了访谈，他们认为该案中问卷调查的设计的确存在一些不符合社会科学“调查研究法”中要求的规范，但是也应当作为对涉案事实加以认定的一种“参考”。毕

---

①参见何家弘主编：《证据法学研究》，中国人民大学出版社 2007 年版，第 14 页。

②参见杨仁寿：《法学方法论》，中国政法大学出版社 1999 年版，第 55 ~ 56 页。

③四川省高级人民法院（2010）川民终字第 182 号判决书。

竟，有了对公众意见进行抽样调查的数据，法官的事实认定就可以尽可能地避免主观臆断。

四、社会科学证据的构成要素

社会科学证据的构成要素可以细分为研究主体、研究对象、研究方法、研究结论等几个方面。在上文对社会科学证据的概念进行界定的时候，由于笔者已经就作为研究主体的专家以及他们的意见所需要进行的开放式界定进行了解释，这里不再对社会科学证据的研究主体进行重复阐释。

（一）研究对象

总的来说，诉讼中开展的社会科学研究针对的是案件的事实问题，更具体地讲应当是超出普通人认知范围的案件事实问题。这里首先需要厘清的是，社会科学证据的研究对象并不等于社会科学的研究对象。一般认为，社会科学是研究与人类有关的种种社会现象的科学，它的研究对象可以宽泛地被认为是社会现象或社会问题等。然而，由于社会科学可以从知识和方法这两个不同的角度加以认识，正如下文即将论述的那样，本书所侧重的是社会科学的方法视角。因此，在司法证明中应用的社会科学证据所研究的对象，指的是采用社会科学研究方法所探究的案件事实。具体而言，如在因环境污染导致牲畜疾病的侵权诉讼中，采用自然科学的实验等方法有时会难以查清侵权行为与损害结果之间的因果关系，当事人如果聘请社会科学专家就涉案地与其他地域的牲畜患病情况进行统计分析并得出概率抽样结论，可能会在诉讼中达到很好的证明效果。这便是采用社会科学研究方法证明案件事实的典型例子，而这种社会科学证据的研究对象便是事物之间的因果关系。但是正如上文所言，从量的角度来看，由于司法证明中应用的社会科学证据大部分还是社会研究报告，因此社会科学证据的研究对象也主要是为数众多的当事人、证人、普通公众关于案件事实的认识、态度、评价或者观点，而这些内容恰恰是某些特定案件中涉案事实的重要构成部分。

（二）研究方法

1. 从方法的角度进行界定的理由

在具体阐述本书所探讨的社会科学证据的研究方法之前，有必要交代一下为何要从方法的角度来界定社会科学证据。实际上，社会科学作为一种科学，大致可以从知识和方法这两个角度来加以认识。从最为常见的观点来看，从知识的视角对科学的界定不仅历史最为悠久，而且得到了广泛认可。科学一词的英文是“science”，来源于拉丁语“scientia”，意为“知识”、“学问”。亚里士多德曾最早对科学进行了解释，他认为科学研究是一种从观察到一般原理，然后再返回到观察的活动，而科学的重要功能就在于解释，科学解释就是从有关某种事实的知识过渡到关于这个事实的原因的知识。① 康德对科学的定义也具有代表性，他认为“每一种学问，只要其任务是按照一定的原则建立一个完整的知识体系的话，皆可被称为科学”。② 一言以蔽之，科学即系统的知识抑或一种知识体系。从本质上讲，这种对科学含义的界定反映了人们对通过实验、研究和观察所获得的知识的一种体系化的肯定，从知识论的角度讲针对的是既往存在的知识，因此采取的是一种静态的视角。

然而，对于人类尚未获得的知识抑或获得知识的过程，持有上述观点者却显然没有给予关注。当然，将来获得的知识体系，仍然可视为一种科学。但是对于获得这种将来的知识体系的特殊过程，也有大量学者主张应当视为科学。从本质上讲，如果说前一种观点采用的是静态视角，那么第二种观点则采用了动态视角。实际上，时至今日，以方法的视角来审视科学的观点已经并不鲜见，代表性的观点包括：“科学是叙述、创造与理解人类经验的一种方法。”③ “科学可以用以指示一种有系统地获致知识的方法、活动和结果。”④ “科学是一种研究方法，或者说，学习和理解我们事物的方法。”⑤ 而且，还有研究者主张“以有系统的实证性研究方法所获得的有组织的知识”才是科学，其中的核心

---

①转引自肖峰：《科学精神与人文精神》，中国人民大学出版社 1994 年版，第 9 页。

②转引自（德）汉斯·波塞尔：《科学：什么是科学》，李文潮译，上海三联书店 2002 年版，第 11 页。

③(美）林德赛：《科学与文化》，方祖同译，台湾协志工业出版股份有限公司 1976 年版，第二章。

④沈青松：《解除世界的魔咒——科学对文化的冲击与展望》，台湾时报文化出版企业有限公司 1984 年版，第 31 页。

⑤(美）艾尔·巴比著：《社会研究方法》（第 11 版），邱泽奇译，华夏出版社 2009 年版，第 3 页。

便是“有系统的实证性研究方法”。[1]

具体到社会科学在我国司法证明中的应用，实际上其知识随处可见，而方法却应用得极少。[2] 特别是在言词证据的调查、举证、质证和认证中，社会科学中的心理学、行为科学、认知科学的知识不可或缺，而社会科学的研究方法却没有得到充分的重视。这些常见的证据尽管内含社会科学知识的应用，却并不能相应地体现社会科学在其生成过程中的显著价值，因此尚难据此得出它们就是社会科学证据的简单结论。

与此相对应的是，在我国的司法证明研究中，学术界还没有系统、充分地认识到社会科学研究方法的应用价值。因此，从广义上讲，社会科学证据既包括依托社会科学的知识生成的证据，也包括采用社会科学的研究方法获得的证据。[3] 但是从狭义上讲，社会科学证据指的仅仅是采用社会科学的研究方法获得的证据。由于证据调查方法所具有的特殊性，因此对社会科学证据的界定所采用的这种狭义的视角可以将它们清楚地与其他常见的证据区分开来。正是在这个意义上，本书选择了从研究方法的角度切入，从而对社会科学证据予以明确的界定。也正是在这个意义上，本书选择了“social survey report”这一英文表述来指代社会科学证据的主要形式即社会研究报告，而没有使用“social investigation report”这一称谓。这是因为，“survey”本身便代表了社会科学研究中的“调查研究法”，采用这一词可以更加凸显社会研究报告所内含的社会科学研究方法。与此相对的是，“investigation”一词指的是普通的、宽泛的证据调查方法，无法凸显社会研究报告作为社会科学证据的核心特征。

---

①杨国枢等主编：《社会及行为科学研究法》（上册），重庆大学出版社 2006 年版，第 6 页。

②关于我国诉讼证明活动中应用社会科学研究方法的例子，将在第三章加以分析。

③需要特别说明的是，美国《联邦证据规则》第 702 条在英美证据法的理论体系下对与科学证据同义的专家证言进行界定时，强调“证言是可靠的原理（principles）或方法（methods）的产物”。也就是说，《联邦证据规则》对科学证据的界定强调的是其需要依托于相应的“原理”或“方法”。虽然这里采用了“原理”的表述，但笔者认为，“原理”作为一种具有普遍意义的基本规律，也属于前文所论述的“知识”的具体表现形式。因此，《联邦证据规则》第 702 条对科学证据的界定所采用的两个基本视角与本书对社会科学证据的分析并不冲突。关于英美法的科学证据与专家证言之间的关系，可以参见张斌：“论科学证据、专家证言、鉴定意见三者的冲突”，载《证据科学》2012 年第 1 期。

2. 社会科学研究方法概述

那么，到底什么是社会科学的研究方法？由于社会科学可以划分为诸多分支学科，各个学科也有自己独特的研究方法，因此社会科学的研究方法可以从一般性的研究方法和各学科的特殊研究方法这两个角度加以认识。然而，一方面由于理论上对某些分支学科是否属于社会科学还存在着疑问，[①] 另一方面由于各分支学科的一些特殊研究方法无法适用于其他分支学科，[②] 因此本书所探讨的社会科学研究方法指的是社会科学中已经达成共识、在所有分支学科中具有普适性的一些研究方法。从广义上讲，社会科学研究存在许多可以普遍适用于所有分支学科的方法，如哲学思辨的方法、逻辑分析的方法、科学抽象的方法、直觉思维的方法、文献研究的方法、量的研究方法、质的研究方法、定性的方法、学科研究的方法等。[③] 需要指出的是，部分研究方法彼此之间其实并不存在严格的界限，有的存在着明显的范围交叉，甚至存在着种属关系。但是从狭义上讲，一般认为社会科学研究方法主要是一种实证研究方法或者经验研究方法。

提到实证研究方法在社会科学中的应用，首先要说一说实证主义（Positivism）抑或经验主义（Empiricism）哲学。实证主义作为一种研究范式，产生于培根的经验哲学、牛顿与伽利略的自然科学研究。法国哲学家孔多塞、圣西门、孔德都是将自然的实证精神贯彻到社会现象研究中的代表人物。其中，孔德对实证主义的系统开创作出了重大贡献。孔德在其名著《实证主义概论》中把“实证”定义为：现实的而非幻想的，有用的而非无用的，可靠的而非可疑的，确切的而非含糊的，肯定的而非否定的。[④] 概言之，实证主义所推崇的基本原则是科学结论的客观性和普遍性，强调知识必须建立在观察和实验的经验事实上，通过

---

①例如，像心理学这样的学科既包括自然科学的成分，又包括社会科学的因素。在过去的数十年间，大量交叉学科研究的兴起，导致对自然科学与社会科学的明确划分变得越发困难。

②例如，一般认为法学也是社会科学的一个分支学科，但是以法学研究中常用的法律解释方法为例，它却是最为狭义的法学研究方法，只有在法学研究中才适用。

③这里所列举的研究方法并不符合“排他率”或“平行率”的逻辑关系，而且可能存在着交叉。参见陈向明：《质的研究方法与社会科学研究》，教育科学出版社 2000 年版，第 3 页。

④转引自宋林飞：《西方社会学理论》，南京大学出版社 1997 年版，第 15 页。

经验观察的数据和实验研究的手段来揭示一般结论，并且要求这种结论在同一条件下具有可证性。根据以上原则，社会科学中的实证研究方法试图将自然科学的研究方法应用到社会科学，通过对研究对象进行大量的观察、实验和调查，获取客观材料，从个别到一般，归纳出事物的本质属性和发展规律。在研究的具体实施上，研究者应当采取客观中立的态度去观察、测量研究对象，最大限度地追求客观的研究结果。而对于具体的研究措施或方案，实证主义研究范式主要采用实验、问卷调查、测验等量化方法来描述事物之间的因果关系或验证（vertification）某个假设，确定一个变量是否或多大程度上引起另一个变量的变化，从而获得可以推而广之的解释与预测，以期影响客观现实。

不过，社会科学中的实证研究与实证主义的研究方法并不能完全等同，后者只是前者所采用的诸多实证研究范式中的一种形态。到了 20 世纪 60 年代以后，社会科学的实证主义研究范式受到建构/解释主义等理论的重大质疑，发生了很大的改变。按照社会科学研究者立场的不同，实际上可以将这种不同的社会科学研究范式进行彼此对立的界定。由于实证主义强调使用实验、观察、检验等方法对客观现象进行研究，可以称之为客观主义立场。相对应的解释主义则可以称之为主观主义立场。具体而言，主观主义认为，人具有自由意志，人的行为是无规律的、无法预测的，社会历史事件都是独特的、偶然的，不存在普遍的历史规律。因此，对人和社会不能使用自然科学的方法进行研究，只能以人文学科的主观方法对具体的个人和事件进行解释和说明。①

主观主义立场的出现的确对曾经在社会科学研究中占主导地位的实证主义构成了重大挑战。② 不过，目前社会科学研究的主流则是这两种立场之外的折中观点。这种观点一方面认为，自然现象与社会现象存在着本质上的不同，后者含有社会成员对自己和他人行为的主观理解，社会事实最终必须归结为可以被人理解的事实；但另一方面，社会行为是有一定“规律”可寻的，可以通过一定的研究手段和方法找到这些

①陈向明：《质的研究方法与社会科学研究》，教育科学出版社 2000 年版，第 3 页。

②当然，对社会科学研究的实证主义构成挑战的不只是解释主义，还包括以波普尔的证伪论为代表的后实证主义、批判主义以及建构主义等。参见陈向明：《质的研究方法与社会科学研究》，教育科学出版社 2000 年版，第 15 ~ 17 页。

“规律”。因此，社会科学研究必须“客观地”观察行动者的行为和思想状态，同时依靠研究者的“主观”直觉和理解对这些行为和思想的意义作出判断。①

以上研究立场的划分也可以从自然科学和社会科学的研究对象的不同进行分析。自然科学以自然界为研究对象，由于这种对象本身外在于研究者，因此，通过以客观立场为特征的实证主义研究范式具有正当性。社会科学研究从自然科学中引入实证主义，本质上就是信奉其所研究的具有社会属性的事物可以通过客观性的立场进行研究。因此，主观主义立场正是从社会科学不同于自然科学的这个特征出发，从研究者和被研究对象的关系入手，对实证主义社会科学研究提出了质疑。于是，新的社会科学立场强调研究者与被研究对象之间的沟通、理解，而这种理解的前提就在于“我们的研究对象具有与我们相似的思维结构”。②

因此，在当前的社会科学研究中，从自然科学研究传承而来的实证主义研究范式从本质上讲仍然没有过时，只是吸取了主观主义的立场从而注入了更多的社会性因素。承认社会事实具有一般性的规律、从经验事实中得出一般结论、尽可能达到价值无涉等实证主义的追求在当今的社会科学研究中依然大行其道。鉴于从经验到理论（或结论）的研究乃是当今社会科学的主流，本书也将顺应这一潮流，书中所指的社会科学研究既包括客观主义研究，也包括20世纪中叶发展起来的主观主义研究，以此从文义上区别于以实证主义哲学为基础的社会科学研究。就具体的方法而言，这种社会科学研究既包括从自然科学的实证主义发展而来的大量定量研究方法（quantitative research，如抽样调查），也包括许多从社会科学的特点出发而产生的定性研究方法（qualitative re-

①陈向明：《质的研究方法与社会科学研究》，教育科学出版社2000年版，第3~4页。
②（英）哈耶克：《科学的反革命》，冯克利译，译林出版社2003年版，第12页。

search，如访谈、历史文献分析等）。[①]

3. 社会科学研究方法的一般步骤

作为科学研究的一种，社会科学研究的具体实施与科学方法的一般性步骤并无二致。具体而言，一个完整的科学方法应当至少包括以下4个主要步骤：建立假设、收集资料、分析资料、获得结论。[②] 下面结合社会科学研究的具体内容和特点，对这种研究的具体步骤和方法进行一般性的介绍。由于资料分析和得出结论往往由研究者在同一阶段完成，因此这里将这两个步骤合并进行说明。

首先，建立假设。实际上，建立假设的过程应当解释为更深层次的研究设计。在这一研究阶段，研究者首先需要明确研究的目的，到底是探索、描述还是解释。通常，研究者还需要提出研究“假设”，即针对待决问题提出暂时性或尝试性的答案。以此“假设”为基础，研究者可以进一步对分析单位、时间维度、研究方法的选择等问题做出安排。

其次，收集资料。收集资料的过程其实就是具体的研究方法的实施过程，也即结合案情收集对于研究有用的数据和信息。

最后，分析资料和获得结论。如果说资料收集处理的是“观察的层面”，那么资料分析则是“比较逻辑预期和实际观察，寻找可能的模式”，[③] 从而最终得出结论。实际上，前述步骤中单纯的收集资料并不能算是科学研究。如仅仅从经验材料中收集到一堆数据或者信息，基本上对于假设或实际问题的解决没有实际意义。因此，包括社会科学在内的科学研究最重要也最本质的特征在于，研究者需要对所收集的资料进

---

①有学者指出，“由于自然科学中的事实过滤掉了所有被感官所提供的质感信息，它仅仅面对一组设定的抽象关系，故量化是一种行之有效的卓越方法。然而在社会科学研究中，事实必须经由感官来提供，由意图来理解，它无须也无法还原为一组抽象的关系，于是量化就是一种不切实际的方法，它有时还会带来可笑甚至拙劣的效果”。参见陈蓉霞：“社会科学与自然科学：此科学非彼科学——兼评一个唯科学主义的文本”，载《自然辩证法通讯》2004年第4期。对此，笔者认为，社会科学研究应当综合研究的具体对象、环境、资源等诸多因素选择恰当的研究方法，不能因为某些社会科学研究不适合定量方法而全盘否定自然科学的这种研究方法在社会科学中的应用。毕竟大量以数字统计为特征的社会科学研究已经在全世界得到了广泛的应用。

②杨国枢等主编：《社会及行为科学研究法》（上册），重庆大学出版社2006年版，第7页。

③（美）艾尔·巴比著：《社会研究方法》（第11版），邱泽奇译，华夏出版社2009年版，第12页。

行分析，从而得出结论，并进一步验证在研究之初所提出的“假设”，并且给出解释。毕竟“科学的目标几乎总是要超越描述，而进入解释的王国”。① 在社会科学研究中，这种分析资料并得出结论或进行解释的过程是一个思维的过程。从某种程度上讲，这是研究者从复杂的经验材料中“顿悟”的一个阶段。

4. 基于司法证明目的的社会科学研究方法的特点

在诉讼中开展社会科学研究，必然需要符合诉讼制度、证据制度、证明制度的规律，同时也会受到相应的限制，因此社会科学证据在取证过程中所要遵循的研究方法至少可以表现出以下几个特点：

其一，研究方法的不确定性与多样性。

在司法证明中开展社会研究，目前尚无研究方法上的定论，取证者必须根据案件的实际情况选择适合、可行的研究方法。具体而言，虽然在目前的司法证明实务中定量研究较为常见，而且以抽样调查方法的应用最为广泛，但这并不表明取证者进行社会研究的时候必须进行定量研究或者抽样调查。只不过正如前文所言，在知识产权侵权纠纷类诉讼中，由于法律规定的缘故，定量研究中的抽样调查目前存在比较大的适用空间而已。

正是由于研究方法所存在的不确定性，取证者在考虑具体方法的时候往往可以有多种选择。例如，在外观设计侵权纠纷案件中，取证者就消费者对于产品的印象和反应进行考察时，可以采取抽样问卷调查、电话访谈调查、实地走访等多种不同的方法获取定量数据。这样一来，诉讼一方如果委托不同的人员开展社会研究，他们所采取的研究方法便很可能彼此相异，但是结论却很有可能殊途同归。

其二，研究方法的受制约性。

实际上，上述研究方法选择的多样性在很多情况下只能针对特定的证明事项才能成立。受诉讼制度、证据制度、证明制度的多重制约，尽管许多案件事实问题都可以通过社会研究来加以解决，但是在实际实施过程中则可能遭遇困难。例如，定性研究中的参与式观察法一般要求研究者实地介入研究对象至少数月时间，这通常难以在有限的诉讼期限内

---

①转引自（美）约翰·莫纳什、劳伦斯·沃克著：《法律中的社会科学》（第6版），何美欢、樊志斌、黄博译，法律出版社2007年版，第67页。

完成。又如，刑事诉讼的定罪证明标准要求对案件事实的证明要达到相当高的程度，而定量研究的结论通常允许存在一定范围的误差，因此在精确性上是否能够满足其要求还需要进一步的研究、论证。这也可以用以说明刑事诉讼中尽管也存在假冒注册商标罪和损害商业信誉、商品声誉罪等知识产权类犯罪，却在现阶段难以像民事、行政诉讼那样类似地采用定量研究来对案件中的重要事实予以证明。

其三，研究方法的可靠性与共识性。

从上文介绍的我国的66起案例来看，笔者并未发现直接针对研究方法可靠性的当事人质证和法官认证。易言之，对方当事人和法官通常并不会对一方当事人采用定量研究中的抽样调查方法本身是否科学、可靠提出质疑。这从某种程度上可以反映出，司法证明活动中应用的社会研究方法基本上都是该领域达成共识的方法，这些方法本身的可靠性通常并不会成为争议的焦点。

当然，这一方面反映了社会研究方法本身的认可性较高，另一方面也反映了司法证明活动中可以选择的研究方法虽然具有不确定性、多样性，但是在具体实践的过程中又呈现出相对集中的样态。总之，对于呈交法庭的社会研究报告，其研究方法的可接受性决定了其科学性、可靠性本身通常并不会受到质疑，若该证据的证据能力或证明力受到质疑，很可能是因为取证者基于这些方法不适当地得出了难以令人信服的结论。例如，一份社会研究报告在诉讼中受到质疑乃至完全遭到否定性评价，通常是由于这些研究方法没有得到很好的遵循从而导致了研究结论的不可靠。

（三）研究结论

社会科学研究通常强调在对事实进行描述和阐释之后，进行理论的抽象，或者说将从调研资料或数据中的认识一般化才是更重要、更具挑战性的一跃。[①] 司法证明活动中开展的社会科学研究也同样需要经历这样一个重要的过程，方能称得上是一次完整的研究。如果只是单纯地将统计数据、访谈记录等原始性的实证材料提交法庭，仅仅可以作为证人

---

①王赢、侯猛：“法律现象的实证调查：方法和规范”，载《中国社会科学》2007年第2期。

证言的书面形式或者一般性的书证，并不能体现出社会科学证据的特征。①

不过，社会科学的理论研究与本书所探讨的基于司法证明目的社会科学研究略有不同。尽管在诉讼中进行社会科学研究也需要经历这个“重要的一跃”，但是其目的并不在于提出一般性的命题或理论，而在于得出特定证明事项的结论性意见。换言之，如果将这种结论性意见也称作“命题”或“理论”的话，可能会引起歧义。因此，社会科学证据所提出的“结论性意见”在诉讼中的应用有其特定的适用范围和目的，与学术性的社会科学研究中所需提出的“命题”或“理论”有很大的不同。

从证据法学的角度看，诉讼中的社会科学证据提出的“结论性意见”是意见证据的一个重要组成部分。根据意见证据规则原理，专家的意见可以属于该规则的例外情况而不被排除，这再一次印证了社会科学证据只有作为一种专家意见才有存在的空间。

第三节　社会科学证据的类型

经过一个世纪的发展，在诉讼中应用的社会科学证据时至今日已经表现出丰富多彩的形态，很难用单一的视角进行类型化总结。为此，本节将选取三个不同的视角，从不同的侧面就与本书的研究密切相关的社会科学证据的类型进行分析。

---

①许多证据法学教材都会提到一个应用统计数据的著名案例：某人在一条公路上被汽车撞伤，有关证据只能证明他是在那条公路上被一辆公共汽车撞的，但不知是哪一辆。经过调查得知A公共汽车公司的车辆占该公路上运营车辆总数的80%。根据概率计算，A公司所属车辆撞伤那个人的可能性为80%。而民事诉讼所要求的证明标准是“优势证据”，即一方的证明超过50%就可以胜诉，因此法院判A公司承担赔偿责任。See Adrian A. S. Zuckerman: Law, Fact or Justice, Boston University Law Review, Vol. 66, p. 488. 从这个案例中的统计证据来看，如果当事人仅仅是将统计材料和简单计算出来的概率提交法庭，该证据与一般的书证并没有显著的区别。作为一种科学证据，调查者或者研究者必须在报告中详细地说明其所选取的样本情况（如调查时间、地点），并解释该样本得出的概率是否能够一般性地适用于案发时的车流情况。毕竟本案中所谓的“经过调查得出的80%的概率”只能说明调查时段而不是案发时段的车流情况。因此，如果缺少对统计数据、相关信息的综合分析和总结并得出调查的专家意见，该案中以统计数据形式出现的证据便不能简单地称为社会科学证据。

一、基于研究方法的分类

上文已经指出，本书所探讨的应用于诉讼的社会科学研究方法不能完全等同于社会科学的学术研究方法。由于在诉讼中开展的社会科学研究并不是纯粹的学术研究，因此其目的也不在于提出一般性的命题或理论。这样一来，基于司法证明目的的社会科学研究所采用的方法只能是学术研究方法的一部分。换言之，像哲学思辨方法、文献研究方法等社会科学研究方法一般在诉讼中并不存在适用的空间。具体而言，根据上文的分析，在诉讼中应用社会科学研究方法的目的是证明特定的案件事实，而且是常规证明方法不易证明的案件事实。也就是说，只有那些适用于证明案件事实的社会科学研究方法才是本书所关注的对象。正是在这样的理论框架下，上文从定量研究与定性研究这两种常用的研究方法的角度具体介绍了适用于证明案件事实的社会科学研究方法。

据此，从研究方法的视角来看，社会科学证据大致可以划分为采用定量研究的证据和采用定性研究的证据这两种基本类型。定量研究与定性研究从方法论上讲并无优劣之分，但是在具体适用的时候却各有利弊。例如，定量研究可以在宏观层面上进行大规模的社会调查研究和政策预测，但不利于在自然情境下对微观层面进行细致、深入、动态地描述和分析。定量研究的方法不仅将复杂流动的社会现象简单地数量化、凝固化，而且忽略研究者以及研究者和被研究者的关系对研究过程和结果的影响。[①] 定性研究则恰恰相反。当然，定量研究与定性研究也只是对适于证明案件事实的研究方法进行的总体上的划分，这两种研究方法在具体操作过程中还可以划分为各种不同的研究方法。因此，以定量研究方法的应用为例，社会科学证据便可因“调查研究法”、实验法等具体方法的不同而表现为不同的形态；而采用定性研究方法的证据也可以相应地以访谈法、历史文献分析法、参与式观察法等方法来加以划分。

在司法实践中，这些不同的定量研究和定性研究方法的应用比例差异也极大，定量研究报告因为适于证明的案件事实的范围广泛，因而司法实务对采用这种研究方法的证据的需求也就更大。例如，以《商标法》为代表的法律规范在对违法行为进行界定的时候经常需要对公众

①陈向明：“社会科学中的定性研究方法”，载《中国社会科学》1996 年第 6 期。

意见进行判断，立法的这种或许并非特意为之的规定客观上便可能需要裁判者对为数众多的公众意见进行分析。采用定量研究方法的社会研究报告恰恰满足这一需求，可以在宏观层面上进行大规模的社会调查研究。相对而言，现有的法律法规至少在这个问题上与定性研究的关系还不十分明确，从而极大地限制了这种方法在司法证明中的适用。另外，从研究的客观性讲，相比定性研究，定量研究对研究的严密性、客观性、价值中立都有更为严格的要求，以求得到客观事实。一般而言，由当事人以数据和统计分析的形式出具的证据容易被披上“科学”的外衣，从而以其或许并不完全具备的客观性和权威性赢得像法官这样的社会科学研究方面的外行的青睐。波斯纳法官便曾经说过，科学家努力利用数学的精确性来壮大声势，增强其权威性。要注意的是，量化的东西更能帮助圈外人获得力量或帮助圈内人抵制强烈的质疑。①

与此相对的是，定性研究中的一些方法确实不适合在诉讼活动中开展。例如，以定性研究中常用的参与式观察方法为例，这种方法由于时间相对较长（一般要求几个月甚至一年以上，以便研究人员与研究对象之间建立相对较为稳固的关系），在诉讼过程中几乎是不可能开展的。② 而以历史文献分析法为例，由于与案件相关的历史文献本身就可以作为证据法定形式之一的书证来加以使用，因此诉讼中由专家对这些资料进行研究的必要性也存在疑问。

需要再次指出的是，司法证明活动中应用的社会科学研究方法从横向比较来看并不存在优劣之分。不同的研究方法有其他研究方法所不能替代的优势，也存在自身可能难以克服的局限性。各种研究方法的应用由于当事人在诉讼中的证明目的的不同而存在差异。例如，有的案件当事人提出社会科学证据的目的是为了描述案件的真实情形，有的则是为了探寻行为、事件与后果之间的因果关系，还有的是为了检验当事人自身针对案情的假设。因此，基于司法证明目的而进行的社会科学研究，必须根据案件的具体情形和条件选择研究方法。总之，从研究方法的角

---

①转引自（美）肯尼思·R. 福斯特、彼得·W. 休伯：《对科学证据的认定——科学知识与联邦法院》，王增森译，法律出版社 2001 年版，第 225 页。

②以我国《民事诉讼法》第 135 条的规定为例，人民法院适用普通程序审理的案件，一般情况下应当在立案之日起 6 个月内审结。这已经是相对较长的审理期限，但是仍然无法满足参与式观察法定性研究的要求。

度分析社会科学证据的类型，有利于从形成过程、形成机理等角度探讨这种证据的具体表现形态，也有利于我们认识到哪些事项适合采用哪种研究方法，从而为下一步的制度构建提供有力的参考。

二、基于生成时间的分类

按照证据的生成时间是在诉讼开始之前还是之后，可以将社会科学证据大致分成两类。通过该时间节点对社会科学证据进行类型化研究的意义在于，由于诉讼开始前业已存在的研究报告往往并不直接以某一案件的系争事实为研究对象，因此与诉讼开始后才形成的研究报告在证据能力、证明力等诸多方面都存在着显著的差异。由于诉讼开始之后形成的社会科学证据在司法实践中占绝大多数，而且也是本书研究的主要对象，下文将详细展开。这里仅仅对诉讼之前形成的社会科学证据进行简要的介绍。

具体而言，诉讼之前已经存在的研究报告又可以细分为两类，第一类与诉讼本身的系争事实实际上并无实质关系，但是却与该案的背景事实密切相关。在某些案件中，法院会引述诉讼之前已经存在的社会科学证据的观点或结论，当事人也可以向法院提供这些证据。由于这种证据并不是以本案的系争事实为基础进行的研究，因此一般不受常规的着眼于案件事实的证据规则的调整。这种类型的社会科学证据在 1954 年著名的“布朗诉托皮卡教育委员会案”的判决书中一经出现便产生了广泛的影响。美国联邦最高法院在该案的判决书中写道：“根据肤色、种族、出身将黑人学生与其他种族隔离开来，剥夺了黑人学生受教育的平等机会，违背了宪法的精神。”为此，美国联邦最高法院在未经当事人举证的情况下直接引述了一些社会科学证据来加以证明。① 从这起案件可以明显地看出，法官引述的那些包括研究报告、著作在内的社会科学证据并不是针对该案中涉及的学校实行的种族隔离制度对黑人学生的影响，而是以其他事例为基础或者从更为宽泛的角度进行的研究。

这种由当事人向法院提供的研究报告，作为证据的一种类型，虽然不能用于直接证明案件事实，但是可以用来证明案件的背景事实。关于

①See Brown v. Board of Education, 347 U. S. 483 (1954). 更详细的内容参见第二章的介绍和评析。

其证据能力或可采性的具体分析，下文还将详细分析，这里不再展开。至于法官在诉讼中直接引用的社会科学证据，由于并未经历常规的取证、质证这样的庭审过程，因此是否应该把它定位于一种司法证明活动，容易产生理论上的争议。① 为此，本书对司法证明的界定采用一种广义的视角，将法官的判决活动视为向当事人和社会公众进行“证明”，因此在判决书中引述社会科学证据，仍然属于一种广义的司法证明。②

与第一种类型不同的是，诉讼之前已经存在的另一种社会科学证据则直接关系到该案的系争事实，因此法官应当根据常规的证据可采性规则进行审查判断。如一些公司在诉讼之前便经常会进行社会调查或研究，以研究市场占有情况和竞争对手的情况，这种调查显然并不是直接以未来可能出现的诉讼为目的。然而，当出现相应的商标混淆纠纷、垄断纠纷的时候，该公司在诉讼中便很可能提出这样的社会研究报告，以作为证明系争事实的证据。这种证据的出现有时会在诉讼中取得很好的效果，然而在另外一些情况下则可能会受到对方和裁判者的各种质疑。一个重要的原因在于，商业活动中进行这种社会调查或研究的时候不可能像基于诉讼目的进行调查那样需要考虑证据的证据能力和证明力问题，因而往往难以满足社会科学证据的规范性要求。此外，这种证据也有可能因为制作的具体环境已经时过境迁，而在证明力上受到强烈的质疑。

三、基于事实类型的分类

在社会生活中，事实这个词本身拥有丰富的含义，我们可以通过多

---

①2009 年 12 月 27 日，笔者曾以“社会科学研究成果在司法证明中的应用”为题在中国人民大学法学院证据学研究所举办的“证据法学的发展趋势”研讨会上进行过初步的介绍和分析。北京大学法学院的汪建成教授曾作为点评嘉宾对笔者的发言提出过疑问，即法官在判决书中引用这些社会科学证据是否可以算是一种司法证明活动？参见杨建国：“茶话证据法学的前世、今生与来世——德恒证据学论坛‘六十华诞’侧记”，载张士宝主编《法学家茶座》(第 30 辑)，山东人民出版社 2010 年版。

②具体而言，与承担证明责任的诉讼主体向裁判者进行证明的典型的司法证明活动不同，法官在判决书中证明其认定的案件事实或争议事实是正确、合理的，因其面对的是当事人乃至社会公众，可以视为一种广义的司法证明。参见何家弘主编：《证据法学研究》，中国人民大学出版社 2007 年版，第 110 页。

维的视角进行解读。在诉讼活动中，案件事实也可以表现为诸多不同的形态。由于诉讼中应用的社会科学证据所证明的一个重要内容是案件的系争事实，于是当我们将案件事实进行解构之后，这种证据的具体适用便可以随之分化为不同的类型。

1962 年，美国学者戴维斯（Kenneth Culp Davis）在《行政程序中解决证据问题的一个方法》一文中开创性地将案件事实划分为“立法事实”（legislative facts）和“裁判事实”（adjudicative facts），[①] 对案件事实的类型化研究产生了深刻影响。根据戴维斯的观点，“立法事实”针对的是法官在造法的时候需要考虑的事实，而非仅仅是采用已经确立的原则来解决某个案件中特定的诉讼当事人之间的纠纷——后者所争议的事实便是“裁判事实”。因此，法院在考虑“立法事实”的时候，实际上是在面临既有的法律原则、规则或者在它们并不存在的情况下创设一项新的原则或规则。“立法事实”的运用还有一个特点，由于新原则或规则的创立影响广泛，因此在评估这种事实的时候不能仅仅立足于单一案件中当事人之间的纠纷，而是需要一般性地考察相似的案件中所有类似的因素。

这种分类一直延续到 20 世纪 80 年代末。1987 年，约翰·莫纳什（John Monahan）和劳伦斯·沃克（Laurens Walker）以戴维斯的研究为基础，在《社会框架：社会科学在法律中的一种新的应用》一文中进一步丰富了案件事实的分类。他们发现，社会科学证据在法院中的具体应用，虽然大多可以归入“裁判事实”和“立法事实”的证明这两种类型，但是法院逐步接受了社会科学证据的第三种应用方式，即用来提供案件的“背景事实”（context）。两位学者给社会科学证据的这种应用起了一个新名字——“社会框架”（social frameworks）。[②] 时至今日，对案件事实的这三种类型的划分在美国已经得到了广泛的认同，同时也对证据法学的研究产生了深刻影响。毕竟证据就是证明案件事实的根据，案件事实的划分必然会影响到证据、证据规则等问题的分类。具体

---

①See Kenneth Culp Davis, An Approach to Problems of Evidence in the Administrative Process, 55 Harvard Law Review 364(1962).

②See John Monahan, Laurens Walker, Social Frameworks: A New Use of Social Science in Law, 73 Va. L. Rev. 559(1987).

而言，根据案件事实这三种不同的表现形态，科学证据也可以相应地划分为以下三种不同的类型：

(一) 用于证明“裁判事实”的社会科学证据

毫无疑问，诉讼双方所争议的以及法官需要认定的最重要的事实是“裁判事实”，这也是最为常见的案件事实类型。与后两种类型的证据的一个显著不同点在于，用于证明裁判事实的社会科学证据通常只能是针对个案而进行的研究。当然，这也并不意味着当事人只有在诉讼开始之后才会聘请专家或自行开展研究。在有的情况下，当事人会在诉讼开始之前就进行研究，待法庭要求的举证时段直接提交这种证据。实际上，本书所探讨的社会科学证据便主要是基于“裁判事实”的证明，而笔者所分析的作为社会科学证据之主要形式的社会研究报告也主要放在了证明“裁判事实”的理论框架之内。

(二) 用于证明“立法事实”的社会科学证据

在英美法的判例制度下，法官在造法的时候也像议会中的立法者那样，需要考虑新法是否有充分、恰当的“立法事实”支撑。例如，如果法官欲在一起判决中限制种族歧视，那么他必须解释种族歧视到底带来了哪些不利后果或者缘何要对这种制度或现象进行限制。在通常的情况下，这类事实很难用常规的证据形式或者证明方法加以证明。在这样一种背景下，某些已经问世的学术著作、调查报告等资料恰好能阐明这类事实，因此这些资料一经在诉讼中采用便受到了极大的欢迎。如在1954年的“布朗诉托皮卡教育委员会”一案中，为了证明种族歧视的不利影响这一超越该案“裁判事实”的“立法事实”，原告方在举证的时候提出了来自社会学、人类学、心理学等领域的32位社会科学家递交的《种族隔离的影响和废止隔离的后果：一个社会科学声明》。虽然美国联邦最高法院在判决书中并没有提到这份证据，却也直接引述了7份相关领域的社会科学证据，并对这些证据所证明的事实进行了“司法认知”。[①] 正是联邦最高法院在布朗案中的这一做法，开创了社会科学证据在证明“立法事实”中的应用。虽然今天仍有学者对法官在该案中的这种做法颇有微词，但是引用社会科学证据来证明“立法事实”却在该案之后获得了广泛的效仿。

---

①关于这些证据的具体情况，参见第二章第三节的介绍。

我国并没有判例法国家的法官造法制度，但是美国的法官对“立法事实”的司法认知同样对我国的证据法律制度有着重要的启示意义。这是因为，与英美法系国家的司法认知制度类似，我国同许多大陆法系国家一样，对一些特定的事实予以“免证”对待，并且通过法律加以明确规定。然而除了一些不易引起争议的事实外，一些诸如什么是“众所周知的事实”这样的免证事实有时却很难在当事人之间以及当事人与法官之间达成共识。“免证事实”是否在某些情况下也应当由当事人提供一定的依据，或者由法官去寻找这样的依据？笔者认为，当诉讼双方、法官对一些所谓的“众所周知的事实”难以达成一致时，可以通过一定的依据来进行证明。当然，这涉及“免证事实”为何又需要证明的问题。由于本书第四章第三节还要专门对这个问题展开论述，这里不再赘述。

（三）用于提供“背景事实”的社会科学证据

除了以上两类事实外，莫纳什和沃克这两位学者提出的案件“背景事实”的特殊性表现在：首先，它不属于“裁判事实”，因为它并不涉及某一案件的当事人所争议的事实；其次，它也不属于“立法事实”，因为它虽然超越某一特定案件本身，但是却并不涉及法官造法的问题。第三类事实的提出，直接影响了社会科学证据的存在方式。如果说用于证明“立法事实”的社会科学证据经常是由法官在“造法”的判决书中作为经验法则的依据或者司法认知的依据而直接予以引用的话，那么用于提供“背景事实”的社会科学证据则经常是通过当事人的举证而出现在法庭上的。

具体而言，在某一特定的案件中，运用出版、发表、官方公布等形式公开的社会科学证据，有时会在帮助确定某一案件的“背景事实”方面取得很好的效果，如用以帮助评估案件中涉及的当事人的文化背景、目击证人辨认的易出错性、被告人的人身危险性、受虐妇女及性受害者的心理特征等。这里以社会科学证据在证明目击证人辨认的易出错性方面的功效进行说明。例如，在 1998 年的 Weatherred v. State 一案中，被告一方的专家证人根据一些论及证人的自信度与证人指认的准确度之间的关系的研究成果，质疑控方的目击证人证词的可靠性，获得了得克萨斯州上诉法院的认可。[①] 如今在美国，有许多下级法院的判决被上级法院推翻，就是因为下级法院不允许当事人提出关于目击证人证词存在不精确性的证言。由于这种情况频繁发生，考虑到大量研究都表明目击证人的辨认错误已经成为刑事错案发生的首要原因，[②] 即使在当事人不举证的情况下，也有许多法院经常会例行公事地将关于目击证人指证的研究结果告知陪审团："女士们、先生们，你们应当知道，研究结果显示，人们会随着时间的流逝忘记很多事情"；或者："研究结果显示，某一种族的人辨认另一个种族的人，会比他们辨认与自己同一种族的人更容易出错"；或者："许多研究显示，如果一个人处于压力之下，如有一杆枪指着你的时候，你辨认的精确性会下降"。[③]

后文的论述将要揭示，美国的一整套相关证据规则基本上都是建立在针对"裁判事实"的证明问题上的。也就是说，用于证明"立法事实"和"背景事实"的证据并不是证据规则所重点关注的对象。这样一来，用于证明以上三种事实的社会科学证据在可采性和证明力的问题上所受到的理论上的限制便存在极大的差异。因此，对案件事实以及证明这些不同事实的社会科学证据进行这三种类型的划分，对于厘清本书研究的理论体系具有重要的意义。

---

①Weatherred v. State, 963 S. W. 2d 115(1998).

②参见梁坤："宪法权利视角下的美国目击者辨认证据规则"，载《证据科学》2009年第4期。一份新近的研究成果也表明，在200起错判案件中，有77%的被告是由于目击证人的错误辨认而被判有罪。See Brandon Garrett, Judging Innocence, Columbia Law Review, January 2008.

③(美) 约翰·莫纳罕："社会科学研究方法在美国法院中的应用"，魏奎楠等译，载《清华法律评论》(第三卷第一辑)，清华大学出版社2009年版，第167页。

第二章　社会科学证据在美国司法证明中应用的历史回顾

社会科学证据在当今社会的各个领域发挥着重要作用。这种证据可以用来调查过去发生的事情，为当前的决策提供依据，抑或为预测将来的政策走向提供参考。证据即是证明的根据，证据的应用并不限于司法领域。特别是社会科学研究在立法和行政活动中的应用极其广泛。一份客观、可靠的社会科学证据能够为决策提供准确的依据，对社会经济、政治、文化等各领域的发展功不可没。然而社会科学证据的不恰当应用也经常招致强烈的质疑和批评。

与其他领域的应用类似的是，社会科学证据在过去一个世纪以来在司法证明活动中逐渐得到重视，应用范围和程度不断扩大和加深。根据笔者收集到的资料，这种证据如今不仅在以美国、加拿大、英国、澳大利亚等为代表的英美法系国家获得了广泛的应用，而且也出现在德国、日本、瑞典、芬兰、中国大陆以及中国台湾地区等具有大陆法传统的国家和地区的法庭上。[①] 但是，综观社会科学证据在全球范围的发展，美国还是处于绝对领先地位。从 19 世纪末开始，美国法学界对传统的法律形式主义（Legal Formalism）提出了批评，为社会科学证据在裁判中的应用找到了突破口。随后，法律现实主义（Legal Realism）等法学研究思潮进一步推动了社会科学证据在诉讼中的应用。于是，从 20 世纪初开始，社会科学证据在司法证明活动中经历了一个从无到有，争议重

①例如，德国已经在商标侵权司法实践中形成了一套相对成熟的规则，针对测量商标知名度的消费者调查，法院普遍认同“三步测算法”（Three – Step – Test）的调查问卷：第一步询问某一标识的知名度，第二步探询该标识是否被认为是指示商品来源，第三步了解相关消费者是否知道使用该商标的经营者。转引自张爱国：“商标消费者调查的正当性研究——从 49 份商标侵权纠纷民事判决书谈起”，载《知识产权》2011 年第 2 期。

重直至最终得到广泛接受的过程。当然，虽然从20世纪六七十年代开始，社会科学证据在司法证明活动中得到了规模化的应用，而且现在已经呈现出较为繁荣的景象，但这并不意味着这种证据的运用已经克服了所有的理论障碍。实际上，这种特殊的证据至今在美国法院中的运用仍然不乏争议。在第四章具体论述它的审查认定方面的采纳和采信规则之前，本章将对这种我国读者还不十分熟悉的证据形式进行一番基于美国的历史考察，对它的来龙去脉进行系统地梳理。

第一节　社会科学证据的雏形：布兰代斯辩论摘要

一、对法律形式主义的批判与社会学法学的兴起

在19世纪末之前，美国法学界普遍信奉法律形式主义。根据这样一种理念，法律被认为是内在自洽的一套逻辑的规则体系，独立于外在多变的社会制度。在解释和适用法律的时候，法官完全根据抽象的法律原则。然而这种古典的法哲学理念到了19世纪末受到了严重的批判。在这一时期，一种全新的理论构想认为，个案的裁判结果要根据社会背景的变化而变化。同时，案件裁判的过程也由单一的演绎推理向融合了归纳推理的模式发展。从这时起，寻找和反思关于社会运行的知识变得越来越重要。①

霍姆斯（Oliver Wendell Holmes，Jr.）是这一潮流中的代表人物，他对法律形式主义学说展开了猛烈批判，其目的就在于揭开法律的发展只受逻辑支配这一观点的假象，因为法律裁决事实上还受到法官的假定和偏见的影响。正是在这样的理论基础上，霍姆斯在1881年出版的名著《普通法》中提出了早已为我们所熟知的著名格言：“法律的生命从来不是逻辑，而是经验。”② 霍姆斯在他的一系列论著中都强调了法官的作用，认为法官的功能不仅仅是在法条中寻找法律并将其运用于具体的案件，而且要通过选择相关的法律原则和判例来裁定案件，促进对法

①(美）约翰·莫纳什、劳伦斯·沃克著：《法律中的社会科学》（第6版），何美欢、樊志斌、黄博译，法律出版社2007年版，第2页。

②Oliver Wendell Holmes, The Common Law, Little, Brown, and Company, 1881. p. 1.

律的阐释。判例并不是给定的，而是法官根据自身的是非观念挑选的。这些规范性概念往往停留在粗疏的状态，潜移默化地影响着法官的判断。遵循法律逻辑作出法律判决常常只是教条式的原则，而这一原则的具体由来却已经被忽视。为了抵消法律运用过程中主观意识形态偏见的影响，霍姆斯指出，具有实用目的的法律理论必须建立在对法律进行历史研究的基础之上，还要对法律带给人们行为的意义和影响保持一种开明的怀疑态度。法律需要的是法理学，即一种系统的法律理论。这种法律理论的表述并不是建立在抽象的原则之上，而是建立在对社会意愿进行精确衡量的基础之上，法律所寻求的目标应该由法律裁决者充分地表达出来。①

因此，霍姆斯在反对法律形式主义的同时，主张法官关注社会变迁中的相关事实，包括社会成员的情感和感觉以及科学研究的洞见。② 至于如何实施这种解决方案，霍姆斯所提出的这种法理学方法转型实际上蕴含了当今的“社会科学”因素（尽管他没有明确地表述）。这从他于1897 年在《哈佛法律评论》上发表的《法律的道路》一文中可见一斑：“对于法律的理性研究，今天称雄的还是刻板的法条主义者，但是主宰明天的将会是能驾驭统计学、经济学的人。”③

在此之后，以庞德（Roscoe Pound）为代表的学者拓展了霍姆斯的思想，于 20 世纪初在法学界批判法律形式主义的同时，开创了社会学法学（Sociological Jurisprudence）的潮流。相对于书本上的法律，社会学法学更加注重法律的运行以及其所涵盖的社会因素。例如，庞德认为，从社会学法学的视角来看，我们必须研究法律判决产生的效果以及影响法律判决的情境，这些情境包括一个社会的社会发展、经济发展以及政治发展的状况等。④

总的来说，对法律形式主义的批判和社会学法学流派的兴起并非产

①（美）马修·戴弗雷姆：《法社会学讲义——学术脉络与理论体系》，郭星华、邢朝国、梁坤译，北京大学出版社 2010 年版，第 94 页。

②（美）马修·戴弗雷姆：《法社会学讲义——学术脉络与理论体系》，郭星华、邢朝国、梁坤译，北京大学出版社 2010 年版，第 94 页。

③Oliver Wendell Holmes, The Path of the Law, 10 Harvard Law Review 457 (1897).

④转引自（美）马修·戴弗雷姆：《法社会学讲义——学术脉络与理论体系》，郭星华、邢朝国、梁坤译，北京大学出版社 2010 年版，第 94 页。

生于证据法学领域，而且讨论的问题也并未直接针对证据法律制度，而是在法制变迁、法学研究推进这样的更为广阔的层面。但是，这些产生于19世纪末20世纪初的新的法学思潮对司法证明制度产生了极大的影响，特别是成功地促进了社会科学与司法证明的联姻，这便是“布兰代斯辩论摘要”（Brandeis brief）① 在诉讼中的出现。

二、布兰代斯辩论摘要简述

一般认为，“布兰代斯辩论摘要”是社会科学证据在美国司法证明历史中运用的里程碑式的起点。1905年，美国联邦最高法院在Lochner v. New York一案中判定，纽约州的一项规定烤面包工的每周工作时间不得超过60小时的立法无效。② 然而正是在这一时期，进步主义（Progressivism）③ 作为一项政治运动在美国风起云涌，其目标之一便是解决工业化带来的相关问题。该案的判决与进步主义的目标背道而驰，进步主义团体于是在此案之后开始伺机对美国联邦最高法院的意旨进行反击，并且在1908年的Muller v. Oregon一案中迎来了机会。

该案的来龙去脉还要从1903年说起。当年，俄勒冈州制定了一部新的社会福利法案，将工厂或洗衣店里女工的日工作时间限制在10小时内。1905年，俄勒冈州最高法院维持了对洗衣店老板穆勒（Curt Muller）的判决，认定他违反了该法案。于是，穆勒将该案上诉到了联邦最高法院，而案件的核心问题便是俄勒冈州的这项社会福利法案的合宪性问题。国家消费者联盟（The National Consumers League）作为一家进步主义团体介入了这起著名的案件，并聘请了同样以支持进步主义而闻名的布兰代斯（Louis D. Brandeis）担任该案的代理律师。布兰代斯在该案中的诉讼主张的重点在于女工需要政府的特别保护。布兰代斯认为，如果只依靠法律逻辑的辩论几乎不可能打赢这场复杂的官司。基于自己丰富的社会科学素养，他另辟蹊径，决定采用带有社会科学研究特

---

①也有学者译作“布兰代斯意见书”或“布兰代斯诉讼方法”。

②Lochner v. New York, 198 U. S. 45(1905).

③进步主义是一种在19世纪末至20世纪初从北美开始的政治运动和意识形态，进步主义者支持在混合经济的架构下劳动者人权和社会正义的持续进步，他们也是福利国家和反托拉斯法最早的拥护者之一。参见维基百科“进步主义”词条，http://zh. wikipedia. org/zh-cn/%E9%80%B2%E6%AD%A5%E4%B8%BB%E7%BE%A9。

征的证据来支持其主张。社会改革家戈尔德马克（Josephine Goldmark）指导了布兰代斯辩论摘要的撰写。她带领一个由11个成员组成的团队，翻遍了哥伦比亚大学的图书馆，寻找有关长时间工作会对女工造成负面影响的医学及社会科学方面的论据。结果，布兰代斯向法庭提交的包括对先例的批判在内的辩护书仅仅2页，而由大量的统计数据、医学报告等材料构成的内容翔实的相关"活生生的事实"（living facts）的辩论摘要却长达113页。

该辩论摘要包括调查报告、政府的统计数据、工厂的报告、医学讨论报告以及从雇主和雇员中撷取的意见数据等，具体内容是：马萨诸塞州卫生部1873年的报告、马萨诸塞州劳工统计局1871年的报告、1890年柏林劳动立法国际会议的材料、1871年7月7日法国上议院会议的材料、纽约州劳工统计局的报告、希欧多尔（Theodore Weyl. Jena）博士于1904年出版的《职业卫生学》、1905年由德国帝国家政局核准的《工厂女工的工作时间：工厂检查员报告》、罗斯福总统于1906年12月4日在第59届国会第二次会议上发表的年度报告、1906年发表的《妇女工作的立法控制》一文等材料。[①] 虽然这些报告关注的角度不同，但是在对妇女的保护这个问题上其落脚点是一致的。根据我国台湾地区学者杨仁寿先生的总结，该辩论摘要的大致内容是："男子之体格与机能不同，妇女苟长时间的劳动，依其特殊之身体构造，显属危险。且依医生之意见，妇女工作之耐久力，亦较男性为差，设过度劳动消耗其耐久力，对于妇女之健康将有所戕损。何况，劳动时间增长，相对的即减少家庭生活时间，显亦无视子女教养以及国民的福祉。因之，劳动妇女无论结婚与否，宜予优裕的生活，俾能改善家庭生活，以谋世世代代体格与道德显著的增进。"[②] 辩论摘要的结论是："参考欧洲最发达的国家和其他20个州60多年以来的立法活动，我们认为，对在器械制造业、洗衣房工作的女工的10小时工作日的限制，是公共健康、公共安全和公共福利的要求，我们不能说俄勒冈州立法机关没有合理的理由相信这

---

① （美）约翰·莫纳什、劳伦斯·沃克著：《法律中的社会科学》（第6版），何美欢、樊志斌、黄博译，法律出版社2007年版，第5~7页。

②杨仁寿：《法学方法论》，中国政法大学出版社1999年版，第55~56页。

一点。”①

最高法院的判决最终支持了布兰代斯一方所提出的观点，但是对于其辩论摘要，却采取了一种委婉的方式来加以接受：尽管脚注中提到的这些法案和观点从“技术上讲并不是我们必须服从的权威”，但是我们仍然对这些研究（所证明的事项）进行了“司法认知”（judicial cognizance)②。具体而言，它们也没有论及我们所面临的合宪性问题，但其意义在于，它们说明了一种广泛接受的观点，即女性由于其身体结构的不同，以及因此而承担的不同的任务，需要以特别的立法限制或者规定她们的工作条件。③

此案之后，布兰代斯名声大振，他同其合作伙伴继续参与这类案件的代理。他的团队所准备的辩论摘要也同样发挥了很好的效果。如在1910年的 W. C. Ritchie & Co. v. Wayman 一案中，布兰代斯和戈尔德马克提交了一份610页的辩论摘要。法院最终认定伊利诺伊州的一项限制妇女最长日工作时间为10小时的立法没有违反伊利诺伊州宪法。④ 而在1917年的 Bunting v. Oregon 一案中，布兰代斯、戈尔德马克和他们的新伙伴法兰克福特（Felix Frankfurter）一同准备了一份长达1021页的辩论摘要。法院最后支持了俄勒冈州一项限制最长日工作时间至10小时的立法。⑤

三、对布兰代斯辩论摘要的评价

（一）辩论摘要的意义

正如本书在社会科学证据的分类中分析的那样，这种证据在司法证明中可以用来证明“裁判事实”、“立法事实”及“背景事实”。从这样的分类来看，由于布兰代斯在穆勒案中提出带有社会科学性质的材料的目的在于证明一项法律的正当性，以免该法律经法院司法审查之后被宣布无效，因此辩论摘要的应用是为了证明“立法事实”。法院最终对这些材料所证明的事实进行了“司法认知”。

---

①Muller v. Oregon,208 U. S. 412. (1908).

②等同于 judicial notice，都译为“司法认知”。

③Muller v. Oregon,208 U. S. 412. (1908).

④See W. C. Ritchie & Co. v. Wayman,244 Ill. 509,91 N. E. 695.

⑤See Bunting v. Oregon,243 U. S. 426,37 S. Ct. 435,61 L. Ed. 830.

由于法官造法立足于普通法的制度土壤中，布兰代斯辩论摘要也具有浓厚的普通法特色，与实践中大量社会研究报告所证明的“裁判事实”具有显著区别。不过时至今日，社会科学证据在法庭中的应用已经变成以证明“裁判事实”为主，因而社会科学研究方法也就成为了其核心特征。从这个意义上讲，布兰代斯辩论摘要的产生有着特殊的时代和制度背景，所证明的是特殊的“立法事实”，所包含的是大量零散的带有社会科学特征的材料，仅仅是当今在法庭中主要立足于社会科学研究方法的社会科学证据的雏形。

但是社会科学证据的这一雏形所具有的历史意义是不可磨灭的。首先，数量众多的带有社会科学研究特征的材料在后续的案件中为证明“立法事实”继续发挥着作用，尽管这种应用在如今的法庭中已经远远不如证明“裁判事实”的社会科学证据瞩目。例如，以下文将要分析的发生于1954年的更为著名的“布朗诉教育委员会”（Brown v. Board of Education）案为例，其中出现的社会科学证据实际上与布兰代斯辩论摘要在形式上具有极大的相似性。其次，后来用来证明“裁判事实”的社会科学证据实际上极大地受到了布兰代斯辩论摘要的启发，可以说后者为采用社会科学研究方法并专门针对个案事实加以证明的社会科学证据在如今美国法庭中的繁荣打下了最初的基础。最后，司法实践的这种开创性做法被法院通过“司法认知”的方式加以接受，扩大了传统的司法认知的范围，对证据法学的理论发展做出了贡献。

（二）辩论摘要的性质

尽管布兰代斯辩论摘要在诉讼中的应用取得了出奇制胜的效果，但是若要把它定位为一种“证据”，还需要十分谨慎。毕竟证据是证明的依据，是为了证明案件事实（包括“立法事实”）服务的。而通过上文的评介可以发现，布兰代斯一方在穆勒案中提出这些带有社会科学研究性质的材料的直接目的只是为了充分地论证其辩护要点，是附属于辩论意见书的大量零散材料的汇集。至少很难从理论上认定，辩论摘要在该案中出现的目的是直接为了对相关的“立法事实”加以“证明”。虽然该案并没有对这些辩论摘要的性质展开争辩，但是至少从形式上讲，这些材料本身还难以称得上是当事人向法院提交的证据。

（三）辩论摘要的质量

具体考察辩论摘要中的大量材料，实际上存在很大的问题。笔者认为，对布兰代斯辩论摘要的质量应当有一个客观的评价：从理论上讲，它并没有表明那些有关多长时间工作对女性影响的论断的真实性，而仅仅表明这些论点被数量可观的观点支持着。从这些辩论摘要所反映的问题来看，布兰代斯所收集的材料都是很宽泛的、带有价值取向的、由一些很随意的看法和意见支持的结论。[①] 此外，在评价布兰代斯的辩论摘要的时候还应当认识到，这些材料具有明显的倾向性，即有利于诉讼目的。

而且，正如有学者评论的那样，“它所依据的数据不能满足当今的社会科学标准，这是因为这些数据并不是系统地收集起来的，变量也没有得到控制，研究中的假设也没有进行正式的验证”[②]。因此，这些材料的结论显然缺乏相当的客观性，而且它们中有很多其实还很难用社会科学或社会科学研究这样的字眼来加以修饰。在这样的情况下，作为论证依据的这些材料当然更不可能符合社会科学研究的规范，顶多可以算得上具有社会科学研究的某些特征。

第二节　社会科学证据在证明裁判事实中的初步探索

上文已经指出，社会科学证据的雏形产生于“立法事实”的证明这一背景之下，而且这种证据在此后仍然对“立法事实”的证明做出了贡献。但是，从社会科学证据的整个发展史来看，它对“裁判事实”的证明无疑应用得更广，也更受瞩目。它的第二个重要的发展阶段也反映出，它在“裁判事实”的证明中开始扮演角色，尽管这种开创可谓举步维艰。当然，社会科学证据在证明“裁判事实”中的应用同样受到了同时代新兴法学思潮的重要影响。

一、法律现实主义运动的背景

与社会学法学思想一脉相承的是，兴起于 20 世纪 30 年代的法律现

---

①（美）约翰·莫纳什、劳伦斯·沃克著：《法律中的社会科学》（第 6 版），何美欢、樊志斌、黄博译，法律出版社 2007 年版，第 8 页。

②See Rosen Paul L. The Supreme Court and Social Science, University of Illinois Press, 1972, p. 81.

实主义运动同样旗帜鲜明地反对法律形式主义，对法律规则能指引法官判决的传统观点表示怀疑。法律现实主义主要以实用主义哲学为基础，以法律的客观社会现实为研究对象，重点关注法官的行为和司法的效果。

法律现实主义有两大流派。以卢埃林（Karl Llewellyn）为代表的学者以结果主义（consequentialist）和政策取向（policy - oriented）为特征。这一派的观点关注的是，当法律可以以两种抑或更多种方式加以解释的时候，法官如何面对不可避免的政策选择问题。在这种情形下，法律现实主义者相信，相较于法官不顾自己的行为后果而作出决定，如果更多地受到社会科学的影响的话，社会将更加受益。法律现实主义中的这一派观点长久以来占据着统治地位，而且经常被用来证明法院依赖社会科学的正当性。法律现实主义的第二派观点以弗朗克（Jerome Frank）为代表，更多地关注法官的品性、背景对其法律决定的影响。例如，弗朗克曾经提出，“在由法官掌舵的司法活动中，人的因素是不可避免的。”①

总的来说，虽然法律现实主义的以上两个分支在关注的视角上略有不同，但是它们都带有明显的经验主义特点。于是从20世纪30年代左右开始，正是法律现实主义者对经验主义的热情，与其他相关的因素一道，促进了当时的社会在许多涉及法律的问题的解决上越来越多地使用社会科学材料。正是在这样的背景下，具有社会科学研究性质的证据形式也在美国的法院中得到了初步同时也是谨慎的应用。而且，这些材料已经突破了“布兰代斯辩论摘要”那种简单引用前人已有的研究成果或统计报告等材料的方式，开创了在个案的司法证明活动中开展社会科学研究的先河。

二、司法实践中遭遇的挫折

在穆勒案之后，虽然以布兰代斯为代表的律师延续了辩论摘要的使用，但是真正意义上的社会科学证据在庭审中应用的步伐却是非常缓慢

①John Monahan, Laurens Walker, Twenty - Five Years of Social Science in Law, Law Hum Behav, http://www.springerlink.com/content/ar866870r9h08525/fulltext.pdf, last visited date: 2010 - 12 - 07.

的。从20世纪初开始，由于一些复杂诉讼的出现并逐渐增加，人们开始认识到，在一起诉讼中如欲将所有相关的人、事物都全盘考虑不仅不必要，而且也是一件不可能完全的任务。塞缪尔·约翰逊（Samuel Johnson）曾经评论，“你不必吃下整头牛就可以知道牛皮是硬的”①。然而囿于学术研究和司法审判的传统，尽管传统的做法费时费力，但是法官在这个时期的诉讼中仍然倾向于墨守成规，即所谓的“吞下整头牛”（eating the whole ox）。

1932年的James S. Kirk & Co. et al. v. Federal Trade Commission一案便是复杂的案件形态下仍然采取传统听证方式的典型。在该案中，一家制造商用橄榄油生产某种肥皂的宣传遭到了质疑，法官于是逐一听取了700名妇女关于这家制造商向她们传达了何种信息的证词。② 在这一时期，社会研究报告还没有在诉讼中作为获取公众意见的方法。于是，在遇到证人数量很多的情况下，当事人通常会从公众中选取一些“公众证人”进行做证。③

当然，这里所说的“公众证人”出庭做证应当理解为是这一时期比较显著的特点，因为许多案件中的当事人在遇到证人数量较多的情况时会倾向于选择这种做法。因此，尽管后文中会提到，从20世纪40年代开始，社会科学方法得到了更多的应用，但是由于这种证据在此阶段还存在可采性的争议，于是有的当事人还是会在诉讼中采用传统的“公众证人”出庭做证的做法。④

显然，这种传统的做法无法适应新型诉讼特别是涉及众多证人、证物等复杂诉讼的要求。即使采取了“公众证人”制度，弊端也十分明显。代表性实际上无法得到保证，因此其证词的可靠性和说服力也会相应地大打折扣。于是，法律与社会科学交叉研究领域的先驱者们开始考虑借鉴统计学中的抽样统计方法来解决诉讼中的证明难题，也相应地提

---

①转引自（美）约翰·W. 斯特龙主编：《麦考密克论证据》（第5版），汤维建等译，中国政法大学出版社2004年版，第419页。

②James S. Kirk & Co. et al. v. Federal Trade Commission,59 F. 2d 179(7th Cir. 1932).

③Hans Zeisel,The Uniqueness of Survey Evidence,45 Cornell L. Q. 335. (1960).

④如在1949年的Life Savers Corp. v. Curtiss Candy Co. 一案中，原告便从全国75～80个不同城市中找到一大群证人证明他们曾经在希望购买原告的薄荷糖的时候因为混淆而意外地购买了被告的产品。See Life Savers Corp. v. Curtiss Candy Co. ,182 F 2d 4(7th Cir. 1950).

商诉讼效率。其实早在1904年，约翰·卡特勒（John Cutle）在《论商标仿冒》（*On Passing Off*）一书中针对商标诉讼就曾经指出，原告必须证明对于相当比例的商业或者公众而言，这个商标唯独指向原告的商品，这一证明可以而且应当由商人和消费人群的成员做出。作者接着阐述道："当然，如果仅仅传召一个证人前来做证是不够的，因为即使有这份证据，没有任何法院会依靠这样一份只有一个证人的证据进行判决。但是原告究竟需要找到多少个这样的证人呢？或许他需要准备20～30个这样的证人。而在选择这20个或30个证人的时候，原告还不能局限在一个地区，而要遍及整个国家，尤其是要从被告从事贸易活动的地区选择证人。"①

当然，卡特勒提出的这个重要观点并没有在他的书问世之际便得到重视和应用。不过，他的观点却为后来的理论研究的发展提供了重要的推动力，而且为社会科学证据后来在诉讼中的应用奠定了理论基础。1928年，由美国特拉华区联邦地区法院审理的 Elgin National Watch Co. v. Elgin Clock Co. 一案成为当事人提出的针对消费者的社会研究报告的第一起案例。② 在该案中，卡特勒书中的观点直接获得了原告的引用，用来论证其采用这种特殊证据的正当性。

该案的原告是一家生产和装配车用时钟的公司，请求法官判令被告停止使用……任何包含"Elgin"一词的公司名称或商业字号。原告在起诉书中申请法院许可……他们提交了证人林恩（Arthue L. Lynn）的书面宣誓证词（宣誓书）连同附件的2000份问卷调查作为证据。这份宣誓书的内容是：

林恩，已经发誓并且做证如下：

我是 Lennen & Mitchell, Inc. 广告公司的成员……为了确定"Elgin"一词应用在计时器上时对于珠宝零售商而言是否有特别的意义，本公司由我负责向美国各地具有代表性的各珠宝零售商通过邮寄发出调

---

①John Cutler, On passing off, or illegal substitution of the goods of one trader for the goods of another trader, Gay and Bird, 1904, p. 43.

②以下 Elgin National Watch Co. v. Elgin Clock Co. 一案的案情及社会研究报告的简介，摘自（美）约翰·莫纳什、劳伦斯·沃克著：《法律中的社会科学》（第6版），何美欢、樊志斌、黄博译，法律出版社2007年版，第93～94页。

查问卷。问卷包括以下 8 个问题：

(1) 你从事钟表行业有多长时间了？

(2) 你知道 Elgin Watches 有多长时间了？

(3) 在与钟表相关的情况下，“Elgin”一词对你和你的顾客而言有无特别含义？如果有的话，是对谁而言的？

(4) 如果你在某辆汽车的钟表上看到了“Elgin Clock Company”的名称，那么你认为它是由哪个厂家制造的？

(5) 你的顾客会认为这样一块钟或表是由哪个厂家制造的？

(6) 如果钟面有“Hunter”的名称，背后有“Elgin Clock Company”的标志，但是其他机件上没有标志，你会认为它是由哪个厂家制造的？

(7) 是否曾经有顾客将这样一块钟或表带回来进行维修，并且认为它是由 Elgin Watches 所制造的？

(8) 如果向你提供汽车上用的小梳妆盒或者香烟盒，其上有“Elgin”的文字标志——如“Elgin Vanity”或者“Elgin Smoker”，那么你认为它是由哪个厂家制造的？

……通过对这些问卷的认真分析，我认为“Elgin”的名称在和计时工具联系使用时，指的是 Elgin National Watch Company。在和计时工具的生产销售联系使用时，它会被公众认为指的是 Elgin National Watch Company 的产品……

原告在该案中也承认，提交这个证据的主张并无先例可言（a case of first impression）。但是原告援引了上文所介绍的卡特勒在《论商标仿冒》一书中的观点，指出在诉讼中证明商标混淆问题十分困难。因此，原告提出，根据这种案件的性质，显然不可能从全国各地召集所有的证人到法庭来做证，于是也只有通过本案中所采取的取证方法才能够证明其所主张的商标混淆问题。①

不过，对于法庭中出现的这个新鲜事物，法官却并未接受。理由在于，本案中出现的问卷调查报告由于不符合传闻证据规则的例外情形而被排除。关于该案中这份社会研究报告所引出的与传闻有关的证据可采

---

①Elgin National Watch Co. v. Elgin Clock Co. ,26 F. 2d 376(D. Del. 1928).

性问题，本书将在第四章进行详细的论述。总结而言，在20世纪二三十年代，法院一般都不认可社会研究报告的可采性。① 因此，相比前一时期用于证明“立法事实”的布兰代斯辩论摘要，这一时期在个案中出现的用于证明具体的“裁判事实”的社会科学证据一经问世便出师不利。通过对Elgin National Watch Co. v. Elgin Clock Co. 案这样的代表性案例的研究可以发现，社会科学证据之所以不被法院采用，一方面是受到了包括传闻证据规则在内的传统证据规则的制约，另一方面则凸显出法律职业群体在这一时期至少在观念上还没有充分做好接受这种证据的心理准备。因此，在司法实践的需求与法律制度的滞后的矛盾之下，理论研究需要给出新的答案。

第三节　社会科学证据的司法应用的突破与推进

一、理论研究的铺垫与社会研究报告的准入

正如上一节所言，从20世纪20年代中后期开始，个别案件中的当事人开创性地在诉讼中提出了社会研究报告，但是这种社会科学证据却由于受传统的传闻证据规则的限制而没有获得法官的采纳。不过，在这一时期出现的许多商标侵权纠纷案件中，传统的做法给司法审判带来了非常大的障碍，因为法官和陪审团都很难以自身的经验来判断像消费者的内心世界发生了何种认识这样的问题。司法在此时的无力必须求助于一种新的证明方式。② 而有识之士则逐渐意识到，即使是专家意见也有必要建立在一定的数据统计的基础之上。

特别是从20世纪中期开始，社会学、统计学和市场营销学等相关学科的发展为市场调查和公众调查提供了更为科学的方式，其结果也越来越精确，人们对消费者问卷调查等社会调查或研究的结论更为信任。

---

①类似的案例还包括：Du Pont Cellophane Co. v. Waxed Prods. Co. ,6 F. Supp. 859,885(E. D. N. Y. 1934),modified,85 F. 2d 75(2 Cir.),cert. denied,E. I. Du Pont De Nemours & Co. v. Waxed Products Co. ,299 U. S. 601,57 S. Ct. 194,81 L. Ed. 443(1936);Elgin Nat1 Watch Co. v. Elgin Clock Co. ,26 F. 2d 376(D. Del. 1928)。

②参见杜颖：“商标纠纷中的消费者问卷调查证据”，载《环球法律评论》2008年第1期。

在这期间，社会上出现了多种多样的调查方式，从政治上的选举结果预测，到生活中人们对食品的感受调查，不一而足。于是，从这一时期开始，许多学者开始对以消费者问卷调查报告为代表的社会研究报告的证据运用进行了系统的研究。例如，代表性的研究成果包括巴克斯戴尔的“调查研究成果作为司法证据的应用”①、斯普洛斯的“抽样资料在法庭中的可采性：病例的发展史”②、洛特的“作为证据应用的公众意见调查：民意调查专家出庭作证”③、波宁吉的“商标调查、调查技术及其在诉讼中的应用”④ 等。在这些研究成果中，针对以社会研究报告为主要形式的社会科学证据的应用与传闻证据规则的冲突，许多学者认为前者应该被法院接受。但是，在20世纪60年代之前，学者们对法院为什么应该认可社会研究报告的看法可谓众说纷纭，关于这种证据是否属于传闻证据以及是否需要排除的问题一度产生过相当激烈的争议。⑤ 有人认为它是传闻证据的例外情形，有的则认为它根本不是传闻证据而是一种非传闻证据。⑥ 但是正如第四章第一节将要分析的那样，不管是将社会科学证据作为非传闻证据加以使用还是作为传闻证据规则的例外情形，观点的分歧并不影响越来越多的法院在诉讼中接受这种证据在证明裁判事实中的运用。

1955年，在Sears，Roebuck & Co. v. City of Inglewood一案中，法官拒绝了一份采用抽样调查方法的证据。但是令人诧异的是，正是在这个案件之后，人们对这类证据的可采性的态度出现了重要的转变。⑦ 该案的原告是加利福尼亚州英格伍德市的一家商场，它的一位会计发现，商

---

①Cf. Barksdale, The Use of Survey Research Findings as Legal Evidence (Printers' Ink Books. 1957).

②Sprowls, The Admissibility of Sample Data Into a Court of Law: A Case History, 4 U. C. L. A. L. Rev. 222 (1957).

③Note, Public Opinion Surveys as Evidence: The Pollsters Go to Court, 66 Harv. L. Rev. 498, (1953).

④Bonynge, Trademark Surveys and Techniques and Their Use in Litigation, 48 A. B. A. J. 329 (1962).

⑤See Hans Zeisel, The Uniqueness of Survey Evidence, 45 Cornell L. Q. 322, 345 (1960).

⑥具体参见下一章的论述。

⑦See Gregory Todd Jones and Reidar Hagtvedt, Sample Data as Evidence: Meeting the Requirements of Daubert and the Recently Amended Federal Rules of Evidence. 18 Ga. St. U. L. Rev. 721.

场因为错误计算该镇的范围而多交了营业税，因此起诉所在城市要求返还自己多交的税金。为了在不全面审计销售小票的条件下支持自己的数额达 27000 美元的诉讼请求，原告聘请了专家，从 286 个销售日中抽取了一个数量为 33 个销售日的随机样本。专家得出的结论是，原告多交的税金总额估计为 28250 美元。于是从中可以看出，抽样结论与原告所提出的税金之间只存在很小的标准误差（standard error），即 1150 美元。但是，法官对这个结论并没有接受，而是坚持对全部 950000 张销售小票进行全面审计，最终得到的数字是 26750.22 美元。[①] 该案中的样本推断结果与全面核查的精确结果相比其实差异不大，但是却可以节省大量的人力、物力以及时间，这对说服心存疑虑的法官们接受基于科学抽样方法的证据作出了贡献。[②]

不过，也许最早出现的对抽样方法的重要支持来自 1953 年的 United States v. United Shoe Mach. Corp. 一案。在这个著名的反托拉斯案中，美国联邦政府指控联合鞋业公司违反了《谢尔曼法》（Sherman Act）。在确定公司某些对待客户和竞争者的方式会造成何种效应方面，政府完全依赖公司的文件和管理人员的证词，公司则计划召集自己的大量顾客担任证人。主审法官维赞斯基（Charles Wyzanski）觉得被告的做法是不现实的，因而采用了自己设计的方案：对顾客进行随机挑选，从一个包含 45 名顾客的样本中取得证词。具体而言，维赞斯基法官是通过以下方式挑选顾客的：在标准的顾客名单中，挑选以字母表上第 1 个、第 11 个和第 21 个字母开头的前 15 个顾客的姓名。在判决联合鞋业公司败诉之后，他在一份影响深远的意见中强调了抽样方法的优点："如果想把反托拉斯审判保持在可以操作的状态，就必须使用样本。"[③] 1965 年，维赞斯基法官还专门撰文，对自己关于抽样方法的观点进行了详细的阐述："如果法官能够采用针对行为及其效果的合理抽样方法，就能够发挥有效的作用。如果这位法官运气够好，当事各方可能会同意进行抽样。但如果他们不同意，我的看法是，法官应该首先从庭上的证人那

---

①Sears, Roebuck & Co. v. City of Inglewood, Described in R. Clay Sprowls, The Admissibility of Sample Data Into a Court of Laws: A Case History, 4 UCLA L. Rev. 222(1957).

②（美）汉斯·采泽尔、戴维·凯著：《用数字证明：法律与诉讼中的实证方法》，黄向阳译，中国人民大学出版社 2008 年版，第 139 页。

③United States v. United Shoe Mach. Corp., 110 F. Supp. 295(D. Mass. 1953).

里得到一个公平的样本所需要满足的各项准则，然后命令当事各方为质询和交互质询准备这样的样本。抽样方法不仅能让法庭记录包含更多信息，还能缩短它的长度。”①

在进行了大量理论研究铺垫和上述案例的试探之后，采用抽样调查方法的社会研究报告的传闻难题②终于在 1963 年的 Zippo Manufacturing Co. v. Rogers Imports，Inc. 商标侵权纠纷案件中得到了解决。这起案件也成为以庭外言词为调查对象的社会科学证据在司法证明中运用的重要转折点。③ 由于在第四章分析社会科学证据的可采性的时候还将专门对该案的“传闻证据”问题进行详细的分析，因此这里不再展开具体案情。

二、个案中的研究方法受到重视

除了法学家在理论研究中对社会研究报告的传闻问题进行开拓性的研究之外，这类证据最终具有可采性还需要有可靠性的保障。因此，在这一时期，一些法院的法官在相关的案件中也开始关注并思考这类证据在司法证明中应用的可靠性问题。

例如，在 1948 年的 Triangle Publications v. Rohrlich 商标名称混淆一案中，弗兰克（Frank）法官亲自询问了一些随机选择的十几岁的女孩和她们的母亲或姐妹。他得到的答案是一致的，没有人会合理地相信原告的杂志和被告的腰带之间有什么关系。不过，弗兰克法官也非常清楚地认识到，“我承认获得这些数据的方法并不能够令人满意。但是它比本案卷宗中的任何材料对于那个关键问题都更有说服力”④。

在 1940 年的 Oneida，. Ltd. v. National Silver Co. 案中，原告聘请了 5 位年轻的女士进行一项所谓的“调查”。她们得到一本 50 页的书，每一页上有 3 个问题。书的封面是遮住背脊的“皇室公主”图案的物品。这些女士对被认为是中产阶级的家庭进行了访问，向这些家庭的主妇解释她们的来意仅仅是进行一项调查，而非推销什么商品。她们给这些主

---

①Charles E. Wyzanski，Jr.，A Trial Judge's Freedom and Responsibility，in Whereas – A Judge's Premises：Essays in Judgment，Ethics，and the Law 18（1965）.

②即社会研究报告到底是否属于传闻证据规则的调整范围，是否具有可采性。

③See Zippo Manufacturing Co. v. Rogers Imports，Inc.，216 F. Supp. 670（S. D. N. Y. 1963）.

④Triangle Publications v. Rohrlich，167 F. 2d 969（2d Cir. 1948）.

妇们看那个图案，让她们辨别并写下答案，然后签名。其中的两个问题是这样的：（1）你认为谁是这个银器的制造者？（2）如果你要买一套这样的银器，你会怎样询问售货员？她们访问了1000位女士，并且得到了各种各样的答案。其中，相当部分的回答认为该银器是由原告生产的，仅有一位认为它是被告的“皇室公主”。有超过1/3的人不清楚这个图案或它的生产者。

除了提交这份调查报告之外，原告还谨慎地请来了24位实际接受调查的女士出庭做证。但是，原告提供的这份报告以及证人证言在庭审中遭到了被告的反对，被告认为，这些调查者并不是拥有执照的调查人员，根据法律的规定，她们的行动是非法的。本案法官在面对该证据的时候，起初也很怀疑它的有效性，但是仍然允许它被提交，同时允许被告提出动议来排除这份证据。①

综上所述，这一时期的社会研究报告在突破了传闻证据规则的障碍之后，人们对这类证据的可采性的重要关注开始转向它的可靠性上。因此，在以 Oneida，. Ltd. v. National Silver Co. 案为代表的一些案件中，当事人及法院都对这类证据的可靠性问题给予了充分重视。在经历了相当程度的质疑和争论之后，在证据的可靠性越渐获得保障的情况下，特别是随着抽样调查方法的发展和运用程度的加深，法官逐渐倾向于认为这种基于抽样数据的证据具有可采性。于是，以社会研究报告为代表的社会科学证据不仅不再受到传闻规则的限制，而且可靠性也逐渐得到提高，于是法官对这类证据加以采纳并采信的案例也越来越多。

不过，以商标侵权案件为例，社会研究报告虽然在这类诉讼中得到了应用，但是仍然难以称得上规模化的应用。毕竟从这类证据的可靠性所导引出来的证据的可采性问题仍然没有系统地被理论加以解释，社会科学证据的运用所反映出来的越来越多的问题也需要理论和实践加以回应。

三、布朗案：社会科学证据发展史上的里程碑

在这一时期，社会科学证据在证明“裁判事实”的应用中取得了突破性进展。除此之外，不得不提到发生在1954年的著名的“布朗诉

---

①Oneida，. Ltd. v. National Silver Co. ，25 N. Y. S. 2d 271(Sup. Ct. 1940).

托皮卡教育委员会”一案。与前述1908年的穆勒案相同的是，布朗案中应用的社会科学证据也并不是用来证明“裁判事实”的，而是用来证明“立法事实”的。不过，仔细分析这两起案件，可以发现其中所使用的社会科学证据在证明的内容上略有不同。在穆勒案中，联邦最高法院需要解决的问题是俄勒冈州1903年的一项社会福利法案是否合宪，从而需要进行司法审查。而布兰代斯提交法院辩论摘要的目的正是支持该项立法的合理性。不过，尽管布兰代斯继续在后来的案件中运用这类证据，而且也的确产生了一定影响，但是如前文所言，这些材料并不是严格意义上的证据，当然也就更谈不上是严格意义上的社会科学证据。然而与穆勒案不同的是，1954年在布朗案中提出的社会科学证据的目的是推翻此前存在的一项法律。正是在布朗案之后，社会科学证据在证明“立法事实”的应用中得到了极大推广。

实际上，布朗案是在“全国有色人种协进会”（NAACP）统一协调和安排下上诉到联邦最高法院的5起案件的统称，这些案件都是由于在中小学实施种族隔离制度而引发的诉讼。由于按姓氏布朗案排在第一，故统称为布朗案，联邦最高法院对这5起案件进行了合并审理。“全国有色人种协进会”在该案审判中安排了以黑人律师马歇尔（Thurgood Marshall）为首的律师团。马歇尔在该案中采用了类似于“布兰代斯辩论摘要”的做法，提交了一份名为“种族隔离的效果与取消隔离的后果：一份社会科学的声明”（The Effects of Segregation and the Consequences of Desegregation：A Social Science Statement）的报告。[①] 这份报告指出，种族隔离的教育制度极大地伤害了黑人学生的自尊心，造成了他们的自卑感。因此，隔离从根本上造成了不平等。

这份报告中的其中一项调查非常简单，但极有说服力：让黑人学童从四个圆点——两个白色、两个棕色——中选择他们最喜欢的。结果，从马萨诸塞州到阿肯色州，几乎所有的黑人学童都选择了白色。调查者强调，这一结果说明他们不喜欢自己的肤色，产生了下意识的自憎

①这份报告由32名社会科学家签名，其中肯尼思·克拉克（Kenneth B. Clark）博士还出庭做了证。在该案最终的判决书中，克拉克博士的著作《偏见与歧视对个性发展的影响》（Effect of Prejudice and Discrimination on Personality Development）还受到了联邦最高法院的直接引用。

(self - hatred)。另一份实验报告则更为著名，同时也极具争议。1947年，两位心理学家在美国北部和南部地区，用一个棕色和一个白色的洋娃娃向253名黑人儿童提问。第一个问题是“你觉得哪个娃娃看上去是坏娃娃”，调查表明不论在北部还是南部，绝大部分儿童选择了棕色娃娃。在回答“你觉得哪个是好娃娃”时，他们选择了白色娃娃。在回答“你愿意和哪一个玩”时，他们再次选择了白色娃娃。这项研究的结论是：种族隔离对少数种族的儿童有非常负面的影响。[①] 然而对方的律师约翰·戴维斯（John W. Davis）在法庭辩论中对马歇尔所依据的这些研究结论不屑一顾，声称“那大部分都是以社会科学的名义，为自己寻找遁词的把戏”[②]。

布朗案中的社会科学调查的数据的确在某些方面存在一定的问题，后来有学者对这些问题进行了总结：（1）学校的种族隔离并不被认为是导致伤害的唯一环境因素；（2）这些研究并没有对学校的种族隔离所导致的心理学上的效果进行准确的认定；（3）这些研究显示，可获得的经验数据是有限的；（4）关于个性发展的假说是试验性的（tentative）。[③] 但是，正如下一章将要论述的那样，与证明“裁判事实”的社会科学证据相比，法官对该案中用于证明“立法事实”的社会科学证据的可采性的要求会显著降低。而且，当法官对这些证据所证明的“立法事实”进行司法认知的时候，甚至不会受到《联邦证据规则》的

---

①这项研究的实施者即在上述“声明”签名的两位专家：肯尼思·克拉克（Kenneth B. Clark）、玛米·克拉克（Mamie P. Clark）。该研究被法院和学者广为引用，但也不乏批评之声。批评者质疑结论的可靠性，指出若考虑到南北方种族隔离程度的差异、不同地区儿童的测试反馈，结论应精确化为“黑人儿童在隔离时受到的伤害相对更小，而在融合时受到的伤害更大”。社会科学领域的批评者进而认为，社会科学研究的结论并不可靠，有时会误导法院。法律领域的批评者则一贯认为，法院依据社会科学研究提供的立法性事实进行司法造法和政策制定，犯了“从实然推导出应然”的错误，也违反了法治国家的权力分工原则。参见陈林林：“法律的社会科学研究”，载《光明日报》2010年11月9日。关于这项研究的更加详细的信息参见 Kenneth B. Clark, Mamie P. Clark, Emotional Factors in Racial Identification and Preference in Negro Children, The Journal of Negro Education, Vol. 19, No. 3, summer, 1950。

②转引自任东来：《美国宪政历程：影响美国的25个司法大案》，中国法制出版社2004年版，第196～197页。

③See Rosemary J. Erickson & Rita J. Simon, The Use of Social Science Data in Supreme Court Decisions, University of Illinois Press, 1998, p. 16.

约束。[1] 因此，虽然这些证据存在可靠性的缺陷，但是并不影响它们作为证明“立法事实”的依据而获得法官的青睐。

毫无疑问，布朗案中涉及的“立法事实”需要缜密地论证。具体而言，这个案件需要法官进行详细论证的核心问题是，在学校中对白人学生和包括黑人在内的其他有色人种学生进行隔离，到底是否会给后者造成心智方面的不利影响？显然，这是一个十分难以说得清楚的问题。为此，以沃伦大法官为首的联邦最高法院的法官在该案中采用了一个对后来的司法判决影响深远但也争议重重的做法，对本案中涉及的“立法事实”进行了司法认知。但是，法院的判决既没有引述专家证人的证词，也没有引用上述 32 位社会科学家的声明，而是直接采用了法官们所寻找到的社会科学证据。

那么，让我们仔细分析一下法官在该案中是如何进行论证的。该案的判决书其实不到 4846 个单词，其中包括正文的 2812 个单词以及脚注的 2034 个单词。通过分析可知，法官是以非常简便的方式解决这个复杂的证明难题的。其一，援引判例；[2] 其二，说明这个结论已经得到了“当代权威的（研究成果）充分支持”。[3] 判决书在著名的第 11 个脚注中所列举的 7 份社会科学证据不仅包括个案中的心理学试验报告，也包括大规模的社会研究报告：《偏见与歧视对个性发展的影响》、《塑造过程中的个性》、《强制实施的种族隔离造成的心理影响：关于社会科学意见的一份调查》、《平等实施条件之下的种族隔离会产生什么样的心理影响?》、《歧视和国家福利中的教育成本》、《生活在美国的黑人》、

---

①根据《联邦证据规则》第 201 条规定，该规则只调整裁判事实的司法认知，而不涉及立法事实的司法认知。详见下一章的论述。

②此案之前已经有了一些判例认定教育制度中的隔离制度会对有色人种小孩的成长造成自卑等不良影响，而且会限制他们的心智更好的发展。See Gebhart v. Belton,87 A. 2d 862,865,(Del. Ch. 1952).

③Brown v. Board of Education,347 U. S. 483(1954).

《美国面临的一个困境》。①

在美国的司法体系中，联邦最高法院的判决具有重要的导向作用。在这一时期，如果说其他案件的法官在运用社会科学证据作为认定裁判事实的依据时还是进行小心翼翼的试探的话，那么最高法院在布朗案的判决中对社会科学证据的依赖则起到了灯塔式的引导作用。虽然在该案中运用社会科学证据的目的只是论证“立法事实”，但是却在客观上对应用这类证据证明“裁判事实”发出了强烈的信号：社会科学证据的时代已经来临。因此，总的来说，布朗案的判决标志着法院对社会科学证据逐渐扩大应用的开端。从某种意义上讲，下一节将要阐述的社会科学证据的全面、系统的应用都是建立在布朗案的判决的基础之上的。

第四节　社会科学证据发展的新阶段

一、20 世纪 70 年代之后的司法应用概况

同前一个阶段一样，社会科学证据特别是社会研究报告在 20 世纪 70 年代之后的诉讼中最常规的应用还是要数商标侵权案件。原告在诉讼中往往会指控被告的商标构成了混淆性侵权，抑或对手发布了欺诈性广告，从而导致消费者迷惑不已或者受到欺骗。这类案件中关键的事实问题往往需要通过社会科学研究中的“调查研究法”才能解决。这是因为这种方法可以直接、直观地展现消费者的感受与记忆——如消费者是否容易被某种产品迷惑，或者某个广告是否暗含着一种错误的信息。“调查研究法”为信息的收集提供了一种经济且系统的途径，因此这种方法被广泛地应用到了诉讼之中。

①K. B. Clark, Effect of Prejudice and Discrimination on Personality Development (Midcentury White House Conference on Children and Youth, 1950; Witmer and Kotinsky, Personality in the Making (1952), c. VI; Deutscher and Chein, The Psychological Effects of Enforced Segregation: A Survey of Social Science Opinion, 26 J. Psychol. 259 (1948); Chein, What are the Psychological Effects of Segregation Under Conditions of Equal Facilities?, 3 Int. J. Opinion and Attitude Res. 229 (1949); Brameld, Educational Costs, in Discrimination and National Welfare MacIver, ed., (1949), 44 - 48; Frazier, The Negro in the United States (1949), 674 - 681. And see generally Myrdal, An American Dilemma (1944).

此外，美国联邦和州法院在其他大量不同的案件中也都接受了采用抽样调查方法的社会研究报告。例如，在20世纪80年代的数起案件中，雇主在招聘员工时便对他们进行了调查，以便在后来出现的雇用歧视诉讼中提交这些调查报告作为反驳控告者的证据；① 一些法院在淫秽案件中认可了关于社区标准的社会研究报告；② 反垄断诉讼中的原告通过实施社会研究，评估包括价格在内的哪些商品特征会影响消费者的消费倾向，这种社会研究报告在大量案件中获得了广泛应用，成为估计商业损失的一种有效途径。③ 此外，社会研究报告还在联邦法院处理大规模侵权诉讼的时候创造性地发挥了极大的作用。在1983年的Wilhoite v. Olin Corp. 一案中，原告的数量达到1万名，于是控辩双方同意开展一项由中立的第三方主体实施的调查，从而代替法庭上为数众多的一对一的口头做证和交叉询问。④ 这种方案毫无疑问大大节省了时间和开销。

具体到商标侵权案件中的针对消费者混淆问题的社会研究而言，其运用在如今的美国法庭中已经司空见惯了，甚至成为证明这种"社会事实"的首选证据形式。例如，当遇到类似的问题时，如果一方当事人没有进行这样的社会研究，法院极易判决其败诉。尤其当未能进行社会研究的一方是一家大公司的时候，法院会声明："你说消费者会产生混淆，但你竟然没有做测试。你肯定是做了测试，只是不想告诉法院结果而已。"⑤ 与此相类似的是，当一方当事人没有向法院提交相关的社会研究报告的时候，对方通常会提出这样的质疑：既然没有提交调查报

---

①EEOC v. Sears, Roebuck & Co., 628 F. Supp. 1264, 1308 (N. D. Ill. 1986), *aff'd*, 839 F. 2d 302 (7th Cir. 1988); Stender v. Lucky Stores, Inc., 803 F. Supp. 259, 326 (N. D. Cal. 1992); Richardson v. Quik Trip Corp., 591 F. Supp. 1151, 1153 (S. D. Iowa 1984).

②*E. g.*, People v. Page Books, Inc., 601 N. E. 2d 273, 279 - 80 (Ill. App. Ct. 1992); People v. Nelson, 410 N. E. 2d 476, 477 - 79 (Ill. App. Ct. 1980); State v. Williams, 598 N. E. 2d 1250, 1256 - 58 (Ohio Ct. App. 1991).

③Dolphin Tours, Inc. v. Pacifico Creative Servs., Inc., 773 F. 2d 1506, 1508 (9th Cir. 1985). See also SMS Sys. Maintenance Servs., Inc. v. Digital Equip. Corp., 188 F. 3d 11 (1st Cir. 1999); Benjamin F. King, Statistics in Antitrust Litigation, in Statistics and the Law 49 (Morris H. DeGroot et al. eds., 1986).

④Wilhoite v. Olin Corp. No. CV - 83 - C - 5021 - NE (N. D. Ala. filed Jan. 11, 1983).

⑤(美) 约翰·莫纳罕："社会科学研究方法在美国法院中的应用"，魏奎楠等译，载《清华法律评论》(第三卷第一辑)，清华大学出版社2009年版，第167页。

告，那么很可能是因为调查的结果没有发现混淆。①

从具体的研究方法来看，这一时期的诉讼中实际运用的社会科学研究方法也呈现出许多创新。例如，1993 年的多伯特案中出现了关于药品致患的因果关系的统计调查报告。② 这份证据所涉及的内容并不是社会研究所针对的人群的意识或态度，而是关于事物因果关系的概率。在 2008 年的 Smith v. Wal – Mart Stores 一案中，通过网络进行的社会研究结果被法院所接受。③ 总的来说，从 20 世纪 70 年代至今，在法庭的证明过程中应用最多的社会科学研究方法还是基于抽样技术的“调查研究法”。不过，“调查研究法”也包括许多具体的调查技术，因此 2008 年的这起案件虽然发生的时间很近，但是该案中通过网络开展的调查却代表着未来的发展方向。在未来的庭审中，不仅各种其他形式的调查技术将得到进一步的应用，其他的一些社会科学研究方法也将走入法庭，在司法证明中发挥重要的作用。

二、理论研究的繁荣

尽管本书一直在使用“社会科学证据”这一专业词汇，但是一个不容回避的问题在于，将社会科学证据明确作为一种“科学证据”却并不久远。在本书的研究过程中，令笔者略感遗憾的是，无法考证“社会科学证据”这一专业词汇最早出现在什么时候。从 20 世纪五六十年代的研究来看，学者们基本上主要是围绕社会研究报告的证据运用这一问题展开学术争鸣，更是难觅“社会科学证据”这一用语的踪影。

与此相对的是，自从 20 世纪 70 年代之后，这一领域的一些学术研究逐渐摆脱了对社会研究报告的单一研究，开始上升到社会科学的高度来探讨相关材料的证据运用，这可以从一些代表性著作的题目中窥见一斑：贝西·雷文威利斯·霍利于 1975 年主编的《法院、社会科学与学

---

①Edelman, S. , Failure to conduct a survey in trademark infringement cases: A critique of the adverse inference. Trademark Reporter, 2000, pp. 90, 746 – 769.

②Daubert v. Merrell Dow Pharmaceuticals, Inc. , 509 U. S. 579 (1993).

③Smith v. Wal – Mart, 537 F. Supp. 2d 1302 (2008).

校的反隔离运动》[1]、詹姆斯·罗温于1982年出版的《法庭中的社会科学》[2]、诺琳·钱勒斯于1985年出版的《法律程序中的社会科学方法》[3]、埃里克森和西蒙于1982年合著的《社会科学资料在最高法院的应用》[4]、华莱士于1984年出版的《法律程序中的社会研究》[5]、艾丽莎·史密斯于2004年出版的《法律、社会科学与刑事法院》[6]。

此外，莫纳什与沃克最早于1985年出版并先后于1990年、1994年、1998年、2002年、2006年、2010年再版的《法律中的社会科学》也极具代表性。最新的是2010年的第7版[7]，第6版已经于2007年被翻译成中文[8]，即由何美欢教授组织翻译的《法律中的社会科学》（第6版）。该书不仅一般性地探讨了社会科学在法律中的起源以及基础性的理论问题，而且还通过历史的视角以丰富的案例展现了社会科学在商标混淆、淫秽、侵权损害赔偿、学校的种族隔离等大量案件中的应用状况。正如上文所言，虽然作者在书中将社会科学所对应的事实划分为"裁判事实"、"立法事实"和"背景事实"，但是由于这些事实都可以通过社会科学证据甚至学术著作、论文等材料加以证明或佐证，而这些材料又符合证据的一般属性，因此该书对社会科学的证据法应用作出了较为全面的研究。[9]

莫纳什和沃克从20世纪80年代中期开始关注社会科学研究及其方

①Betsy Levin & Willis D. Hawley (Eds.), *The Courts, Social Science, and School Desegregation*, (New Brunswick: Transaction Books, 1975).

②James W. Loewen, *Social Science in the Courtroom*, (Lanham: Lexington Books, 1982).

③Noreen L. Channels, *Social Science methods in the Legal Process*, (Totowa: Rowman & Allanheld, 1985).

④Rosemary J. Erickson & Rita J. Simon, *The Use of Social Science Data in Supreme Court Decisions*, (Urbana: University of Illinois Press), 1998.

⑤Wallace D. Loh, *Social Research in the Judicial Process: Cases, Readings and Text*, (New York: Russell Sage Foundation, 1984).

⑥Alisa Smith, *Law, Social Science, and Criminal Courts*, (Durham: Carolina Academic Press, 2004).

⑦See John Monahan & Laurens Walker, Social Science in Law: Cases and Materials, Foundation Press, 2010.

⑧中文版参见（美）约翰·莫纳什、劳伦斯·沃克著：《法律中的社会科学》（第6版），何美欢、樊志斌、黄博译，法律出版社2007年版。

⑨参见（美）约翰·莫纳什、劳伦斯·沃克著：《法律中的社会科学》（第6版），何美欢、樊志斌、黄博译，法律出版社2007年版。

法的证据运用问题，除了这本重要的著作之外，还发表了大量论文，代表性的篇目包括：《社会权威：在法律中获取、评估及确立社会科学》①、《社会框架：社会科学在法律中的一种新的应用》②、《社会科学研究的司法应用》③、《抽样调查的可靠性》④、《法官运用社会科学指南》⑤、《站在十字路口的抽样调查证据》⑥、《社会框架型证据的局限性》⑦、《法律中的社会科学研究：一种新的范式》⑧ 等。2010 年，两位作者还在《法律与人类行为》杂志发表了《法律中的社会科学 25 年来的回顾》⑨ 一文，对这些年该领域的学术研究状况进行了简明扼要的总结。

三、法学院中的社会科学方法教育受到重视

在法学研究推进与司法实践需求的背景下，法学教育也对社会科学研究方法给予了充分的重视。如今，在美国许多大学的法学院中，一些教授开设了与社会科学研究方法相关的选修课，以培养学生在未来的法律执业中熟练应用这些方法的技能。例如，哥伦比亚大学法学院便开设了“法律与社会科学”（Law and Social Science）课程。该课程为学生提供社会科学的经验分析方面的基础学习，使学生能够理解并质疑行为科学和社会科学方面的复杂的科学证据，并且能够在诉讼中有效地提交

①John Monahan, Laurens Walker, Social Authority: Obtaining, Evaluating, and Establishing Social Science in Law, 134 U. Pa. L. Rev. 477 (1986).

②John Monahan, Laurens Walker, Social Frameworks: A New Use of Social Science in Law, 73 Va. L. Rev. 559 (1987).

③John Monahan, Laurens Walker, Judicial Use of Social Science Research, 15 Law & Hum. Behav. 571 (1991).

④John Monahan, Laurens Walker, Sampling Liability, 85 Va. L. Rev. 329 (1999).

⑤John Monahan, Laurens Walker, A Judges´Guide to Using Social Science, 43 Court Review 156 (2007).

⑥John Monahan, Laurens Walker, Sampling Evidence at the Crossroads, 80 S. Cal. L. Rev. 969 (2007).

⑦John Monahan, Laurens Walker, Gregory Mitchell, The Limits of Sccial Framework Evidence, 8 Law, Probability & Risk 307 (2009).

⑧John Monahan, Laurens Walker, Social Science Research in Law: A New Paradigm, 43 Am. Psychol. 465 (1988).

⑨John Monahan, Laurens Walker, Twenty - Five Years of Social Science in Law, see http://www.springerlink.com/content/ar866870r9h08525/, 最后访问日期：2010 年 12 月 7 日。

这种证据。就具体的案件类型而言，该课程重点介绍了社会科学证据在商标或版权侵权、复杂的侵权损害赔偿中对损害范围和程度的严重性的衡量，淫秽案件的社区标准的认定，刑事案件中并发症状的主张的确定，歧视案件中平等保护主张的有效性确认，等等。①

杜克大学法学院也开设了“法律中的社会科学证据”（Social Science Evidence in Law）课程。该课程的目标是“使法学院的学生熟练运用社会科学证据，并且有效地提出质疑。除此之外，学习社会科学证据的方法论方面的基本原理还可以用来对包括鉴证证据、流行病学证据等在内的证据形式进行质证。并不拥有社会科学背景的学生也可以参加此课程”②。该课程的形式包括教师的讲授和学生的积极参与。班上的学生划分为3～4人组成的小组，他们会分配到涉及经验事项方面的主题并进行课后准备，而这种作业有可能就是采用社会科学的研究方法准备一份证据。到了学期期末，每个小组都要在课堂上展示他们所完成的任务。

霍夫斯特拉大学（Hofstra University）法学院与社会学系联合培养学生的“应用社会研究与公共政策项目”（Applied Social Research and Public Policy Program）是一个4年制的法学、社会学双学位项目。学生学习过程中的一个重要内容就是学习社会科学证据的运用。该校在这一学制的宣传语中提到：“所有审级的法院在过去数十年间都已经接受了社会科学证据。不论案件简单与否，都不难找到这类证据的踪影。当然，它们也曾被人误用。如果律师能够用这种证据来支持其论点，用它们来与陪审员进行交流，与此同时洞悉对方提出的这种证据含义和误用信息，将会在法庭上占尽优势。”③

弗吉尼亚大学法学院的“专家意见、科学与证据法”（Expertise, Science, and the Law of Evidence）课程由该领域著名的教授约翰·莫纳什领衔。该课程讲授和讨论由于法律制度中运用科学信息而引发的理论和实践问题。课程不仅一般性地讲授科学证据的可采性标准，多伯特案

---

①参见哥伦比亚大学法学院的课程介绍，http://www.law.columbia.edu/llmgrad_studies/courses/social_sciences，最后访问日期：2010年11月1日。

②参见杜克大学法学院的课程介绍，http://www.law.duke.edu/curriculum/courseinfo/course?id=79&all=1，最后访问日期：2010年10月22日。

③参见霍夫斯特拉大学法学院网站的学位信息介绍，http://law.hofstra.edu/Academics/Degrees/JDMA/index.html，最后访问日期：2010年11月1日。

及其效果等问题，也具体涉及抽样调查证据的运用等问题。①

四、纳入科学证据的理论与应用框架

虽然上述论著、论文的标题几乎都没有明确使用“社会科学证据”，但是这一词汇却在这些论著中为研究者们所广泛地使用。这一专业词汇的出现并获得广泛接受并不是偶然的，笔者认为，20 世纪 70 年代以来，与科学证据的可采性密切相关的《联邦证据规则》和后来的一些重要判例的出台以及大量相关的学术研究对这一现象起到了积极的助推作用。特别是在 1993 年的“多伯特诉梅里尔道药品公司”案之后，关于科学证据可采性的“多伯特规则”（daubert rule）确立。而关于这一规则所开展的深入研究大大促进了社会科学证据被纳入该规则所调整的视野。有学者在对该规则进行分析的时候认为：“尽管在自然科学领域能够更容易地操控实验中的变量，但是对许多社会科学假设也同样能够进行经验性调查。”② 1996 年，联邦第七巡回法院还在“泰鲁斯诉城市调查管理机构”（Tyus v. Urban Search Mgt.）一案的判决中明确指出，“多伯特规则”不应仅仅适用于自然科学。③ 著名证据法学家伊姆维克里德（Edward J. Imwinkelried）在 2008 年也撰文总结道：“在许多遵循多伯特案的司法辖区，法院开始认识到，基于硬科学技术的专家证言的可采性仅仅是冰山之一角。”④

五、法庭辩论争点的转型：从可采性到证明力

正如上一节所阐述的那样，在 1963 年之前，美国法院中针对社会研究报告是否属于传闻证据这一问题争论不断，一直没有定论。因此，这种证据因为受传统的传闻证据规则的限制而无法作为定案根据使用。在经历了大量学术研究的积淀之后，纽约南区地方法院于 1963 年在

---

①参见弗吉尼亚大学法学院网站的课程介绍，http://www.law.virginia.edu/lawweb/course.nsf/PrCHPbS/111235459，最后访问日期：2010 年 11 月 14 日。

②David Faigman, “To Have and Have Not: Assessing the Value of Social Science to the Law as Science and Policy”, 38 *Emory Law Journal* 1005 (1989).

③参见 Tyus v. Urban Search Mgt., 102 F.3d 256, 263 (7th Cir. 1996)。

④(美) 爱德华·J. 伊姆维克里德：“从过去 30 年美国使用专家证言的法律经历中应吸取的教训”，王进喜、甄秦峰译，载《证据科学》2008 年第 5 期，第 197 页。

Zippo Manufacturing Co. v. Rogers Imports, Inc. 判决书中针对该案中的社会研究报告的可采性明确提出："无论本案中的调查报告是否能够依据非传闻证据这一理由被准入，由于这些被调查者的回答仅仅是他们当时的意识、态度和信念的状态的表达，这种调查是可以被准入的。对于这样的陈述，传闻证据规则中存在认可的例外，基于这个例外，该陈述可以被准入为证据，以此证明它所包含的事实真相。"①

总结而言，Zippo 案终结了围绕社会研究报告的传闻问题而长期存在的争议。由于针对庭外言词进行的社会研究至今仍然是社会科学证据在法庭中应用的主流，因此 Zippo 案对这类证据的司法应用具有十分重要的意义。当然，这并不是说在此案之后也即解决了传闻问题之后，所有的社会研究报告都理所当然地获得了可采性。实际上，社会科学证据的可采性非常复杂，传闻问题只是其中的一个问题。正因为在 Zippo 案之前，大量的争论都是围绕这类证据的传闻问题展开的，因此从某种意义上讲，传闻问题掩盖了这类证据的其他可采性问题。于是，当越来越多的社会科学证据在 20 世纪 60 年代之后提交到法庭，法官们所面临的可能是更多而且更为复杂的可采性争议。②

不过，尽管争议不断，一个不可否认的事实是，越来越多的方法各异的社会研究报告涌入法庭，并且最终被法院所认可，成为判决的重要根据。然而由于社会科学研究所具有的天然特点，如样本的代表性、方法选择的适当性、研究实施的适当性等问题似乎总是仁者见仁、智者见智的问题，不同的专家面对同样的研究会产生不同的看法，于是，当在诉讼中处于激烈对抗状态的双方当事人针对这种研究报告展开辩论时，其争议的激烈程度可想而知。而且与其他一些应用范围广泛、应用历史悠久的证据形式相比，社会科学证据引起诉讼中的对方当事人质疑的可能性往往要大得多。

这样一来，虽然法院会在许多案件中采纳这些证据，但是采纳的同时一般都会伴随着针对研究报告的证明力的质疑。因此，总的来说，从 20 世纪六七十年代开始，法庭上越来越普遍的现象是双方当事人对这类证据的证明力展开激烈的辩论。

---

①Zippo Manufacturing Co. v. Rogers Imports, Inc., 216 F. Supp. 682 (S. D. N. Y. 1963).

②这些具体的可采性问题，将在本书第四章第一节进行详细分析。

第三章　社会科学证据在我国司法实践中应用的实证分析

在对美国过去一个世纪以来社会科学证据的应用状况进行梳理之后，本章将转入对中国司法实践的实证考察。相比美国在这个领域积累起来的系统的理论和知识，社会科学证据在我国法庭上仍然像襁褓中的新生儿。从本章的实证分析中可以清楚地发现，从严格意义上讲，我国司法实践中出现的一部分带有社会研究报告特征的证据①与社会科学证据的要求还相去甚远。不过，本章仍然将这部分证据纳入其中一并进行分析，如实展现社会科学证据在我国现阶段的实际发展面貌。需要说明

①为方便论述及统计，尽管有一部分证据具有明显的缺陷，客观地说仅仅带有社会科学研究的特征，但是本章都将其统称为"社会科学证据"。

的是，在笔者所收集的案例中，除了唯一的一起案件外，[①] 其他案件中应用的社会科学证据全部属于社会研究报告。因此，为了保证本章的研究更具有针对性，也为了突出本书研究的社会科学证据的主要形式——社会研究报告，本章所具体分析的样本将全部是社会研究报告在我国司法证明中的应用。

第一节　研究样本总览

一、研究方法与案例概况

由于本书研究的问题在国内尚未受到充分关注，因此笔者在收集实证材料的时候缺乏指引，遇到了很大的困难。基于研究的便利，笔者决定通过"北大法宝"司法案例数据库进行关键词搜索，然后进行进一步的整理。考虑到美国在司法实践中应用的社会科学证据主要是知识产权案件中以消费者或普通公众为研究客体的社会研究报告，而研究方法

①该案是发生于1995年的"李东山等71户村民诉河间市国欣农村技术服务总会基因抗虫棉损失赔偿案"。该案法官创新性地采信了一份采用抽样调查方法制作的社会科学证据。由于该份证据针对的研究对象与其他案件中针对为数众多的人群进行采证而形成的社会研究报告显著不同，因此不列入本章的统计样本。这里只对案件中应用的社会科学证据进行简要介绍。当年，河北省河间市的71户农民向法院提起了针对该市国欣农村技术服务总会的诉讼，案件中出现的证明难题也催生了一种没有先例可循的取证方法。1995年3月上旬至4月上旬，被告农研会先后同原告签订了21份R93－4抗虫棉繁种协议书。原告71户村民从被告处以每亩1.5公斤100元的价格，购进该抗虫棉种421.5公斤，交棉种款28560元，交保证金26650元，共种植283亩。然而到了6月，原告发现抗虫棉出现了第二代棉铃虫，而且虫害在该月下旬大量发生。由于被告在对R93－4抗虫棉性能的宣传介绍上前后矛盾，在指导原告除治第二代棉铃虫方案上存在着明显的失误和过错，最终导致原告种植的抗虫棉减产。法院对基于21份协议书而提起的诉讼按照共同诉讼的规定合并审理。在诉讼过程中，法院发现，在有限时间内不可能对涉及这么多原告的赔偿额一一查清。于是，法院于1995年9月21日聘请沧州市农业局专家组（共7名专家）对原告抗虫棉进行实地考察鉴定和产品评估。专家组考察了10户棉农的10块棉田，共取15点，每点50株，考察内容为亩株数和亩铃数，分别抽样调查亩产为66公斤、74公斤、115.3公斤、100.35公斤。然后，法院根据专家组对原告所种R93－4抗虫棉鉴定评价产量结果对照龙华店周围8个村其他种植R93－4抗虫棉棉户的平均亩产量，分别计算原告的损失进行赔偿，按每亩减产数量乘以一级至七级籽棉平均收购价格每公斤4.36元计算，最终分别确定了各个原告应得的赔偿数额。参见河北省河间市人民法院（1995）河经初字第1041号、第1041—19号至第1041—22号、第1041—26号至第1041—40号、第1041—42号（共21份判决书）。

主要是"调查研究法"，因此笔者通过调查客体和调查方法的角度确定关键词。具体而言，截至2010年11月30日，笔者通过有关调查客体的关键词（包括"消费者调查"、"公众调查"以及与此相关的"民意调查"、"民意测验"、"商务调查"等）和有关调查方法的关键词（包括"抽样调查"、"网络调查"、"电话调查"、"问卷调查"等）在该数据库中进行搜索，共查到近200个案例。

然而，这些案例并不都符合本书研究的需要，除去与本书的研究明显无关的内容和信息过于简单的部分，[①] 最终从"北大法宝"案例数据库中确定61起案件。外加笔者在研究过程中收集到的另外5起案件，[②] 共计66起案件。这66起案件，民事诉讼案件60起，行政诉讼案件6起，刑事诉讼案件0起。

这66起案件的审判地分布较为广泛，涉及17个省、自治区、直辖市。超过10起案件发生在上海、山东和北京。但是，由于6起行政诉讼案件都发生在北京，如果只统计民事案件的话，上海和山东的案件则最多。详细的地区分布和案件数统计如表3－1所示。

---

①例如，在"王士本诉北京市怀柔区桥梓镇平义分村经济合作社等农业承包合同纠纷案"中，被告虽然开展了所谓的"民意调查"，但是实际上是对所有相关人员的询问调查，将所有的证人证言转化为书面形式，并不具有本书所探讨的社会科学证据的特征，因此略去。参见北京市怀柔区人民法院（2009）怀民初字第02683号判决书。

②这5起案件分别是：1．"四川爱心（集团）有限公司诉讼泸州爱心金行商标侵权与不正当竞争案"，参见四川省泸州市中级人民法院（2009）泸民初字第36号判决书，四川省高级人民法院（2010）川民终字第182号判决书。2．"青岛市迎宾馆诉某房地产公司名誉侵权案"（1994），参见胡明："试论抽样调查结论作为民事诉讼证据之可行性"，载《德衡论文集》，http://www.deheng.com.cn/asp/PAPER/html/200811715124737.htm，最后访问日期：2010年11月17日。3．"范志毅诉文汇新民联合报业集团名誉侵权案"（2002），参见上海市静安区人民法院（2002）静民一（民）初字第1776号判决书。4．"某舞蹈演员诉某主持人名誉侵权案"（2002），载"卢湾区公证处实施保全证据公证"，http://www.shanghai.gov.cn/shanghai/node2314/node2315/node15343/userobject21ai116937.html，最后访问日期：2010年11月24日。5．"永和豆浆公司诉某商务网络公司合同纠纷案"（2001），参见李鸿光、顾泳潮："可信赖的法官"，载《人民日报》（海外版）2001年9月14日。

表3－1　各省案例分布表

省份	案件数	省级	案件数	省份	案件数
上海	16	山东	10	北京	9
吉林	5	江苏	4	广东	3
浙江	3	江西	3	重庆	2
安徽	2	湖南	2	四川	2
福建	1	广西	1	河南	1
西藏	1	云南	1		

在具体展开详细的定量分析之前需要说明的是，尽管笔者已经尽可能收集可用的案例，但是仍然有许多案例未能进入本书的研究视野。原因在于，首先，在案例数据库中通过关键词检索到的近200个案例中，被排除的一小部分案例中出现了类似社会研究报告的证据，但是由于这些案例判决书的信息过于简单或者说这些证据本身没有成为争议的焦点而被法官一笔带过，笔者因此有意识地放弃了这部分案例。其次，通过常见的关键词进行数据库检索的方法本身具有资料检索的天然局限性。这是因为，由于社会研究报告总的来说在我国的司法实践中还属于一种新兴事物，尚不存在约定俗成的语言表达，因此某些案件中即使出现了社会研究报告，但是由于没有出现上述关键词而无法被检索到。从上述诸多关键词的表达方式来看，司法实践中采用了丰富多彩的语言表达来描述这种证据。最后，在检索的过程中，笔者主动放弃了以“市场调查”为关键词的检索。虽然不可否认的是，某些诉讼中基于司法证明目的进行的社会研究的确采用了诸如“市场调查”的表达，但是由于以这个关键词进行检索出现了514个结果，导致笔者无力一一详细查阅。为了保证研究顺利进行，笔者只能集中精力对数量有限的案例进行定量分析。

虽然案例样本有限，抽样方法为“非概率抽样”①，但是这并不等于案例样本不具有代表性。这是因为，正如下文的定量分析所要展现的那样，我国目前在诉讼中得到应用的社会研究报告主要还是集中在商标类知识产权侵权诉讼之中，这与美国的情况完全一致。虽然中美两国在这方面的发展状况以及诉讼的特点不尽相同，但是笔者认为，基于司法证明目的的社会研究报告具有超越诉讼模式和诉讼文化等因素的普遍适用性。而且，将要进行分析的66起案件，不仅地域分布范围广泛，而且就案由而言，除了商标侵权纠纷之外还有多种类型，足可以说明这66起案件具有研究样本应当具有的代表性。

二、案由分析

案由是诉讼案件的名称，反映案件所涉及的法律关系的性质，是人民法院对诉讼争议所包含的法律关系进行的概括。通过对案由的总结和分析，可以清晰地展现66起案件的法律关系的详细情况，由此反映社会研究报告当前主要适用的诉讼形态。

由于“北大法宝”司法案例数据库已经详细地列出了每起案件的案由，因此笔者对从该数据库中检索到的61起案件便完全依据其中的案由名称，即表3－2中的“具体案由”。对于另外5起来自于数据库之外的案例，笔者则根据最高人民法院于2008年发布的《民事案件案由规定》，根据案情相应总结出案由。

从表3－2的统计可以看出，除了行政诉讼外，相对于《民事案件案由规定》的361个三级案由以及部分三级案由之下更加详细、数量更多的四级案由，本书统计的66个案例在案由分布上显然非常集中。从二级案由来看，只有第一类（人格权纠纷）、第五类（物权保护纠纷）、第十类（合同纠纷）、第十五类（知识产权权属、侵权纠纷）、第十六类（不正当竞争、垄断纠纷）案由的案件中有应用社会研究报告的情况。然而，如果从一级案由来看，实际上第十五类（知识产权权

①非概率抽样主要是按照样本的方便性、主观判断、主观意愿来获取研究对象。与之相对的是概率抽样，即根据概率论的基本原理，按照随机的方式进行。与概率抽样相比，非概率抽样无法保证抽取样本的等概率性质，样本误差无法控制和估计。参见郑杭生主编：《社会学概论新修》，中国人民大学出版社2009年版，第59页。

属、侵权纠纷）和第十六类（不正当竞争、垄断纠纷）案由都属于《民事案件案由规定》的“知识产权纠纷”。换言之，在这里统计的全部66起案件的73个案由中，有多达60个案由属于一级案由中的“知识产权纠纷”，比例高达82.2%。如果只在民事案件中进行统计的话，比例更是高达88.2%。图3－1便是以二级案由为依据显示出来的社会研究报告在司法应用中的分布情况。

表3－2　66起案件的案由统计表

	二级案由	具体案由	数量
民事诉讼	不正当竞争、垄断纠纷	不正当竞争、垄断纠纷	6
		擅自使用知名商品特有名称、包装、装潢纠纷	1
		商业诋毁纠纷	1
	知识产权权属、侵权纠纷	知识产权权属、侵权纠纷	1
		侵犯著作人身权	1
		侵犯著作财产权	3
		商标权权属、侵权纠纷	13
		侵犯商标专用权纠纷	33
		侵犯计算机软件著作权纠纷	1
	人格权纠纷	名誉权纠纷	5
	合同纠纷	买卖合同纠纷	1
		承揽合同纠纷	1
行政诉讼		商标、行政裁决	2
		商标、行政确认	4
总数			73①

①某些案件有两个案由，如2001年的“研究生入学管理委员会诉北京市海淀区私立新东方学校侵犯著作权和商标专用权纠纷案”，其案由便包括“侵犯著作财产权纠纷”和“侵犯商标专用权纠纷”，参见北京市第一中级人民法院（2001）一中知初字第33号判决书。因此，这里的案由统计总数超过了案件总数。

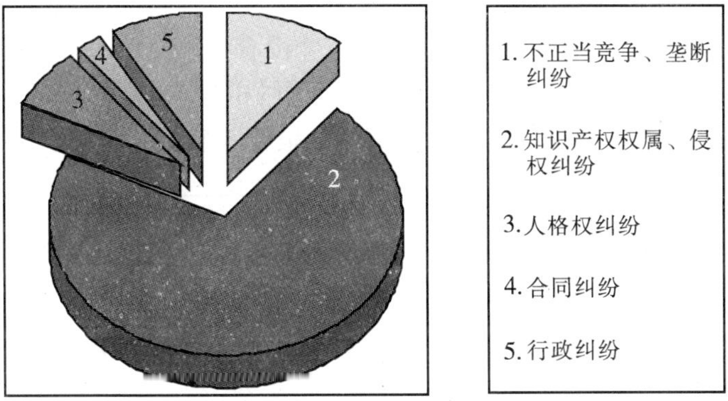

图 3 - 1　二级案由分布图

三、历史回顾

（一）历史发展状况概览

为便于统计，下文中案件的年份是裁决文书中列明的立案年份。如果涉及上诉审，则只统计首次应用社会研究报告的一审或二审的立案年份。根据统计，在诉讼中最早出现社会研究报告的是 1994 年的“青岛市迎宾馆诉某房地产公司名誉侵权案”，除了 1995 年、1997 年、1998 年这 3 年没有发现相关的案例外，从 1994 年至今的其他年份都发现了这类案例。各年份的案例数字分别是（小括号内的数字代表案件数）：1994 年（1）、1995 年（0）、1996 年（1）、1997 年（0）、1998 年（0）、1999 年（1）、2000 年（1）、2001 年（4）、2002 年（4）、2003 年（2）、2004 年（6）、2005 年（15）、2006 年（16）、2007 年（7）、2008 年（4）、2009 年（3）、2010 年（1）。

鉴于样本数量有限，这里仅仅对案例数量的年份分布进行一番大致的总结和推测。如图 3 - 2 所示，除 1995 年、1997 年、1998 年没有发现这类案件之外，2000 年之前的其余年份都只有一起案件。而从 2000 年之后，社会研究报告的应用有了一定程度的增加，并且到 2006 年为止基本上呈现逐步递增的趋势。但是，这个结论可能还需要一定程度的保留，有待将来的研究进一步验证。毕竟，本书所收集的材料主要来源于“北大法宝”司法案例数据库，在国内当前还没有充分实现判决书公开制度的情况下，不能奢望从该数据库检索到的案例或笔者自行收集的数起案例能够完全反映我国司法实践中社会研究报告应用状况的全貌。况且，正如上文所言，这里所研究的案例甚至并没有将该案例库中的所有相关案例全部“一网打尽”。尽管如此，笔者仍然相信，在司法市场日渐需求的背景之下，这种新型证据的应用必然会呈现一个逐年递增的发展趋势。

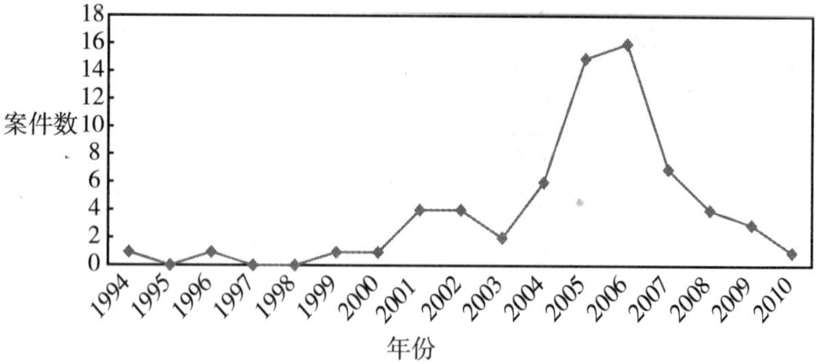

图 3－2　各年份案例分布图

然而，如图 3－2 所示，在 2006 年之后，这类案例的数量在本书所收集的研究样本中却呈现逐年下降的状况。笔者认为，这个现象并不奇怪，很可能同样与数据库的特点有关。这是因为，从判决书公布到纳入数据库，往往不是一个一蹴而就的过程。就目前的司法实践而言，除了个别地区、个别法院将判决书即时大面积公布并上传网络外，多数法院通行的做法还是在案件判决后经过一定时间由专人筛选之后再公布判决书，继而才有可能为数据库所录入并发布。况且，数据库的更新也需要一个过程。因此，尽管在 2006 年之后案例的数量出现了下降，但是不应当认为社会研究报告的应用实质出现了下降的趋势。毕竟，在此期间并没有出现显著的变量去阻碍这类案例数量的上升趋势。当然，这种判断同样需要将来进一步的研究加以验证。

（二）典型案例介评

1. 20 世纪 90 年代中期的创新

从本书的研究所收集到的资料来看，社会研究报告在我国司法实践中得到应用的第一起案件应当是上文已经提到的发生于 1994 年的“青岛市迎宾馆诉某房地产公司名誉侵权案”。这一年，山东省青岛市一家广告公司受某房地产公司委托，为该房地产公司某御园制作和发布广告时，在青岛的主要交通要道竖立了巨幅广告牌，打出广告语“迎宾馆预谋大拍卖”。一时间，迎宾馆要卖掉了的说法在岛城传得沸沸扬扬。青岛市迎宾馆决定通过诉讼来维护自己的合法权益，并且聘请了山东德衡律师事务所的胡明律师进行代理。胡明律师认为，广告用语侵害法人名誉权案件，由于广告所作用的对象范围不特定，数量不确定，每个广告受众对广告内容的认识不同，调查取证较为困难。这就如同对“损害是否存在，在什么范围存在，损害的程度如何”等问题进行调查取证一样困难。如果沿用通常询问特定证人的调查取证方式，是无法客观全面反映损害发生的状况的，这是广告活动本身的特点给审理此类诉讼案件带来的一个新问题。①

面对该案取证困难的问题，胡明律师大胆创新，申请法院委托青岛市统计机关的城市调查队，以问卷的方式对涉诉的广告内容在当地进行公众认知情况抽样调查，“开了以抽样调查结论作为民事诉讼证据的先河”。调查结论显示：有 97 位受访者认为广告中的迎宾馆是指青岛市迎宾馆，占被调查总人数的 80.8%。该案最终以被告赔偿原告 10.8 万元的判决结果结案。② 由此可见，该案中出现的社会研究报告是由统计机关以书面形式向法院出具，并在庭审中得到运用，其效果在司法实践中被证明是成功的。

不过，认真研究这起案件可以发现，这起采用抽样调查方法制作的社会研究报告的“中国第一案”的出现可能有一定的偶然性。这是因为，开创性地想到运用抽样调查方法进行取证的胡明律师的专业背景是这其中的一个重要因素。胡明律师于 1989 年 12 月毕业于南开大学社会学系，获法学硕士学位，1994 年开始从事律师职业。③ 而“青岛市迎宾馆诉某房地产公司名誉侵权案”是她的律师生涯中的第一起案件。有理由相信，社会学和法学的交叉学科专业背景促使她在代理自己的第一起案件时产生了学科知识融会贯通的创意，并且在实践中收到了很好的效果。不过，这种新型的证据调查方法和新型证据的出现在偶然中又有

---

①胡明：“试论抽样调查结论作为民事诉讼证据之可行性”，载《德衡论文集》，http://www.deheng.com.cn/asp/PAPER/html/200811715124737.htm，最后访问日期：2010 年 11 月 17 日。

②参见鲁司律：“律师胡明：挑战人生　谱写辉煌”，载《山东法制报》2005 年 12 月 15 日。

③参见德衡律师事务所胡明律师简介，载 http://www.deheng.com.cn/hhr/lawyer.asp？id=17，最后访问日期：2010 年 12 月 15 日。

必然。正如胡明律师在其文章中所论述的那样，“随着社会经济的不断发展和法律法规体系的不断健全和完善，一些新型民事案件如广告用语侵权案、不正当竞争案等不断发生，这些新型民事案件在调查取证方面也出现了一些新的问题”①。因此，与其说社会研究报告在法庭上的首次应用归因于胡明律师专业背景的偶然因素，还不如说是中国的经济与社会在20世纪90年代的剧烈变革催生了出现在法庭上的这个新生事物。

2. 范志毅案引起的关注

在上述案件之后，社会研究报告在司法实践中的应用发展得并不是很快，可以说只是在极个别的案件中得到了零星的应用。从上文的案由统计来看，虽然有个别当事人在商业诋毁、侵犯商标专用权等知识产权案件中运用了这种新型的证据，但是基本上没有产生重要的影响。到了2002年，随着“范志毅诉文汇新民联合报业集团名誉侵权案”被广泛报道，媒体、公众和学者才对该案证明中运用的抽样调查方法给予了关注。

2002年7月，著名足球运动员范志毅向上海市静安区人民法院提起诉讼，状告《东方体育日报》6月16日《中哥战传范志毅涉嫌赌球》的报道②侵害了他的名誉权。据《北京青年报》的记者统计，自1985年以来，此类官司国内曾有十几起，无一例外均以媒体败诉而告终。面对这个棘手的案件，被告律师认为，“一个人名誉是否受损，标准应是社会公众对此人的评价是否降低。过去媒体被诉侵权官司，往往

---

①胡明：“试论抽样调查结论作为民事诉讼证据之可行性”，载《德衡论文集》，http://www.deheng.com.cn/asp/PAPER/html/200811715124737.htm，最后访问日期：2010年11月17日。

②2002年6月14日，《体坛周报》在“某国脚涉嫌赌球”的报道文章中援引未经核实的消息称，“6月4日的中哥之战，某国脚竟然在赛前通过地下赌博集团买自己的球队输球”。6月16日，《东方体育日报》在题为“中哥战传范志毅涉嫌赌球”的报道中转载了《体坛周报》的文章。文章对当场比赛涉及的国脚进行排除式分析后指明，涉嫌球员为范志毅。文章同时报道了范志毅本人的否定意见及足协、国家队其他队员的反应，还引用了网友的文章，并注明还将进一步关注此事件。该文刊登后，《东方体育日报》于6月17日、19日又对该事件进行了连续报道，刊登了对范志毅父亲的采访及范志毅没有赌球的声明；6月20日，《体坛周报》对出自不实消息来源的报道声明道歉；6月21日《东方体育日报》以“真相大白：范志毅没有涉嫌赌球”为题，为整件事件撰写了编后文章。该文指出：“有关包括范志毅在内的中国国家足球队员涉嫌赌球的传闻，已真相大白。事实表明范志毅没有赌球，在社会上包括网络中所流传的所谓范志毅赌球的谎言已不攻自破。本报通过连续报道为范志毅澄清事实，洗刷无端罪名的目的已达到。”

是原告说媒体的报道让他名誉受损，精神遭受痛苦，公众评价降低，不用举证就定了案。法官往往很少考虑媒体的意见。媒体又苦于想不出办法来证明对方的公众评价是否降低。”① 于是，被告方的律师在该案中创新性地采取了抽样调查方法，用以证明范志毅的社会评价并没有因为《东方体育日报》的报道而降低。同年9月，被告律师把15名球迷请到上海球迷俱乐部进行了一次抽样调查，并对调查结果进行了公证。该项调查主要涉及两个问题：一是《体坛周报》报道的某“国脚”指的是谁？结果大家都回答说是范志毅。二是将《东方体育日报》刊发的四篇文章给球迷看，然后让他们选择“这些报道是说范赌球还是说范志毅没赌球”。球迷都回答说，报道说范志毅没有赌球。

上海市卢湾区公证处对此出具了公证书，对被告向15名读者进行抽样调查的过程、结果作了公证。公证书对以上抽样调查的结果进行了确认：在阅读了《体坛周报》的“某国脚涉嫌赌球”报道后，所有人都认为文章描述的是范志毅，而看了《东方体育日报》的一组四篇文章后，认为该组报道并非批评原告赌球，而是讲范志毅没有赌球。为此，这份调查报告及公证书可以证明被告的系列报道文章内容客观，旨在澄清事实，为范志毅洗刷指责。

正是这份被法院采信的证据，成为被告胜诉的关键。经过5个月的审理，法院作出了一审判决，对范志毅要求文汇新民联合报业集团赔礼道歉、赔偿5万元精神损失的请求，均不予支持。判决书写道：“关于卢湾公证处出具的公证书，本院认为该证据形式、来源合法，与本案相关联，本院予以确认。”②

应当说，本案中采用抽样调查方法取证并且通过公证的形式保全证据并最终为法院所认可的做法之所以引起人们的极大关注，与该案的当事人和案件所涉事实密不可分。这是因为，《东方体育日报》和《体坛周报》中所报道的“中哥战”即2002年韩日世界杯小组赛中国队首战与哥斯德黎加队的比赛，而范志毅在该场比赛中首发出场，出任主力中后卫。范志毅在此之前早已名声大噪，加上这场比赛受到广泛关注，因

---

①王进：“体育新闻官司媒体首度胜出　范志毅败诉过程揭秘”，载《北京青年报》2002年12月23日。

②参见上海市静安区人民法院（2002）静民一（民）初字第1776号民事判决书。

此范志毅案涉及的案件事实受到了媒体的深度挖掘广泛转载，最终促使该案包括证据运用的情况都产生了很大的影响。

例如，《民主与法制时报》就曾报道称："以公证的形式，对抽样调查结果进行证据保全，这在国内此类诉讼中实为罕见，而被法院采信更是首例。"[①]《人民法院报》登载的评论文章也充分肯定了抽样调查结论被法官采信的意义，认为"一个人名誉是否受损，标准应是社会公众对此人的评价是否降低……公众的'鉴定'是核心和根本"。"抽样调查是民意的一种反映，只要操作合法得当，那么，它是具有公信力和可信度的。这样的证据确立是富有司法现实意义的，值得推广。"[②]

学术界也对抽样调查证据在这起诉讼中发挥的重要作用予以了充分肯定。例如，有学者认为，采用这一抽样调查，表明公众对案件的态度开始正式进入司法裁判的证据范围，是一种制度的创新。[③] 萧瀚副教授在评价该案中的抽样调查证据的意义时提到："其一，法庭采信这样的证据表明了诉讼成败的决定性因素，不再仅仅局限在法庭说了算的司法惯性上，它表明公众对案件的态度开始正式进入司法程序。这是一个追求法治的国家司法实践中的应有之义，是司法民主化的必然要求。"而且，这可以视作"陪审团的萌芽"。[④]

总之，抽样调查作为社会研究报告的常用方法，借助范志毅的名人效应在2002年的这起案件被广泛报道之后引发了人们的关注，学术界也从这起案件开始真正开启了对这种新型的取证措施、证明方法的研究。正如上文所述，在本书所收集的66起案件中，社会研究报告的应用到2000年之后出现了稳步增加的趋势。虽然没有明确的依据，但是笔者推测，范志毅案的媒体报道或许起到了一定的助推作用。

---

①靳伟华："是恶意炒作，还是善意报道——范志毅名誉权案焦点凸现"，载 http://old.jfdaily.com/gb/node2/node17/node18/node1289/node1290/userobject1ai5021.html，最后访问日期：2010年12月15日。

②徐迅雷："公众调查被采信的意义"，载《人民法院报》2002年12月27日。

③参见王军："舆论监督与公众人物名誉权——从'范志毅名誉权'官司说起"，载《法学杂志》2005年第1期。

④参见萧瀚："'公共人物'登录判决书及陪审团制度萌芽——范志毅诉文汇新民联合报业集团名誉侵权案评析"，载《清华法学》2003年第2期。

3. 社会研究报告在知识产权诉讼中应用的兴起

通过前述分析可以清楚地发现，从2000年以后的几年间，社会研究报告在知识产权类诉讼特别是商标侵权诉讼中得到了越来越多的应用。同其他类型的案件一样，某些律师和司法人员在知识产权诉讼中使用这种证据的创意功不可没。但是，除此之外应当还有其他的原因。例如，这种现象或许与范志毅案中的抽样调查证据被广泛报道有关联。然而笔者认为，社会研究报告之所以在商标侵权诉讼中得到了更多的应用，与2001年之后调整商标问题的法律、司法解释和行政规章接踵而至地出台密不可分。从下文将要分析的这类证据所调查的内容可以看出，在商标侵权诉讼中广泛使用的社会研究报告大部分是针对消费者或者普通公众进行的问卷调查。正是因为法律、司法解释和行政规章的许多条款出现了大量需要对"公众"意见进行判断的条款，导致实务中出现了相关案件事实的证明难题，进而直接促进了社会研究报告的应用。

例如，2014年5月1日施行的《商标法》中，仅有的73个条文中便出现了8处关于"公众"的表述。[①] 众所周知，诉讼是在一个相对封闭的场所进行，包括举证、质证和认证在内的所有法庭上的证据运用活动都仅仅涉及相对有限的人员，而最终的裁定者在我国的司法制度下仅仅是法官和数量极其有限的人民陪审员。在通常的情况下，即使在无法完全查清案件事实而又必须宣判的时候，法官一方面采用法律解释技术，另一方面通过自由心证来实现定分止争，并不需要过多地参考公众意见。但是，当法律规范[②]明确规定了公众的意见是某一法律关系产生、变更或消灭的重要构成要件的时候，不仅单纯的法律解释没有说服力，而且自由心证也会出现因裁判者的不同而迥异的情况。因此，在以《商标法》的某些条文为代表的实体性规定的要求下，不仅法院需要参考公众意见，而且当事人为了胜诉也特别需要采用不同于常规措施的取证方法来实现对特定案件事实的证明。具体而言，当事人在诉讼中使用社会研究报告作为商标类诉讼中认定案件事实的依据，主要表现在以下几个方面：

①这8处关于"公众"的表述分布在《商标法》第10、13、14、16、58条。

②这里以及下文所称的法律规范持广义，包括法律、法规、司法解释等规范。

其一，驰名商标的认定。《商标法》第 14 条规定："驰名商标应当根据当事人的请求，作为处理涉及商标案件需要认定的事实进行认定。认定驰名商标应当考虑下列因素：（一）相关公众对该商标的知晓程度；（二）该商标使用的持续时间；（三）该商标的任何宣传工作的持续时间、程度和地理范围；（四）该商标作为驰名商标受保护的记录；（五）该商标驰名的其他因素。"因此，当事人为了获得自己的商标被认定为驰名商标的结果，就有必要证明相关公众对该商标的知晓程度较高。

其二，侵犯商标专用权的认定。《商标法》第 57 条规定了 7 类"侵犯商标专用权"的情形，其中第 1、2 项规定了在未经商标注册人许可的情况下，在同一种商品上使用与其注册商标相同或者近似的商标，属于侵权违法行为。司法实践中大量侵犯商标专用权的案件就属于这两种情况。然而，人为地判断两个商标是否相同相对而言比较容易，但是鉴别两个商标是否近似在很多情况下却是一个不折不扣的难题，经常是见仁见智，即使是深谙知识产权实务的法官面对这一问题时也可能莫衷一是。

此外，《商标法》第 57 条第 7 项还规定了"给他人的注册商标专用权造成其他损害的"，也属于侵犯注册商标专用权的情形。然而，新修正的法律并未明确"其他损害"到底是什么意思。为此，我们可以考察一下最高人民法院于 2002 年发布的《关于审理商标民事纠纷案件适用法律若干问题的解释》。该《解释》第 1 条细化了 2001 年《商标法》第 52 条第 5 项的规定，即以下行为属于"给他人注册商标专用权造成其他损害的"情况：（1）将与他人注册商标相同或者相近似的文字作为企业的字号在相同或者类似商品上突出使用，容易使相关公众产生误认的；（2）复制、模仿、翻译他人注册的驰名商标或其主要部分在不相同或者不相类似商品上作为商标使用，误导公众，致使该驰名商标注册人的利益可能受到损害的；（3）将与他人注册商标相同或者相近似的文字注册为域名，并且通过该域名进行相关商品交易的电子商务，容易使相关公众产生误认的。通过分析该司法解释的语言表述可以清楚地发现，除了在这三种情况中也规定了"相近似的文字"、"不相似商标"、"近似的文字"等难以令人进行直观判断的语言外，还将"容易使相关公众产生误认"、"误导公众"等情况作为判断符合该条规定的禁止性行为的构成要件，这便使得侵犯商标专用权的举证和事实认定都难上加难。原因很简单，虽然司法解释的一个重要任务是对法律的规定进行解释和说明，但是什么才是“容易使相关公众产生误认”、“误导公众”，仍然需要更进一步的明晰。因此，司法解释的这种解释工作显然并没有很好地完成任务，为司法实践的证明带来了很大的难题。如果说该司法解释的第1、3项规定的“容易使相关公众产生误认”强调的是侵犯商标专有权的一种危险行为的话，那么第2项规定的“误导公众”则从字面上讲应当认为是一种行为结果。于是，规定的不统一造成了当事人在第1、3项的情况下需要证明侵权行为具有“容易使相关公众产生误认”的危险，而在第2项的情况下则需要证明侵权行为实际上已经带来了“误导公众”的后果。显然，不管是哪一种情况，对当事人而言都很难证明。

此外，立法和司法解释中所表述的“公众”本身也是一个很难界定得清楚的概念。最高人民法院2002年10月发布的《关于审理商标民事纠纷案件适用法律若干问题的解释》第8条规定，“商标法所称相关公众，是指与商标所标识的某类商品或者服务有关的消费者和与前述商品或者服务的营销有密切关系的其他经营者”。国家工商行政管理总局于2014年7月3日修订的《驰名商标认定和保护规定》第2条也指出，“驰名商标是在中国为相关公众所熟知的商标。相关公众包括与使用商标所标示的某类商品或者服务有关的消费者，生产前述商品或者提供服务的其他经营者以及经销渠道中所涉及的销售者和相关人员等。”可见，“公众”不仅包括消费者、经营者，还包括仍然需要进行细化的“相关人员”。此外，2006年3月发布的《北京市高级人民法院关于审理商标民事纠纷案件若干问题的解答》第10条还明确了在确定相关公众时应考虑的因素，“在确定相关公众时，应当考虑商品性质、种类、价格等因素对其范围及其注意程度的影响”。这使得“公众”范围的划定更加复杂。

如何才能确定上述法律、司法解释和行政规章中的“公众”，以及如何才能认定这些“公众”受到了所谓的误导？从司法证明的角度讲，这显然是常规证据形式无法证明的。正是在这样的背景下，从20世纪90年代中期开始，通过公众调查或者消费者调查的形式出具的社会研究报告在商标侵权诉讼中出现,[1] 并且在上述立法、司法解释和行政规章于 2000 年之后的几年间密集出台之后在诉讼中应用得越来越多。

第二节　司法证明的环节分析

司法证明就像一条流水线作业，而取证、举证、质证和认证是其中最基本的四个环节。任何一份证据在诉讼中的应用，原则上都需要经历这四个环节，包括社会研究报告在内的社会科学证据也不例外。从这几个不同的环节对社会研究报告的应用进行分析，可以动态地察看这种证据在实际应用中展现出来的面貌。

一、社会研究报告的取证

（一）取证程序的启动

这里的分析关注的是谁启动了取证程序。通过对 66 起案件中的 71 份社会研究报告的具体分析，可以将取证程序的启动细分为：（1）原告自行取证；（2）被告自行取证；（3）原告委托第三方取证；（4）被告委托第三方取证；（5）原告申请法院委托第三方取证；（6）原告申请法院调查取证；（7）法院自行调查取证；（8）第三人委托第三方取证。这些不同类型的取证程序的启动情况如图 3 – 3 数据所示。[2]

①本书所收集的案例当中，社会研究报告在这类诉讼中最早的应用出现在 1996 年。在“（香港）中添国际有限公司诉上海碧纯贸易发展有限公司等不正当竞争案”中，公证机构对在上海市三阳食品公司购物的 37 位消费者进行了抽样调查，调查结果表明：54% 的消费者对“碧纯”与“延中”产品产生混淆。参见上海市第二中级人民法院（1996）沪二中经初（知）字第 529 号调解书。

②有两起案件的程序启动方式不详，另有几起案件出现了不止一份社会研究报告，因此图 3 – 3 中的统计总数超过了 66。

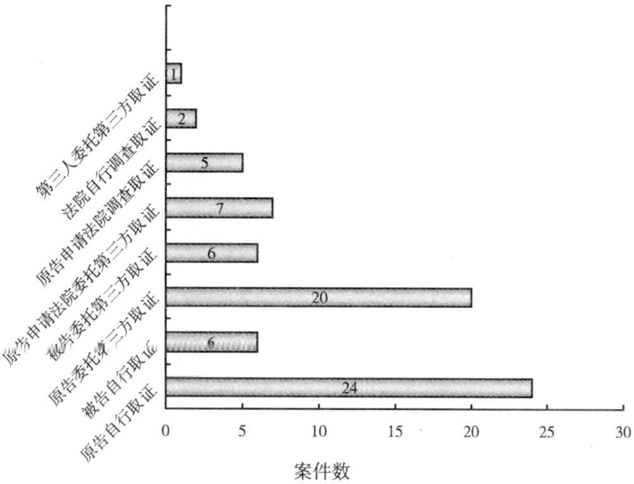

图 3－3　程序启动方式对比图

从该数据统计图中可以清楚地看出，除了 2 起案件是由法院依职权进行社会研究外，① 其他案件中的社会研究都是由当事人启动的。具体而言，由原告启动程序的情况最多，包括原告自行取证（24 起）、原告委托第三方取证（20 起）、原告申请法院委托第三方取证（7 起）、原告申请法院调查取证（5 起）。由被告启动取证程序的也不应当忽略，其中包括被告自行取证（6 起）、被告委托第三方取证（6 起）。原告和被告之间启动社会研究的差异基本上反映了民事诉讼和行政诉讼的证明责任分配的机理。以侵犯商标专用权案件为例，原告为了证明被告侵权，会倾向于通过以上方式提出社会研究报告来与其他证据一起完成证明责任。但是，从数据统计的结果来看，部分案件的被告也会采取主动

①这 2 起案件分别是"福建省厨师食品集团有限公司诉徐淑春商标专用权侵权纠纷案"，参见江西省上饶市中级人民法院（2006）饶中民三初字第 22 号判决书；"南京常锦房地产开发有限公司诉周洪金名誉权纠纷案"，参见南京市江宁区人民法院（2006）江宁民二初字第 2038 号判决书。

出击的方式，充分利用自己的证明权利，增加胜诉的筹码。[①] 相对而言，由于行政诉讼的证明责任分配较为特殊，[②] 因此本书统计的6起行政诉讼案件中的社会研究报告除了一起是由第三人提出的外，其余的都是由原告单独取证或者委托第三方调查从而在庭审中向法院出具的。

值得注意的是，在由当事人启动社会研究的案件中，绝大部分当事人是法人，只有3起案件是由个人启动的。[③] 这大致有两个原因可以进行解释。其一，由于大部分案件是知识产权纠纷特别是商标侵权纠纷，

---

①例如，在“拉科斯特股份有限公司诉江苏蜥鳄服饰有限公司侵犯商标专用权纠纷案”中，原告并没有提出社会研究报告，但是被告却在庭审中出具了由江苏省常熟市公证处出具的“（2009）熟证经内字第61号公证书”，证明经过调查问卷，蜥鳄公司所使用的标识与拉科斯特公司的鳄鱼商标是不相近似的，不会造成消费者混淆。虽然这份证据最终被法院认定证明力存在问题，但是却体现了被告在这类案件中为了胜诉而使用社会研究报告来加以证明的努力。参见江苏省苏州市中级人民法院（2008）苏中知民初字第0180号判决书。被告方单独提出社会研究报告的成功例子便是上文已经提到的“范志毅诉文汇新民联合报业集团名誉侵权案”，这里不再详细展开。此外，在原告没有提出此类证据的情况下，被告在诉讼中单方出具社会研究报告的案例除了导论已经介绍的案例，还包括：“河北昌黎县东方长城葡萄酒有限公司与中国粮油食品（集团）有限公司侵犯商标权纠纷上诉”，参见重庆市高级人民法院（2005）渝高法民终字第129号判决书；“蒙超诉柳州市土地交易储备中心著作权侵权案”，参见广西壮族自治区柳州市中级人民法院（2004）柳市民初（三）字第2号判决书；“美国教育考试服务中心诉北京市海淀区私立新东方学校侵犯著作权和商标专用权纠纷案”，参见北京市第一中级人民法院（2001）一中知初字第35号判决书；“万科企业股份有限公司诉浙江绿都房地产开发有限公司商标侵权纠纷案”，参见浙江省杭州市中级人民法院（2004）杭民三初字第267号判决书；“研究生入学管理委员会诉北京市海淀区私立新东方学校侵犯著作权和商标专用权纠纷案”，参见北京市第一中级人民法院（2001）一中知初字第33号判决书。

②根据《行政诉讼法》第32条规定，“被告对作出的具体行政行为负有举证责任，应当提供作出该具体行政行为的证据和所依据的规范性文件。”该法第40条则规定，原告在提起诉讼时应当“有具体的事实根据”。换言之，从证明责任的分配规则来看，用于证明被告的行政行为侵犯了原告的合法权益这一事实问题的社会研究报告理应由原告提出。

③这3起案件分别是“霍寿金与中国电影集团公司等名誉权纠纷案”，参见北京市高级人民法院（2007）高民终级字第309号判决书；“张华南诉长沙市海阔浴都等商标侵权纠纷案”，参见湖南省长沙市中级人民法院（2005）长中民三初字第110号判决书；“某舞蹈演员诉某主持人名誉侵权案”，载“卢湾区公证处实施保全证据公证”，载 http://www.shanghai.gov.cn/shanghai/node2314/node2315/node15343/userobject21ai116937.html，最后访问日期：2010年11月24日。实际上，在“张华南诉长沙市海阔浴都等商标侵权纠纷案”中，原告张华南投资兴建海阔天空茶酒楼，并向国家工商行政管理总局商标局申请注册“海阔天空”图文组合商标，后因认为其注册商标被侵权而提起诉讼。因此，张华南在本案中的角色与其他商标侵权诉讼中作为法人的当事人没有本质区别，而且还类似于法人。因此，从严格意义上讲，在本书所收集的66起案件中，由普通的诉讼当事人启动社会科学研究的案由都属于名誉侵权纠纷。

当事人双方基本上都是法人。其二，正如笔者在《陪审团审判中的社会科学》一文中曾经指出的那样，“在诉讼中进行社会科学调查与研究，是一种昂贵的游戏，并不是任何当事人都玩得起的”,[①] 在司法证明活动中进行社会研究也是如此。因此，在诉讼中提出这种社会研究报告需要充足的财力，这在客观上限制了某些当事人提出这种新型证据的尝试。

（二）取证主体

在诉讼中启动了社会研究之后，接下来的问题便是哪些主体实际上实施了这种基于司法证明目的的社会研究。从66起案件的具体情况来看，可以将具体的取证主体分为6类，即原告（24起）、被告（6起）、法院（7起）、社会调查机构（30起）、公证机构（4起）。66起案件中的71份社会研究报告按照取证主体的不同展现出以下分布状况：

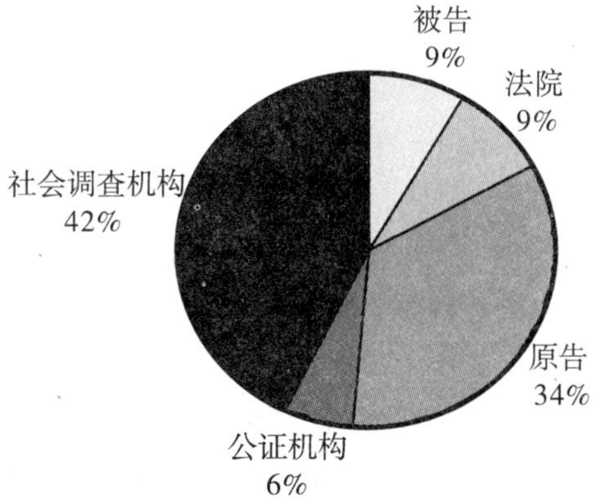

图3－4　取证主体对比图

从图3－4的对比可以清楚地看出，当事人（包括原告和被告）自行取证和社会调查机构受委托进行的取证占到了总数的85%，是取证主体的主流。社会调查机构即提供包括公众调查、消费者调查及市场调查等业务的机构，主要表现为公司的形式。这类公司的名称较为多元化，如信息有限公司、信息咨询公司、咨询有限公司、市场研究有限公司、市场调查事务所、商务咨询有限公司、市场调查与分析公司等。总

①梁坤：“陪审团审判中的社会科学”，载《人民法院报》2010年10月8日。

的来说，提供社会研究业务的这类公司及类似的调查事务所、调查中心等第三方机构目前发展状况良莠不齐，而且缺乏统一的认证和资质，因此开展社会研究的质量也表现出显著的差异。这从后文将要分析的法官对不同主体出具的社会研究报告的审查认定状况的差异中可见一斑。

法院进行的社会研究既包括上文介绍的法院主动开启的情况，也包括当事人申请法院进行社会研究的情况。客观地讲，图 3 －4 中反映的由法院进行实际社会研究的比例在某种程度上有虚高之嫌。这是因为，在由法院进行实际的社会研究的 6 起案件中，有 5 起来自于吉林省白城市中级人民法院，不仅审判长都是王洁，而且都是 2006 年判决的。[①] 也就是说，白城市中级人民法院的做法可能只是在特定时间由特定的法官进行了同样的取证活动，总的来说不具有广泛的代表性。

公证机构办理的社会研究一方面来自于当事人的直接委托，另一方面则来自法院经当事人的申请而进行的委托。由于本章第三节还将详细分析社会研究报告的公证问题，这里不再详细展开。

（三）取证方法

综观本书所收集的 66 起案例，以上各个取证主体采用的取证方法全部都是社会科学研究中常用的“调查研究法”。具体而言，电话访问、实地拜访（面访）、问卷调查、拦截访问都是取证者常用的方法。由于有一部分登载案情的判决书没有明确记载社会研究报告所采用的研究方法的详细情况，因此这里不对各种研究方法的对比情况进行数据统计。总的来说，由于“调查研究法”往往是首先确定调查样本，然后再从样本所反映出来的统计数据或内容总结出研究对象的总体面貌。因此，“调查研究法”采用的是一种抽样调查技术。虽然本章分析的案例中出现了许多信息缺失，但是也有 36 起案例明确地说明调查者采取了

---

①这 5 起案件分别是：“广州市合生元生物制品有限公司诉王克臣商标侵权纠纷案”，参见吉林省白城市中级人民法院（2006）白民三初字第 1 号判决书；“中国核工业建峰化工总厂诉周平商标侵权纠纷案”，参见吉林省白城市中级人民法院（2006）白民三初字第 2 号判决书；“上海南大集团有限公司诉王振江商标侵权纠纷案”，参见吉林省白城市中级人民法院（2006）白民三初字第 3 号判决书；“宁波金田铜业（集团）股份有限公司诉穆晓峰商标侵权纠纷案”，参见吉林省白城市中级人民法院（2006）白民三初字第 4 号判决书；“常安集团有限公司诉贾洪娟商标侵权纠纷案”，参见吉林省白城市中级人民法院（2006）白民三初字第 5 号判决书。这 5 起案件有 2 起是于 2006 年 7 月 8 日判决的，两名审判员都是王莹、孙照斌；另外 3 起案件则是于 2006 年 11 月 13 日判决的，审判员都是李启凤、张天秋。

“抽样调查”。

“调查研究法”在我国目前诉讼中开展的社会研究活动中占据了统治地位，是因为本书所统计的案件中需要证明的内容比较适合采用这种方法。当需要研究的群体数量太大时，研究者往往无法进行直接观察，这时“调查研究法”作为定量研究的重要方法便可能是最好的途径。从上文已经分析的各个案例的案由来看，包括知识产权侵权纠纷、名誉权纠纷在内的案件所需研究的问题都是公众的认识和态度。在另外3起案件中，包括1起买卖合同纠纷和1起承揽合同纠纷在内的案件面临的问题也是需要证明不特定的公众对争议问题的态度。① 因此，在无法对所有相关公众进行地毯式调查的情况下，必然需要采用抽样调查技术。

但是需要注意的是，“调查研究法”是社会科学研究中十分强调精细和严谨的方法。只有严谨的概率抽样才能提供具有代表性的样本，从而通过该样本的特征反应较大群体的特征。② 因此，在调查研究的实施过程中，必须严格按照研究规范，科学地选择样本，并科学地实施调查。在这一过程中，任何环节出现纰漏，都将影响研究的质量，进而决定证据能力的有无和证明力的大小。

从66起案件取证中所具体实施的研究方法的详细情况来看，不同的案件、不同的取证者或由于经受“调查研究法”的训练程度的不同以及研究过程中践行研究规范的程度不同等，所表现出来的研究方法的具体实施情况差异极大，这也直接影响了后文将要分析的法官对这种证据的审查认定的不同态度。

有些案件中采用的“调查研究法”十分简单，不仅样本的选择无法保证科学性，而且问卷的设计和调查的具体实施过程也漏洞百出，不仅受到对方当事人的强烈质疑，也很可能受到法官的否定性评价。例如，在“上海和成洁具有限公司与和成（中国）有限公司不正当竞争纠纷案”中，原被告双方都向法庭提交了自己单方进行调查并经公证

---

①参见“深圳市盾牌防雷技术有限公司诉云南希普防雷工程有限公司买卖合同纠纷案”，云南省昆明市中级人民法院（2006）昆民四初字第199号判决书；“永和豆浆公司诉某商务网络公司合同纠纷案”，参见李鸿光、顾泳潮：“可信赖的法官”，载《人民日报》（海外版）2001年9月14日。

②（美）艾尔·巴比著：《社会研究方法》（第11版），邱泽奇译，华夏出版社2009年版，第245页。

的社会研究报告。被上诉人（原审原告）在一审过程中向法庭提交了一份公证书，旨在证明“上诉人的企业名称及‘shhcg’商标容易引起消费者误认”。其中，被抽样调查的10人中有9人系被上诉人的经销商，1人是顾客。而上诉人（一审被告）在二审中也向法院提交了一份公证书，“以证明通过对8名曾经购买过上诉人产品的顾客进行问卷调查，消费者在购买上诉人产品时，不会将上诉人的企业名称和被上诉人予以混淆。”① 显而易见，诉讼双方单方进行的社会研究从样本的选择上就存在致命性的缺陷，不仅样本数量稀少，而且被上诉人的社会研究报告中“绝大多数被调查对象不是普通的消费者”。于是，两份证据都未被法院采信。

与此相对应的是，某些案件中采用的“调查研究法”在研究的设计、样本的选择、研究的实施和研究结果的得出过程中基本上严格遵循了社会科学研究的规范要求，从而在司法证明中收到了很好的效果。例如，在“山东省鲁宝厨业有限公司诉淄博市临淄信福诚工贸有限公司商标侵权纠纷案”中，原告申请法院委托了中国社会调查所、北京东方枫叶咨询有限公司对争议商标的认知度进行调查。这两个机构于2003年12月出具了社会研究报告，内容包括对消费者和经销商的调查报告两部分，详情如下：

调查方法。设计调查问卷，采取面访及计算机辅助电话访问的形式进行调查。

样本构成。调查机构采取随机抽样的方式，在北京、天津、唐山、济南、青岛、南京抽取样本400个。性别构成：男性230人，占总人数的57.5%；女性170人，占总人数的42.5%。用户单位的性质：农、林、牧、渔业3人，采掘业8人，制造业45人，电力、煤气及水的生产和供应业7人，建筑业10人，地质勘查业、水利管理业1人，交通运输、仓储业8人，批发和零售贸易业21人，餐饮业65人，IT行业2人，金融、保险业6人，房地产业3人，社会服务业36人，卫生体育和社会福利业3人，教育、文化艺术和广播电影电视业110人，科学研

①“上海和成洁具有限公司与和成（中国）有限公司不正当竞争纠纷案”，参见上海市第一中级人民法院（2002）沪一中民五（知）终字第3号判决书。

究和综合技术服务业8人，国家机关、党政机关和社会团体28人，其他行业40人。购买厨具的主要决策人：被访者自己240人，占总人数的60%；行政部门114人，占总人数的28.5%；其他46人，占总人数的11.5%。

对鲁宝品牌的总体评价。调查结果显示，在相同档次的厨具产品中，“鲁宝”产品市场占有率高，所占比例为83.5%。消费者了解鲁宝厨具的时间：有38.7%的消费者是在四年以前知道鲁宝厨具的，有62.3%的消费者知道鲁宝厨具的时间是一年到三年，说明消费者了解鲁宝厨具的时间较长。消费者购买并使用鲁宝厨具的时间：有83.5%的消费者购买并使用鲁宝厨具的时间在三年以上。消费者对目前购买的厨具的性价比的满意程度：其满意程度为98.2%。消费者选择厨具时考虑的最主要的因素：厨具的价格61.4%、质量55.4%、安全48.1%。消费者了解和判断厨具产品质量的途径：亲朋好友介绍53.3%、广告43%、品牌24.5%、曾经使用过22.5%。消费者对鲁宝厨具的档次评价：有10.2%的消费者认为鲁宝厨具是高档产品，有37.4%的消费者认为鲁宝厨具是中高档产品，有38.6%的消费者认为鲁宝厨具是中档产品，有13.5%的消费者认为鲁宝厨具是中低档产品，有0.3%的消费者认为鲁宝厨具是低档产品。消费者对于鲁宝品牌含义的理解：有44.9%的人认为鲁宝品牌的含义是山东的瑰宝，有43.1%的人认为鲁宝厨业这艘巨轮在浩瀚的商海里乘风破浪勇往直前，有59.3%的人认为鲁宝产品钻石品质，产品质量稳定可靠。消费者最近一个月对鲁宝厨具的相关广告收看情况：有28.8%的消费者在最近一个月内看过鲁宝厨具广告，其中61.7%的消费者是在电视中看到的，有60.9%的消费者是通过报刊看到的，有33.9%的消费者是在路牌上看到的。

调研结论。(1) 消费者购买、使用厨具产品的比率相对较高，“鲁宝”厨具产品在北京、天津、唐山、济南、青岛和南京的购买率排名第一。(2) 消费者认定“鲁宝”厨具产品在厨具产品市场中属于中高档产品，对其品牌的认知广泛，认为其品牌的知名度较高。(3) 消费者购买、使用厨具产品的时间较长，对其产品的质量满意，对其品牌的认同感强。(4) 消费者对于“鲁宝”厨具产品信赖程度高，对其产品的性价比满意度高。(5) 在“鲁宝”厨具产品的媒体广告方面，消费者认为电视广告的到达率最高，受众面较广，其次是口碑的宣传。

(6) 消费者通常是通过亲朋好友介绍的经验和广告来了解和判断“鲁宝”厨具产品的质量。(7) 消费者通过电视和口碑的宣传来获得“鲁宝”厨具产品的信息。(8) 消费者对于“鲁宝”厨具产品的推荐率在本次所调查的厨具产品品牌中排在前列。(9) 消费者对于“鲁宝”厨具产品的指名预购率在本次所调查的厨具产品品牌中排在第一位，顾客忠诚度较高。①

从该案的具体情况来看，两个专业机构出具的这份社会研究报告至少从样本的选择来看比较有说服力，不仅数量较大，而且地域和行业分布都较广泛，因此从代表性上讲便容易为裁判者所接受。一般而言，相较于由当事人自行进行的社会研究，这种由专业的第三方机构所进行的社会研究更加客观和科学。这是由于专业机构的人员往往受过相应的训练，而且经手这类业务较多，所以更能胜任科学的社会研究。例如，在66起案例中，有8起案件的社会调查是由中国社会调查所进行的（其中6起案件的调查报告是与北京东方枫叶咨询有限公司共同出具的），②该所出具的研究报告全部为法院所采信，并且成为法院认定委托方所主张的事实的重要依据。

但是需要注意的是，这种判断只具有相对性，并不能排他性地认为专业机构制作的社会研究报告绝对科学，我们必须通过个案仔细地进行评估。

①山东省滨州市中级人民法院（2005）滨中民三知字第15号判决书。

②这8起案件分别是：“青岛昌隆文具有限公司诉青岛亘豪商贸有限公司等商标侵权纠纷”，参见山东省青岛市中级人民法院（2003）青民三初字第1095号判决书；“山东省鲁宝厨业有限公司诉淄博市临淄信福诚工贸有限公司商标侵权纠纷案”，参见山东省滨州市中级人民法院（2005）滨中民三知初字第15号判决书；“山东永乐食品有限公司诉张连诗商标侵权纠纷案”，参见山东省德州市中级人民法院（2006）德中民四初字第78号判决书；“颐中烟草（集团）有限公司诉青岛联智广告有限公司商标侵权纠纷案”，参见山东省青岛市中级人民法院（2004）青民三初字第304号判决书；“德州亚太集团有限公司诉德州市中石电子有限公司商标侵权纠纷案”，参见山东省德州市中级人民法院（2005）德中民四初字第59号判决书；“福建晋江德尔惠鞋业有限公司诉刘钰辉侵犯商标权、不正当竞争纠纷案”，参见福建省福州市中级人民法院（2005）榕民初字第4号判决书；“山东贝莱特空调有限公司诉武城县滕庄镇建华空调加工处商标侵权纠纷案”，参见山东省德州市中级人民法院（2006）德中民四初字第54号判决书；“安徽天方茶业（集团）有限公司诉周剑商标权侵权纠纷案”，参见安徽省合肥市中级人民法院（2005）合民三初字第103号判决书。

二、社会研究报告的举证

举证是当事人在诉讼中向法庭提交证据以证明其主张之事实的活动，是司法证明中的重要一环。这里主要考察一下举证的形式问题。举证形式在司法实践中并没有一定之规。例如，在刑事诉讼中，由于证据的形式种类比较丰富，公诉人在举证的时候经常会按照被告人供述、被害人陈述、证人证言等顺序进行举证。虽然也有一些特殊的证据不易归纳进当前法定的证据形式体系，但是公诉人提交的各种证据所属的法定形式总的来说还是一目了然的。然而在民事诉讼特别是商事侵权纠纷诉讼中，双方当事人提交的证据的形式则相对集中的多，多半是书证，而且数量可能非常多。因此，在这类诉讼中，没有必要像上述刑事诉讼实践那样仍然按照证据的法定形式的顺序一一提交。这样一来，许多证据的法定形式问题在民事司法实践中往往没有受到重视，关于证据形式的研究与探讨所产生的争议也不像刑事诉讼那样突出。

具体到本书所收集的66起案件，笔者没有发现一起案件的举证是按照证据的法定形式的顺序进行的，于是关于社会研究报告的法定证据形式便基本上没有得到司法实践的回应。① 当事人在庭审中往往直接依据这类证据的名称进行举证，如《市场调查报告》、《商标认知度调查报告》、《民意调查报告书》。然而，既然法律已经规定了几种证据形式，从证据的合法性角度讲，任何证据要得到法庭的采信至少在形式上应当符合法律的要求。因此，对于这种司法实践中出现的新颖的证据，还是有必要对其证据形式进行研究的。关于这个问题，本章第三节还将进行详细分析，这里不再展开。

关于社会研究报告的举证，还有一个值得关注的问题，即这种证据与公证书的关系。在本书所研究的案例中，有一部分社会研究报告并不是由当事人单独向法庭提交的，而是附属于公证书。换言之，至少从形式上讲，法庭需要审查认定的证据是当事人提交的公证书，而不是单独的社会研究报告。具体而言，这种附带社会研究报告的公证书体现为以下三种形式：

---

①只有在“霍寿金与中国电影集团公司等名誉权纠纷上诉案”中，被告在质证的时候认为原告自行开展调查后提交的问卷材料属于“证人证言”。参见北京市高级人民法院（2007）高民终级字第309号判决书。

第一，公证机构对当事人自己开展或委托第三方机构开展的社会研究进行公证，当事人在向法庭提交公证书的同时将社会研究报告作为公证书的附属材料。例如，在“上海和成洁具有限公司与和成（中国）有限公司不正当竞争纠纷案”中，上诉人在二审期间向法院提交了“（2001）沪虹证经字第5444号公证书”一份，以证明通过对8名曾经购买过上诉人产品的顾客进行问卷调查，消费者在购买上诉人产品时，不会将上诉人的企业名称和被上诉人予以混淆。① 可见，上诉人在本案中提交的用以证明消费者产生混淆的证据是公证书，社会研究的内容和结论只不过是附属于该公证书而已。

第二，公证机构对当事人自己开展或委托第三方机构开展的社会研究进行公证，当事人将公证书与社会研究报告同时提交法院。例如，在“内蒙古蒙牛乳业（集团）股份有限公司诉呼和浩特经济技术开发区蒙牛酒业有限公司等商标侵权及不正当竞争纠纷案”中，原告除了委托北京零点市场调查与分析公司出具“蒙牛品牌认知调研报告”这样一份证据外，还由上海市黄浦区第一公证处和北京市海淀第二公证处对问卷调查的过程进行公证并出具了公证书，同“蒙牛品牌认知调研报告”一起提交法庭。②

第三，公证机构受当事人的委托，通过“证据保全公证”的形式进行社会研究，并依据调查的内容和结果出具公证书。例如，在“万科企业股份有限公司诉浙江绿都房地产开发有限公司商标侵权纠纷案”中，杭州市公证处应被告方的委托，对四季花城的业主进行了问卷调查，并以“（2004）杭证名字第6804号公证书”的形式交由被告提交给法院，以证明“相关公众购买绿都·四季花城商品房时并没有产生与原告的相关商品及服务相混淆的事实”。③

以上便是当事人在向法庭提交社会研究报告的时候与公证书配合使用的3种具体表现形态。当事人为了确保社会研究报告的证据能力及其证明力，采用公证书的形式可谓是买了一份保险。但是，以上3种形态并非都符合公证的应然机理。例如，公证机构是否可以受委托进行社会

①参见上海市第一中级人民法院（2002）沪一中民五（知）终字第3号判决书。

②参见北京市第一中级人民法院（2006）一中民初字第1896号判决书。

③参见浙江省杭州市中级人民法院（2004）杭民三初字第267号判决书。

研究并出具公证书，抑或公证机构应当对社会研究报告的哪些内容进行公证，实际上在当前的司法实践中表现得十分混乱，有必要进行理论上的梳理和纠正，这部分内容也将在本章第三节中得到重点关注。

三、社会研究报告的质证

从案例中反映出来的质证情况看，66 起案件中对方当事人没有针对社会研究报告明确提出质证意见的达 38 起。笔者认为，这种现象的产生可以从当事人和法官两方面推测原因。其一，从质证方的角度讲，庭审中出现的社会研究报告可能比较完美，难以找到漏洞；抑或质证方并不认为这种证据所证明的问题是案件中十分重要的争议问题。其二，从法官的角度讲，尽管质证方提出了质证意见，但是法官并不会将质证意见一字不漏地列入判决书。由于 38 起案件没有明确的质证信息，余下的有限样本的数量不适于进行数据统计分析，因此这里仅仅对一些常见的质证意见进行分析。综合 66 起案例中反映出来的常见的质证意见，这里仅做一番简略的总结。

一种质证意见针对的是社会研究报告的证据能力，而且质证者采取的思路往往是根据我国证据理论中证据的“三性”特征，笼统地认为对方当事人出具的社会研究报告不具有合法性、客观性（或真实性）和关联性，并没有提出具体的理由。其中，认为这种报告不具有关联性和客观性的质证意见居多。当然，也有一些质证意见对社会研究报告的证据能力提出了具体的质疑。例如，在“霍寿金与中国电影集团公司等名誉权纠纷上诉案”中，面对上诉人提交法庭的一份社会研究报告，被上诉人质证认为，“问卷材料属于证人证言，这些证人没有出庭接受当事人的质询，不能作为认定案件事实的依据”。[①] 这种质证意见应当被认为是对社会研究报告的合法性的质疑，毕竟《民事诉讼法》第 72 条和第 73 条规定了证人有义务出庭做证，而且还应当由当事人相互质证——尽管这些条文在实践中的执行情况不尽如人意。此外，有的当事人质疑对方提出的社会研究报告的实际取证主体不具有相应的资质。这是典型的对取证主体的合法性提出的质证。例如，在“美国教育考试服务中心诉北京市海淀区私立新东方学校侵犯著作权和商标专用权纠纷

①北京市高级人民法院（2007）高民终字第 309 号判决书。

案”中，原告便对被告聘请的社会调查机构的资质提出了质疑。[1] 另外，也有的案件中的质证意见针对的是社会研究报告的客观性。例如，在“鲁道夫·达斯勒体育用品波马股份公司（PUMA Aktiengesellschaft Rudolf Dassler Sport）与农工商超市（集团）有限公司侵犯商标专用权纠纷上诉案”中，被告在质证的时候便认为，原告提出的“调查问卷分析报告不是由专业调查机构或人员作出，仅是波马公司代理人主观意见的表达，不具有客观性”[2]。还有的质证意见针对的则是社会研究报告的关联性。例如，在“万科企业股份有限公司诉浙江绿都房地产开发有限公司商标侵权纠纷案”中，被告为了证明“相关公众购买绿都·四季花城商品房时并没有产生与原告的相关商品及服务相混淆的事实”，向法庭提交了一份针对四季花城业主所作的问卷调查。然而原告质证认为，“尽管它（社会研究报告）作了刻意的设计，但仍反映楼盘名称与房地产商标的关系及楼盘名称对房地产销售的影响。”换言之，质证意见认为这份社会研究报告并没有证明它所欲证明的内容，因此不符合关联性规则中的证明性[3]要求。

与上述针对证据能力的质证意见不同的是，更多的质证意见针对的是社会研究报告的证明力。换言之，这些质证意见主要针对社会研究报告的真实性和充分性问题。[4] 例如，有的质证意见就涉及抽样调查技术本身的样本选择、调查程序中出现的问题等。从样本的角度讲，有的质证意见认为，样本的数量极其有限，或者选择的样本由于与当事人具有特定的关系，无法客观地反映全体的面貌。由此可见，这种针对样本的代表性而提出的质证主要是考虑到这些案件中的社会研究报告所选取的样本数量有限，因此无法充分、恰当地代表全体，实质上质疑的是这种证据在证明力方面的充分性。针对真实性而提出的常见质证意见则主要表现在质疑当事人单方取证或者单方委托取证。质证意见一般认为，在未经公证的情况下无法保证这些单方提供的社会研究报告结论的真实

①参见北京市第一中级人民法院（2001）一中知初字第35号判决书。

②上海市高级人民法院（2009）沪高民三（知）终字第70号判决书。

③证据的关联性涉及实质性和证明力两个核心要素，缺一不可，参见本书第四章第一节的论述。

④关于将真实性、充分性问题作为证据的证明力衡量标准或采信标准的理由，将在第四章第二节进行分析。

性、可靠性，因此主张法官不应当予以认定。①

此外，还有的质证意见对社会研究报告的证据能力和证明力同时提出质疑。例如，在“华联超市股份有限公司诉金湖世纪华联超市连锁有限公司上海松江第一分公司等擅自使用他人企业名称及其他不正当竞争纠纷案”中，被告对原告自行取证的问卷研究报告提出的质证意见认为，“问卷调查不是专业调查机构设计、操作的，该问卷的设计有明显诱导性，且调查的地点选择在原告所属门店的周边，其客观性值得质疑”。由于这是对证据采纳标准中的客观性提出的质证，因此可以归入对证据能力的质证。同时，该质证意见还认为，“公证现场只有两名公证员，按照公证书所列公证时间，公证员要监督整个调查过程是根本不可能完成的，有些问卷调查的签名及日期均存在问题。”② 这是对证据采信标准中的真实性提出的质证。

四、社会研究报告的认证

认证是法官对证据进行审查评断，确认其证据能力和证明力的活动，前者可以称为证据的“采纳”，后者则可以称为证据的“采信”。从认证活动的理论逻辑来讲，法官一般需要首先“采纳”证据，再考虑是否“采信”证据以及在多大程度上“采信”。但是，我国证据法学研究所使用的这些语词与司法实践存在着相当程度的脱节。从本书所收集的案例来看，判决书中法官认证的语言表述一般都是“采信”，极少出现“采纳”。当然，这与我国司法实践中并没有明确地将认证分为前后相继的两个步骤密切相关。于是，根据现有的研究素材，凡是判决书对社会研究报告予以“采信”的，其所表达的意思显然也包含对这种证据的“采纳”；与此相反，判决书只说明对案件中出现的社会研究报

①代表性的案件参见“南京富甲公司诉中意合资南京依维柯公司损害商业信誉纠纷案”，江苏省高级人民法院（2000）苏知初字第2号判决书；“立邦涂料（中国）有限公司诉中山市可邦涂料有限公司等不正当竞争纠纷案”，江苏省盐城市中级人民法院（2005）盐民三初字第7号判决书；“立邦涂料（中国）有限公司诉中山市可邦涂料有限公司等商标侵权纠纷案”，重庆市第一中级人民法院（2005）渝一中民初字第485号判决书；“宁波博洋纺织有限公司诉宁波市鄞州德亨电器有限公司商标侵权纠纷案”，浙江省宁波市中级人民法院（2005）甬民二初字第353号判决书。

②参见上海市第一中级人民法院（2007）沪一中民五（知）初字第403号判决书。

告予以“采纳”的，笔者却无法推导出该证据是否得到了“采信”。因此，为了保证数据统计的顺利进行，这里只分析社会研究报告的第一个认证阶段，也即只统计这种证据的采纳现状。在对社会研究报告的采纳概况进行分析之后，下文再结合实际案件，对法官在司法实践中对这种证据进行采纳和采信的时候考虑的具体问题进行分析。

（一）社会研究报告的采纳

1. 社会研究报告的采纳概况

具体而言，从66起案件中总共出现的71份社会研究报告来看，得到采纳的证据达44份，① 未得到采纳的则为17份，还有10份没有明确的采纳信息（见图3－5）。

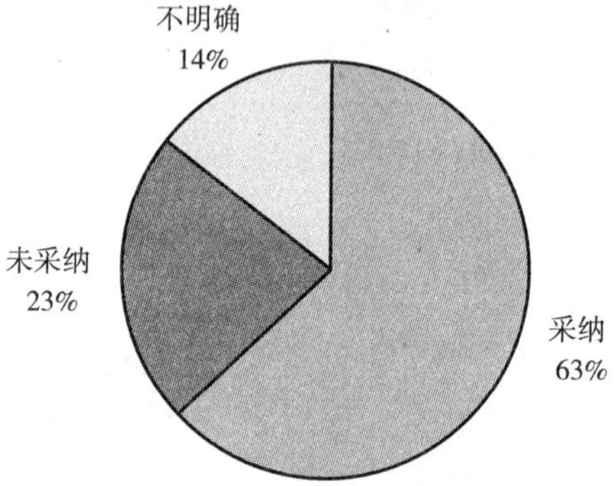

图3－5　社会研究报告采纳情况对比图

因此，总的来说，从庭审中出现的大部分社会研究报告的证据能力得到法官认可这一现象来看，这种比较新颖的证据形式并没有普遍性地遭到法官的排斥，法官并未墨守成规的做法值得肯定。但是，如果从上文已经探讨过的不同角度对社会研究报告进行分析的话，则可以发现法官对这种证据的证据能力的认可在不同的情境下表现出显著的差异。这里便从取证程序的启动方式、取证的具体实施主体和是否公证三个角度对比社会研究报告的采纳情况。

如上文所言，取证程序的启动可以分为8种类型，分别是：原告自行取证、被告自行取证、原告委托第三方取证、被告委托第三方取证、

①虽然某些案件中的法官并没有在判决书中对社会研究报告予以明确的认证，但是通过判决书中法官结合这种证据对案件事实的认定来看，可以认为这些证据得到了采纳。

原告申请法院委托第三方取证、原告申请法院调查取证、法院自行调查取证、第三人委托第三方取证。按照取证的实际实施主体的不同，可以具体表现为原告、被告、法院、社会调查机构和公证机构取证。如表3－3、表3－4所示便是按照程序启动方式和实际取证主体的不同所反映出来的证据采纳情况的统计数据。

表3－3　程序启动方式与证据采纳关系统计表

单位：份

程序启动方式	证据数量①	采纳数量②	采纳比例
原告自行取证	22	12	54.5%
被告自行取证	6	2	33.3%
原告委托第三方取证	20	13	65.0%
被告委托第三方取证	6	1	16.7%
原告申请法院委托第三方取证	7	7	100%
原告申请法院调查取证	5	5	100%
法院自行调查取证	2	2	100%
第三人委托第三方取证	1	－	－

表3－4　取证主体与证据采纳关系统计表

单位：份

取证的实施者	证据数量	采纳数量	采纳比例
原告	24	12	50.0%
被告	6	2	33.4%
法院	7	7	100%
社会调查机构	30	20	66.7%
公证机构	4	3③	75%

①有两份证据的程序启动方式不详，本表中的统计总数为69。

②获得采纳的证据中有一份的程序启动方式不详，因此没有统计在本列数字中。此外，“第三人委托第三方取证”的案件中，判决书并未明确说明是否采纳社会研究报告。参见“安海斯－布希公司（Anheuser－Bush，Incorporated）诉国家工商行政管理总局商标评审委员会商标注册纠纷案”，北京市第一中级人民法院（2005）一中行初字第958号判决书。

③在“（香港）中添国际有限公司诉上海碧纯贸易发展有限公司等不正当竞争案”中，诉讼双方最后经法院调解结案，因此调解结果并没有对公证机构出具的抽样调查报告作出关于证据能力的评断。参见上海市第二中级人民法院（1996）沪二中经初（知）字第529号调解书。

通过以上两表可以清楚地发现，只要程序的启动经过法院（包括当事人申请法院委托第三方取证、当事人申请法院调查取证以及法院自行调查取证），最终形成的社会研究报告均被法院采纳，并成为定案的重要依据。这就意味着，当事人如欲在诉讼中提交社会研究报告，将程序的启动与法院联系在一起时，这种证据的证据能力至少在形式上得到了保障。与此相对应的，当程序的启动与法院无关时，社会研究报告的采纳比例便体现出相当的差异。特别是当事人单方自行实施社会科学调查研究的时候，其提交法院的报告被采纳的比例并不高。另外需要注意的是，当事人或法院将调查的实施交由第三方的社会调查机构时，证据被采纳的比例也相对较高。这说明，这些拥有专业人员配置、经常提供调查研究服务的社会调查机构所出具的研究报告的说服力是比较强的。而且，正如上文所言，在66起案例中，有8起案件是由中国社会调查所①提供调查研究服务的（其中6起案件的调查报告是与北京东方枫叶咨询有限公司共同出具的），该所出具的研究报告被法院采纳的比例是100%，并且成为法院认定委托方所主张的事实的重要依据。

当事人或法院委托公证机构对社会研究情况出具公证书大致可以分为两种情况，一是公证机构受委托进行社会研究，然后出具公证书；二是公证机构受委托对当事人或社会调查机构开展的社会研究的过程或结果出具公证书。在本书所收集的案例中，接近一半案例中的社会研究报告随着公证书出现在法庭上。如表3－5所示是经过公证以及未经过公证的社会研究报告被法庭采纳的情况。

表3－5　公证与证据采纳关系统计表

单位：份

取证的实施者	证据数量②	采纳数量	采纳比例
公证	33	20	60.6%
未公证	36	26	72.2%
未公证（不涉及法院）	22	11	50%

①据称，中国社会调查所（SSIC）经原国家科委批准成立于1985年，是中国大陆首家开展民意测验和社会调查的专业机构。中国社会调查所顺应社会政治、经济发展的需要，运用先进的现代科学调查技术，独立自主地开展公众调查、产品评价、市场预测、品牌定位调查、行业调查等工作。参见 http://www.chinasurvey.com.cn/，最后访问日期：2010年7月15日。

②在71份社会研究报告中，有两份是否进行了公证的信息不详。

如表3－5所示，经过公证的社会研究报告与未经过公证的社会研究报告获得法庭采纳的差异并不明显，均在2/3左右。从上表数据的对比情况反映出，对社会研究报告进行公证并不是该证据被采纳的必要条件，而且在证据能力的评判中也并未获得优势。相反，经过公证的研究报告被采纳的比例甚至比没有经过公证的研究报告还略低一些。但是，这实际上仅仅是简单的数据对比反映出来的表面现象。需要注意的是，社会研究报告的取证凡是有法院介入的，全部未进行公证。从表3－3可以看出，法院介入其中的情况包括原告申请法院委托第三方取证、原告申请法院调查取证、法院自行调查取证，总共达14份社会研究报告，这些报告全部获得了采纳。因此，如果只统计当事人提交的那些取证过程未涉及法院的社会研究报告的话，采纳比例则下降到50%。

2. 社会研究报告的采纳所涉及的具体问题

认证是司法证明环节的最后一环，认证的内容必然建立在庭审中的举证和质证活动的基础之上。笔者曾经在《刑事审判当庭认证实证研究》一文中发现，对于一方提出而未受到对方质疑的证据，法官往往会在庭审过程中予以“确认”，判决书中进行的认证往往是庭审中出现了异议的证据。[①] 换言之，庭审中的质证情况往往为判决书中进行的认证提供了基础。一旦诉讼双方没有对某一份证据的采纳或采信产生异议，法官很可能会失去给出具体的认证内容的动力。虽然笔者的考察局限于刑事诉讼，但是这个观点从总体上而言可以适用于其他类型的诉讼。从本书主要考察民事诉讼案例的情况来看，这个结论也基本成立。因此，这里对认证的具体内容的分析实际上是与上文已经提到的质证环节的内容密切相关的。但是需要说明的是，由于本书第四章将对以社会研究报告为主要形式的社会科学证据的采纳标准和采信标准进行系统的探讨，而且还将引述本章诸多案例中法官针对社会研究报告的采纳所给出的具体认证意见，因此这里仅作一番概括性的介绍，不对案例的内容进行详细的分析。

就社会研究报告的采纳所涉及的具体问题来看，从诸多案例的判决书中可以反映出来一部分案例中的认证内容直接来自于质证意见中提出的证据的“三性”问题，而且主要集中在“关联性”和“合法性”问

①参见梁坤、陶树声：“刑事审判当庭认证实证研究”，载《人民司法》2010年第15期。

题上。就社会研究报告的合法性而言，它一般表现在取证主体的合法性、取证程序的合法性以及证据形式的合法性等方面。就取证主体的合法性而言，由于国内目前还缺乏相应的规范和制度来调整社会研究报告的取证主体，因此这个问题在司法实践中表现得较为突出。例如，虽然一些社会调查机构受委托进行的调查在司法实践中起到了很好的作用，但是这些机构由于缺乏统一的认证和规范化管理，发展很不平衡，导致其出具的研究报告中有一部分遭到了法庭的否定。

但是总的来说，通过研究本书收集的66起案件可以发现，法官在判决书中的认证内容仅仅以社会研究报告不符合关联性和合法性而未加以采纳的情况并不多见。在大量的案件中，法官的认证更加关注的似乎是这种证据的证明力问题。因此，接下来我们便来考察一下司法实践中对证明力进行认证的具体情况。

（二）社会研究报告的采信

社会研究报告的采信也即对这种证据的证明力的认证，与上文关于质证所涉及的问题比较类似，这里也可以从真实性和充分性两个角度进行分析。从司法实践的情况来看，在一些案例中，法官明显是因社会研究报告不具有真实性而不予采信。① 与此相对的是，法官在对社会研究报告的证明力进行认证的时候所要考虑的另一个标准便是充分性，具体包括调查设计、样本选择、调查过程或调查结论的得出等诸多因素。例如，就调查设计而言，有的案件中的法官便以“调查问题的设置不科学”、② “所选择的调查方法不符合法律规定”③ 为由排除了相应的证

①参见“立邦涂料（中国）有限公司诉中山市可邦涂料有限公司等不正当竞争纠纷案”，重庆市第一中级人民法院（2005）渝一中民初字第485号判决书；“杭州张小泉集团有限公司与上海张小泉刀剪总店等商标侵权及不正当竞争纠纷上诉案”，上海市高级人民法院（2004）沪高民三（知）终字第27号判决书。

②在“华东师范大学出版社诉吉林教育出版社不正当竞争纠纷案”中，法官在判决书中认为，“调查者没有从一般消费者选购书籍的角度去设置问题开展调查，而是直接就争议问题发问，这种调查结论难以采信”。参见上海市第二中级人民法院（2002）沪二中民五（知）初字第115号判决书。

③在“拉科斯特股份有限公司诉江苏蜥鳄服饰有限公司侵犯商标专用权纠纷案”中，法官在判决书中认为，被告的“问卷调查违背了最高人民法院《关于审理商标民事纠纷案件适用法律若干问题的解释》第10条规定的隔离比对原则，将比对对象置于同一平面，使得消费者更易察觉两者细微差别……客观上也已造成了消费者混淆的实际结果”。参见江苏省苏州市中级人民法院（2008）苏中知民初字第0180号判决书。

据。从样本的角度而言，法官在认证中否定调查报告的主要理由在于样本选择不当，从而严重削弱了证明力。[①] 由于第四章第二节还将从真实性和充分性两个角度详细分析以社会研究报告为主要形式的社会科学证据的采信问题，这里仅举一例进行说明。

"日本曹达株式会社诉中华人民共和国国家工商行政管理总局商标评审委员会商标行政纠纷案"中，法官在判决书中指出，"曹达株式会社和美邦农药公司提交的调查问卷或市场调查表均是由单方进行调查并制作完成，调查方式的中立性无法确认，且在内容上都带有较明显的指向性，易对被调查者产生暗示"[②]。由这段认证语言的表述可以发现，该案社会研究报告"单方调查"及"中立性"，实际上反映了法官对该证据真实性的担忧；至于"内容的指向性"及"暗示"，则主要涉及该调查报告在问题设计方面的缺陷，在可能影响调查结论准确性的情况下，我们可以认为该证据的证明力没有达到充分性的要求。

（三）典型案例分析

2009年，在"鲁道夫·达斯勒体育用品波马股份公司（PUMA Aktiengesellschaft Rudolf Dassler Sport）诉农工商超市（集团）有限公司侵犯商标专用权纠纷"一案中，上海市第二中级人民法院判决被告停止侵犯原告享有的注册证号为第76559号和第1348498号的注册商标专用权的行为，但对原告的其他诉讼请求不予支持。判决作出后，诉讼双方都不服一审判决，向上海市高级人民法院提起上诉。在二审审理过程中，上诉人波马股份公司向法院提交了（2009）沪东证经字第5281号公证书1份以及调查问卷分析报告1份，欲证明其品牌具有非常高的知名度。在随机调查的人员中，有95%的人认为另一上诉人销售的"巨鹿鞋"上的图形与波马公司的注册商标相同或相似。

对波马公司提交的上述证据材料，农工商超市质证认为：（1）公证书不是二审程序中的新证据，且调查问卷系由波马公司单方组织完成的，

①例如，在"上海和成洁具有限公司与和成（中国）有限公司不正当竞争纠纷案"，法官在对被上诉人提交的社会研究报告进行审查后未予采信。法官指出，"被抽样调查的10人中有9人系商店的营业员，只有1人是顾客。鉴于绝大多数被调查对象不是普通的消费者，故该证据不具有支持被上诉人观点的证明效力。"参见上海市第一中级人民法院（2002）沪一中民五（知）终字第3号判决书。

②北京市第一中级人民法院（2006）一中行初字第739号判决书。

其中关于商标近似判定的调查违背法定原则（被控侵权产品是男式运动鞋，被调查者却主要是女性，不符合“相关公众”要求，且不是在“不同地点、不同时间”状态下进行的比对，不符合“隔离比对”要求），问卷调查缺乏客观性、科学性和正确性，不具有证明力；（2）调查问卷分析报告不是由专业调查机构或人员作出的，仅是波马公司代理人主观意见的表达，不具有客观性，无法证明被控侵权图形与系争注册商标相似。

根据波马公司提交的上述证据材料以及农工商超市的质证意见，上海市高级人民法院在判决书中认为：（1）公证书是对波马公司委托代理人进行问卷调查的过程所作的公证，波马公司可以在一审期间进行上述问卷调查并向原审法院提交相关证据材料，故该公证书不属于二审程序中的新证据；而且，问卷调查系波马公司单方进行的，公证书所附的调查问卷及 DVD 光盘显示，在问卷设计以及调查进行过程中均存在不合理之处，本院对其证明力亦难以采信。[①] 具体而言，其一，调查不是由第三方独立进行，而是由上诉人代理人直接实施；其二，调查纯粹以书面比对、问卷回答的方式进行，而非购物情景或模拟购物情景下对商品的实际比对；其三，调查问卷在对两者进行比对时的参照物是运动鞋的照片而非运动鞋实物；其四，调查问卷在对两图形进行比对时未做到隔离比对；其五，在问卷调查过程中，存在被调查人在调查人员辅助下完成调查的情况；等等。综上，上述问卷调查的调查结果尚不足以证明相关公众会对“巨惠鞋”商品的来源或者其来源与涉案注册商标存在特定联系等产生混淆或误认。（2）调查问卷分析报告是波马公司代理人对相关问题的意见陈述，不属于证据。故上诉人波马公司的这一上诉理由无事实和法律依据，本院不予支持。[②]

之所以称该案系典型案例，是因为上海高院的法官在判决书中对社会研究报告的认证内容覆盖了采纳和采信两方面的内容。例如，判决书认为，“调查问卷分析报告是波马公司代理人对相关问题的意见陈述，不属于证据。”这同本章第三节第一部分即将提到的“河北昌黎县东方长城葡萄酒有限公司与中国粮油食品（集团）有限公司侵犯商标权纠

---

①本案判决书后文所用的表述是：“对波马公司提交的公证书，本院难以采纳。”参见上海市高级人民法院（2009）沪高民三（知）终字第 70 号判决书。

②上海市高级人民法院（2009）沪高民三（知）终字第 70 号判决书。

纷上诉案”的判决书的表述如出一辙，[①] 都是对社会研究报告的证据能力的否定。但是如果细加分析的话，这两起案件中所谓的“陈述性意见”还是存在一定的细微差别。在东方公司的案件中，法官认为原告自己制作的陈述性材料不属于证据范畴。上文已经分析，即使按照该案法官的思路将这种陈述作为原告自己的陈述材料，那么也应当符合当事人陈述的形式，从而属于法定的证据形式。但是在波马公司的案件中，法官认为上诉人的代理人的意见陈述不属于证据范畴，这确实值得推敲。从证据法定形式的角度讲，确实不存在代理人陈述这一类型，而且代理人也不属于证人，他们的陈述的确不能满足证据应有的内涵。但是，《民事诉讼法》第61条也明确规定，代理诉讼的律师和其他诉讼代理人有权调查收集证据。因此，本案的代理人基于证明案件中特定事实的目的，受原告的委托进行问卷调查，本身是合法的。在调查结束之后，由律师对所收集的这份证据的调查设计、取证过程和结论的得出等问题进行说明不仅是这份报告的行文架构所必需的，而且也有利于裁判者的审查。而且需要注意的是，本案的法官在审查原告提交的调查问卷分析报告的时候，除了要评断其中的代理人的陈述性意见外，更应当认真分析该报告从整体上讲是否满足用以证明案件事实的证据的要求。如果仅仅以这种报告附加了代理人的陈述便笼统地将整份报告排除在所谓的“证据范畴”之外，笔者认为并不妥当。

除了认为调查问卷分析报告不属于“证据范畴”而未予采纳外，判决书中详细的认证意见也对社会研究报告的证明力给予了评价。综合以上五点意见，法官从调查主体、问卷设计、调查程序等方面指出了该社会研究报告所存在的缺陷，最终的结论认为“不足以……产生误认或混淆”。如果说对调查主体的评判主要是考虑到该社会研究报告的真实性的话，那么对问卷设计、调查程序的评判则主要考虑到了它的证明力方面的充分性。由此可见，该案对当事人提交的社会研究报告的证据能力和证明力进行了详细的分析。虽然从理论上讲，法官完全可以在否定了社会研究报告的证据能力之后不再对它的证明力展开评价，但是本案法官并没有轻率地这么做，而是对同时不予采信该证据的理由也进行了详细的阐述。因此，相比司法实践中那些对这种证据仅仅给出简单的

---

①参见重庆市高级人民法院（2005）渝高法民终字第129号判决书。

认证意见的案例，波马公司案的判决书中出现的详细的认证分析十分可贵。

第三节　实证研究中凸显的重点理论问题

一、社会研究报告的总体评价

从上一节的统计中已经了解到，当前司法实践中出现的大部分社会研究报告得到了法官的采纳，而且相当部分还得到了采信。换言之，这种新颖的证据总的来说还是获得了法官的认可。有的法官还曾在判决书中对这种证据给予了高度的评价。例如，在“安徽天方茶业（集团）有限公司诉周剑商标权侵权纠纷案”中，针对原告提出的中国社会调查所出具的商标认知社会研究报告，虽然被告质证认为该证据无关联性，但是法院却在判决书中明确指出，该证据“是说明相关公众对于原告商标知晓程度的最重要的判断标准，应予采信”。①

当然，新事物被接受总不会是一帆风顺的。司法实践对于这种证据有时也会明确地予以排斥，但理由却值得商榷。例如，在“河北昌黎县东方长城葡萄酒有限公司与中国粮油食品（集团）有限公司侵犯商标权纠纷上诉案”中，上诉人（原审被告）向法院提交了证据8：相关公众的民意调查公证书（2005）渝九证字1958号、1959号和证据9：相关公众民意调查结果报告。法院经审查认为，“证据8的两份公证书均没有表明用以调查比对的东方长城龙系列葡萄酒瓶贴就是本案的涉案瓶贴，因此与本案没有关联性”。如果说法官对该公证书的审查指出了社会研究中存在的研究方法缺陷从而不予采信是合理的话，那么法官对证据9的评断则令人感到有些难以理解。判决书中指出，“证据9是东方公司自己制作的陈述性材料，不属于证据范畴。”② 令人遗憾的是，该判决书并没有给出法官关于何为“证据范畴”的思考，因此笔者也

---

①参见安徽省合肥市中级人民法院（2005）合民三初字第103号判决书。

②参见重庆市高级人民法院（2005）渝高法民终字第129号判决书。同样的认证意见在上一节的典型案例分析中也将得到体现，参见“鲁道夫·达斯勒体育用品波马股份公司（PUMA Aktiengesellschaft Rudolf Dassler Sport）与农工商超市（集团）有限公司侵犯商标专用权纠纷上诉案”，上海市高级人民法院（2009）沪高民三（知）终字第70号判决书。

无从推敲该案中的相关公众民意调查结果报告为何不属于所谓的“证据范畴”。这份社会研究报告显然是由上诉人单方进行调查并经公证的，而既然是调查报告，就必然内含调查者的叙述、说明抑或总结性的文字。这些文字不仅是调查报告的整体框架所必需的，同时也有助于阅读者更好地理解。而且，根据第一章将社会科学证据作为一种意见证据的界定，这种证据必然需要包含证据收集者的意见，当然也包括他们的陈述。因此，法官以此为由排除此证据着实令笔者不解。当然，该案对社会研究报告的这种评判显然不是司法实务中的主流意见。从上文的统计可以看出，虽然当事人自行取证获得采纳的比例总的来说并不是很高（30 份中只有 14 份获得了采纳），但是其他法院都没有像重庆市高院那样因这种材料不属于“证据范畴”而将其排除。

与上述法院对社会研究报告的应用所持的高度肯定性评价或完全的否定评价不同的是，还有一些法官对这种证据的使用持更加谨慎的态度。他们一方面认可这种证据形式并肯定其证明价值，同时又主张不能过度拔高其证据地位，而是在审查相关争议点的时候将它们与其他证据一起进行综合性评断。例如，在 2003 年的“青岛昌隆文具有限公司诉青岛亘豪商贸有限公司商标侵权纠纷案”中，法官对该案中出现的抽样调查报告进行了以下详细且谨慎的分析：

关于相关公众对商标是否广为知晓的判断。本院认为，一方面，确定相关公众对某产品的商标是否广为知晓是对相关公众心理认知程度的一种判定，应当采取客观方法进行。本案原告的“白雪 SNOWHITE（苹果图案）”商标先后获得青岛市、山东省著名商标的称号，并被中国制笔协会评为中国制笔行业名牌，这反映了有关部门对该商标在特定区域、特定行业里被相关公众广为知晓的一种正面评价，对本案审理具有一定参考作用。但是，“白雪 SNOWHITE（苹果图案）”商标是否被相关公众广为知晓属于一种客观存在，仅依赖个别部门的主观评价难以达到客观公正的效果，人民法院应采取相对客观的方法对相关公众的心理认知程度进行判断。本院认为，目前委托社会调查机构进行随机抽样调查的方法能够比较客观地反映商标在相关公众中的知晓程度。另一方面，在对商标在相关公众中知晓程度的判断标准上，即在量化的标准上，应当根据商标所标识商品的类别、同类产品的多少、消费群体的大小等因素进行综合评断。本案原告“白雪 SNOWHITE（苹果图案）”商标标识的商品修正液、圆珠笔、彩笔及签字笔消费者多、同类竞争产品多，如果相关公众中超过半数以上的被调查者对该商标知悉或者使用应当认为该商标被广为知晓。

原告为证明其商标在相关公众中的知晓程度，委托中国社会调查所、北京东方枫叶咨询有限公司对相关公众进行了调查。被调查对象中消费者的身份从市场销售、服务、教育、金融、广告、计算机行业工作人员到国家公务员以及学生，其中学生占 85.1%。该被调查对象的范围与文具的消费群体基本一致，能够代表相关公众的意见。在被调查者中有 93.1% 目前正在使用“白雪 SNOWHITE（苹果图案）”牌文具，这足以证明该商标在相关消费者中被广为知晓。被调查的经销商有 62.8% 主要经销“白雪 SNOWHITE（苹果图案）”牌文具，这也证明在文具销售行业中该商标被广为知晓。综上分析，本院认为“白雪 SNOWHITE（苹果图案）”商标在相关公众中被广为知晓。①

从实证研究中可以得出的结论是，虽然极个别的法院对社会研究报告可能还存在着观念上的疑虑或根本性的否定性评价，但是当前的司法实践总的来说还是对这类证据持肯定态度。需要注意的是，在这些对社会研究报告的应用持肯定态度的司法意见中，对这类证据的整体评价还存在着一定程度的差异。

不过，或许由于社会研究报告本身的缺陷以及裁判者观念的滞后，一些法官在审判实践中仍然遵循着传统的审判思维，对这种证据并没有给予充分的重视。② 例如，针对名誉纠纷案件萧瀚先生认为，“以中国近二十年的名誉权诉讼现状看，法院一般不太在乎原告有没有提供实证

①参见山东省青岛市中级人民法院（2003）青民三初字第 1095 号判决书。持类似观点的判决意见还包括：山东省青岛市中级人民法院（2009）青民三初字第 137 号判决书，山东省滨州市中级人民法院（2005）滨中民三知初字第 15 号判决书，山东省青岛市中级人民法院（2004）青民三初字第 304 号判决书。

②这部分法官的态度与英国在 20 世纪 60 年代开始在商标侵权诉讼中引入“问卷调查”来证明相关案件事实的情形比较类似。在这一阶段，英国的法官认为缺少实际混淆证据对商标侵权案件的定性并非十分重要。转引自周家贵：“商标问卷调查在英美法院商标侵权案件中的运用”，载《知识产权》2006 年第 6 期。

的名誉受损方面的证据，而是更多地凭着一种司法经验甚至司法惯性就作出对被告不利的判决。因此，从中国一般的媒体名誉权诉讼经验看，被告律师是否提供这样一份具有创造性的证据材料，并非定案的关键”。①

又如，从上文提到的“星源公司（Starbucks Corporation）等诉上海星巴克咖啡馆有限公司等商标侵权及不正当竞争纠纷案”的一审判决和上海市高级人民法院的终审判决中可以发现，被告对原告提出的社会研究报告并没有进行任何正面的质疑，这份证据实际上也并没有成为争议的焦点问题。② 作为本案合议庭成员之一的李国泉法官曾专门针对此案中“商标侵权的认定”问题撰写过一篇文章，对案情进行分析的时候甚至根本没有提到这样一份证据。③ 李国泉法官与本案主审法官撰写的另一篇文章在分析公众对商标的知晓程度的时候，也用星巴克案为例进行了探讨。该文指出，合议庭对“近3年的相关财务数据，对经营方式、销售业绩、销售区域、门店数量等事实进行了全面了解；还对原告提供的经公证的市场调查报告进行了审查。综合各项事实因素，最终得出‘STARBUCKS’、‘星巴克’商标已为中国大陆相关公众所熟知的结论”④。显然，本案中的社会研究报告并没有被视为一份十分重要的证据。与此类似的是，本书在导论部分提到的“四川爱心（集团）有限责任公司诉泸州爱心金行商标侵权与不正当竞争案”中，上诉人质疑一审法官对相关公众是否会对商品的来源产生混淆这一事实凭借的仅仅是主观臆测，而被上诉人则辩称一审法官的事实认定是基于其所提交的包括社会研究报告在内的公证书。然而，尽管笔者已经指出这份证据存在一定程度的缺陷，但是无论是一审还是二审的判决书，法官对这一份对相关事实加以证明的证据都只字未提，足见其传统的事实认定思维

①萧瀚：“‘公共人物’登录判决书及陪审团制度萌芽——范志毅诉文汇新民联合报业集团名誉侵权案评析”，载《清华法学》2003年第2期。

②参见“星源公司、统一星巴克诉上海星巴克、上海星巴克分公司商标侵权及不正当竞争纠纷案”，载《中华人民共和国最高人民法院公报》2007年第6期。

③李国泉：“关于驰名商标认定的几个法律问题星源公司等与上海星巴克咖啡馆有限公司等”，载 http://www.shezfy.com/spyj/alpx_view.aspx? id=5866，最后访问日期：2010年11月24日。

④吕国强、李国泉：“驰名商标司法认定与保护的若干问题研究”，载《法学》2009年第2期。

还没有做好恰当地运用这种新型证据的准备。

社会研究报告在某些案件中受到的冷遇有深刻的理论原因。在一些不涉及专门性问题的审判中，法官只需要在控辩双方的举证和质证的基础上进行认证，根据自己对法律的理解和自身的经验，对案件的事实进行认定。这可以说是一种最为常态化，也最为简单的诉讼证明结构。但是，一旦裁判涉及专门性问题而需要专业人员介入，这样一种证明结构便会变得复杂起来。这是因为，在当事人的举证和质证过程中，加入了专家这一主体。实际上，专家的任务相当于针对裁判的专门性问题通过科学证据进行认定，这从某种程度上讲可谓是分割了法官或陪审团的事实认定权，从而导致科学证据证明过程复杂化。包括社会研究报告在内的科学证据具备这一特点的后果便是，专家实际上在一定程度上分割了裁判者的事实认定权，这种现象的合理性与限度也就成了一个不得不考虑的问题。① 然而细加分析可以知道，裁判者在是否引入专家的态度上会随着科学证据类型的不同而产生差异。当科学证据所适用的原理或方法主要来自于自然科学这样的硬科学时，法官或陪审团一般不具有对这类科学证据进行直接的审查判断能力，因此由专家提供科学证据就显得十分必要。但是，当科学证据所适用的原理和方法来自于社会科学时，法官的态度很可能会截然不同。这是因为，相较于自然科学，法官的日常感受和司法经验与社会科学的理论和知识更具有天然的契合性。一位法官很可能不熟悉 DNA 鉴定意见所依据的原理和方法，但是他本身作为公众的一员却往往可以对两个商标的图案是否会引发人们的混淆抑或原告对被告的诽谤是否会导致后者的社会评价度降低发表自己明确的意见——尽管他的意见很可能无法完全代表公众。同理，关于一家公司对另一家公司的侵权行为是否会损坏后者的商誉，有时需要根据特定范围的社区标准进行判断，而法官很可能认为自己对这样的标准已经了如指掌而无须再让证明过程变得复杂。正是在这样的背景下，社会研究报告作为一种科学证据，受到法官下意识的排斥。

因此，正如在第一章第二节所阐释的那样，包括社会研究报告在内的社会科学证据具有深刻的理论意义和实践意义，必将在我国司法实践

①杨波："对科学证据的反思——以程序为视角的关照"，载《当代法学》2005 年第 6 期。

中得到越来越多的应用。然而，在应用的过程中，必须考虑到前文提到的专家可能对法官的事实认定权造成分割的问题，从而需要为法官审查这种科学证据提供一种明确的引导。为此，可以根据是否有制定法的规定为标准对这个问题进行分析。具体而言，如果当事人提出的社会研究报告所要证明的内容是制定法明确要求的，那么法官在认定相关案件事实的时候必须考虑该份科学证据是否达到了证明效果。例如，根据《商标法》第 14 条第 1 项的规定，认定驰名商标应当考虑的一个因素是“相关公众”对该商标的知晓程度，如果当事人提出了证明“相关公众”知晓程度的研究报告，那么法官没有理由对该证据置之不理。与此相对的是，在制定法没有相应规定的情况下，如果当事人也提出了相关的社会研究报告以证明涉案事实，法官虽然不用在认定案件事实的时候必须考虑该证据，但是也应当将该证据与其他证据一起进行综合认证以认定案件事实。显然，在后一种情况下，社会研究报告的重要性要低一些。例如，依据《民法通则》第 101 条规定，“公民、法人享有名誉权，公民的人格尊严受法律保护，禁止用侮辱、诽谤等方式损害公民、法人的名誉。”应当说，在当前民法体系尚不完善特别是《人格权法》还未出台的情况下，《民法通则》对名誉权侵权的规定还十分粗疏，实践中尽管有当事人提出社会研究报告以证明公众对其名誉是否受损的认识，但是却并不为法律所明确要求。因此，在这种情况下，法官可以在个案中将社会研究报告与其他证据结合起来一并进行事实认定。

二、社会研究报告的证据形式

从证据的法定形式的角度讲，社会研究报告究竟是哪一种证据？从本章所收集的案例来看，66 起案例中只有一起案例的判决书中存在对这种证据的证据形式的表述。在以商事纠纷为主的这些案件中，一方面由于证据的数量众多，另一方面则因为书证在其中可能占绝大多数，因此当事人和法官的确不便按照证据的法定形式的顺序进行举证、质证和认证。虽然司法实践可能无意地淡化了社会研究报告的法定形式问题，但是笔者认为还是十分有必要从理论上进行一番解说。

由于英美国家的证据法学研究并不强调证据的形式分类，因此英文文献中未发现关于这个问题的探讨。当然，这也与英美国家的司法实务注重实用主义哲学密切相关，证据的形式似乎从来不是一个十分重要的问题。于是，这里的分析仍需要落脚于我国的证据理论和司法实务。由于我国证据法学界几乎还没有认真地对社会研究报告进行系统的研究，因此这里的分析只能从极其有限的文献展开。

从笔者掌握的资料来看，最早对社会研究报告进行的研究出现在1994年。青岛市德衡律师事务所的胡明律师在“青岛市迎宾馆诉某房地产公司名誉侵权案”中成功地运用了抽样调查技术之后，专门写了一篇名为《试论抽样调查结论作为民事诉讼证据之可行性》的学术论文，对该案中采用的抽样调查报告的证据形式问题进行了分析。该文虽然采用了“抽样调查报告”的称谓，但是这份“报告”实际上就是本章所分析的社会研究报告。胡明律师在该文中认为，这种证据应当属于“鉴定结论”：

由统计部门通过抽样调查得出的结果在某些新型民事诉讼案件中完全可以成为一种重要的证据，这种证据在分类上应当归入鉴定结论的范畴。理由在于：第一，作出这一结论的部门为受法院委托的统计机构，而且这一机构同时根据国家有关法律也有权独立行使统计报告权；第二，对于广告用语侵权等特定的案件来讲，法院要求统计部门进行的这种抽样调查，其内容完全属于专门性的社会问题；第三，受法院委托的统计机构，是一个专业性机构，其调查组织系由具有专门技能的人员组成，调查中采取的依照数学中的概率论和大数定律等原理形成的一整套科学的统计方法明显属于专门知识和技能，因此其得出的结论属于具有专业知识和技能的部门运用专门知识和技能作出的结论；第四，这一结论是采用书面方式提交法院的；第五，正如本文在前两部分分析的那样，这一结果也完全符合民事诉讼证据的其他要求。①

与这种观点不同的是，中共中央党校的杜颖副教授则认为，商标纠纷中的“消费者问卷调查（报告）”属于证人证言，具体而言：

---

①胡明：“试论抽样调查结论作为民事诉讼证据之可行性”，载《德衡论文集》，载 http://www.deheng.com.cn/asp/PAPER/html/200811715124737.htm，最后访问日期：2010年11月17日。

经人民法院许可，证人可以提交书面证言或者视听资料或者通过双向视听传输技术手段作证。由于调查对象分散，人数众多，不可能要求其全部到庭接受质询，我们可以把该类情况解释成“其他无法出庭的特殊情况”①，作为证人必须到庭接受质询的例外，这样，消费者问卷调查（证据）就可以作为证人证言证据由调查人提交给人民法院。②

另外，在2007年的“霍寿金与中国电影集团公司等名誉权纠纷上诉案”中，判决书中也出现了问卷调查报告属于证人证言的表述。在该案中，原告为证明中国电影集团公司推出的电影《霍元甲》导致了对真实的历史人物霍元甲的社会评价普遍降低，在霍元甲的家乡和上海进行了问卷调查。然而被告认为，“问卷材料属于证人证言，这些证人没有出庭接受当事人的质询，不能作为认定案件事实的依据。”③

除此之外，笔者再也未能找到关于社会研究报告的法定证据形式的分析。通过对这些观点的细致考察，笔者认为，“鉴定结论说”和“证人证言”说都存在着难以克服的理论缺陷。上文已经指出过，由于1994年的“青岛市迎宾馆诉某房地产公司名誉侵权案”的实际调查者为该市的统计机关下属的城市调查队，并不具有代表性，而且目前通常也不会出现行政机关及其附属机构受法院的委托进行这种调查。此外，如今的鉴定意见必然要求鉴定机构和鉴定人员都经过相应的认证，从而拥有相应的资质，该案中的城市调查队显然不符合这样的要求。根据这样的思路，目前在司法活动中受当事人或法院委托进行调查的社会机构同样也不拥有出具鉴定意见的资质。而且，根据《全国人民代表大会常务委员会关于司法鉴定管理问题的决定》第2条的规定，目前的司法鉴定只包括法医、物证、声像等四大类，这其中任何一类似乎都不涉及开展社会研究的问题。

那么，社会研究报告是否属于证人证言呢？笔者认为，这个问题回答起来较为复杂。为此，这里必须区分社会研究报告涉及的具体问题。

---

①作者此处所引的“其他无法出庭的特殊情况”，系最高人民法院《关于民事诉讼证据的若干规定》第56条对《民事诉讼法》（1991）第70条表述的细化，《民事诉讼法》（2013）在第73条将这一表述改成了“其他有正当理由不能出庭的”。

②杜颖：“商标纠纷中的消费者问卷调查证据”，载《环球法律评论》2008年第1期。

③参见北京市高级人民法院（2007）高民终级字第309号判决书。

首先，需要考虑作为研究客体的为数众多的公众是不是证人。我国的三大诉讼法并没有明确规定证人的含义。但是从《刑事诉讼法》第60条和《民事诉讼法》第72条的规定来看，证人应当是知道案件事实情况的单位或个人。[①] 于是，判断公众是否证人的标准就是他们是否知道案件事实情况。然而，诉讼中对社会研究报告进行审查有时会面临难以克服的障碍。例如，有的社会研究报告要求对被调查者保持匿名状态，以保护他们的隐私或身份。于是，当事人提交给法庭的报告可能并不会详细列出被调查者的信息，这样一来，法官便无从审查他们是否“知道案件事实情况”的证人。另外，在许多案件中，被调查者并不会仅仅限于“知道案件事实情况”的人。以针对消费者对特定商品的混淆情况的调查为例，调查者经常会采取随机电话抽样、拦截访问等研究方法。在这种情况下，为了保证研究的客观性和应答的自愿性，被调查者甚至不会被告知调查者开展调查的真实意图，因此他们可能根本不知道有一起相关的案件发生，更谈不上“知道案件事实情况”。因此，在被调查者的身份不是法律所规定的证人的情况下，调查者根据他们的心理、意识、认知等情况出具的社会研究报告显然不能称之为证人证言。这样一来，包括传闻证据规则在内的调整证人做证问题的大量规则都无法适用。

如果被调查者就是知道案件事实的人，那么社会研究报告是否就属于证人证言呢？笔者同样持否定意见。从第一章对社会科学证据的界定来看，即使将被调查者设定为知道案件事实情况的证人，但是一旦在本书的理论框架也即在科学证据的范围之内探讨社会科学证据，那么从研究设计、研究实施和结论的得出整个过程都渗透着研究者的思维和意识，特别是研究结论的得出绝不仅仅是被调查者的态度和认知的简单表达。[②] 因此，从这个意义上讲，社会研究报告作为一种意见证据，它主要是一种调查研究者的意见，而不是证人的意见。

从这里的分析可以看出，在本书的科学证据的理论框架下探讨社会

①《刑事诉讼法》没有将单位纳入证人的范围之中。

②如果仅仅是对为数众多的证人进行询问，将他们的意见进行汇报归纳，便是证人证言的书面表达形式。这实际上与本书所探讨的科学证据虽然形式上类似，但是实质上却大相径庭。

研究报告的证据形式问题，如果仍然僵硬地将它与其他的法定证据形式进行对比，实际上无法为其找到恰当的位置。于是，我们一方面应当认识到，我国的三大诉讼法中关于证据的形式分类属于一种“封闭模式”，不利于对证明案件事实有价值的证据进入诉讼程序;① 另一方面应当充分意识到包括社会研究报告在内的社会科学证据对于某些案件事实的证明具有独特的证明价值。为此，在这种新型的证据形式与传统的证据形式分类制度格格不入的情况下，我们不妨先淡化它的证据形式问题，采用一种实用主义的思维加以对待。具体而言，当前的司法实践没有必要仅仅因为社会研究报告在形式上无法归入法定的证据体系便不予采用，务实的做法应当是更加关注它与案件事实的关联性以及它的可靠性等问题。

当然，为了解决社会研究报告的法定证据形式方面的危机，笔者认为，可以在将来修改三大诉讼法时，在常见的证据形式体系之外增加一个兜底条款，便于像社会研究报告这样的一些有助于证明案件事实的特殊的证据被采纳和采信。笔者之所以提出这样的观点，是因为意识到随着社会的发展进步，司法证明活动中出现更多的新型证据必定是大势所趋，没有必要在一出现新型证据之后就纠缠于它的形式合法性问题。

三、社会研究报告的公证问题

从上一节的实证研究中可以发现，在66起案件的71份社会研究报告中，有33份报告经过公证机构的公证。但是，通过对经过公证和未经公证的社会研究报告的采纳比例的对比可以发现，两者的差异并不明显。这便引出了两个重要的问题，这种新型证据是否有必要进行公证?如果进行公证，应当对哪些事项进行公证?下面就这些问题分别展开论述。

（一）社会研究报告是否有必要进行公证

根据《公证法》第11条的规定，根据自然人、法人或者其他组织的申请，公证机构可以办理包括保全证据在内的多种事项。而且，由于

①参见雷建昌:“我国刑事证据分类模式的缺陷及其完善”，载《法律科学》2004年第3期。

该条第11项还规定，公证机构可以办理“自然人、法人或者其他组织自愿申请办理的其他公证事项”，这相当于该条在列举了10种具体的公证事项之后，还保持了相当程度的开放性。于是，公证在司法实践和社会生活中都有广泛的应用。

近年来，司法实践中出现的一种新的公证现象便是对新型的取证措施或者容易引起争议的取证措施进行的公证。由于这些取证措施极容易在诉讼中受到对方当事人和法官的质疑，因此一方当事人及其律师在进行这类取证的时候常用的办法就是对取证过程办理公证。① 这样做的理由也很好理解，以民事诉讼为例，最高人民法院《关于民事诉讼若干问题的规定》第77条第2款规定，经过公证的书证的证明力一般大于其他书证、视听资料和证人证言。正是这个证明力高低的排序规则的存在，很大程度上导致当事人在司法实践中对公证的需求极大。于是，本书所探讨的社会研究报告作为一种新颖的证据，许多当事人之所以倾向于将调查的过程、结果或者书面报告进行公证也就不难理解了。

客观来讲，社会研究报告在经过公证后，在诉讼中发挥了较好的效果。从上一节表3-5的统计数据来看，去除法院介入取证过程的情况，当事人提交的经过公证的社会研究报告的采纳率达60.6%，而那些未经过公证的社会研究报告的采纳率则为50%。可见，有相当一部分社会研究报告不仅获得采纳，而且还被采信。但是从该数据对比中至少可以得出以下两条重要信息：其一，当事人提交法院的社会研究报告并不是必须进行公证才能获得采纳和采信，毕竟还是有相当一部分的报告在未经公证的情况下也很好地完成了证明的任务。其二，如果对这些报告进行公证的话，它们被法院采纳的可能性更高。因此，如果条件允许的话，对社会研究报告进行公证还是具有积极意义的，即有利于提高该证

---

①例如，在2002年的“陈兴良诉中国数字图书馆有限责任公司著作权侵权纠纷案”中，被告的侵权行为发生在网络空间，原告感到使用常规的取证办法比较困难，因此申请公证机构对其取证过程进行了公证。公证的内容可参见北京市海淀区人民法院（2002）海民初字第5702号判决书。另一起对新型取证措施进行公证的例子是“北大方正公司诉高术公司侵犯软件著作权案”。在该案中，原告就其“陷阱取证”的过程办理了公证。参见孙继武：“最高法提审判决书洗脱方正‘陷阱取证’恶名”，载《法制日报》2006年12月24日。

据被采纳及采信的可能性——尽管这并不是必需的。

（二）公证的两种基本类型分析

如果对社会研究报告进行公证的话，接下来的一个问题便是应该对什么样的事项加以公证？在给出具体的判断之前，有必要考察一下公证机构在司法实践中到底对社会研究报告的哪些事项进行了公证。限于本章上一节内容框架的限制，笔者没有就公证机构对社会研究报告出具的公证书的具体内容展开分析，只在这里进行一番总结。

1. 公证的两种基本类型

总结 66 起案例中所出现的公证书的具体内容，根据公证机构是否直接参与社会研究的情况的不同，可以将社会研究报告的公证分为非介入性公证和介入性公证。

（1）非介入性公证。此类公证过程中，公证机构一般只是接受当事人的委托，就当事人或者其聘请的社会调查机构进行的社会研究的过程和结果进行公证。由于公证机构并不直接参与实际的调查，而是与其保持一定的距离，客观地记录、记载调查的过程和结果，因此笔者将其称为非介入性公证。此类公证的一个显著特点便是，当事人在举证的时候一般是将社会研究报告和公证书一并向法庭提交，而对方的质证往往也是分开进行的。需要注意的是，在非介入性公证的情况下，公证书证明的内容仅仅是调查过程和结果的客观情况，其本身并不能代替社会研究报告所欲证明的内容。

例如，本书在导论部分介绍的案例中的公证就是典型的非介入性公证。又如，在“广州市花都区三星指甲钳厂与佛山市南海海金五金制品有限公司侵犯商标权纠纷上诉案”中，赛立信公司接受原告的委托，在广州市天河区广州购书中心附近，采取调查问卷的方式，对过往路人进行随机拦截访问，并由受访者自填调查问卷。广州市越秀区公证处的公证员“全程见证了该调查访问过程，并由摄像人员进行了实时录像，取得现场录像带 4 盒”。[①] 该案中的公证也是典型的对调查过程的公证。再如，在“刘建佳与索尼爱立信移动通信产品（中国）有限公司等商标行政纠纷上诉案”中，庭审中出现的（2004）沪黄一证经字第 11499 号、第 11500 号公证书则是对发放有关“索爱”品牌认知度的市场调

---

①广东省高级人民法院（2006）粤高法民三终字第 454 号判决书。

查问卷以及对调查结果的统计事项进行的公证，“调查结果统计显示，北京市、上海市的各100位被调查者均认为‘索爱’品牌为索尼爱立信公司所有”。[①] 显然，该案中的公证书对调查结果的公证只是一种对结论的确认，而并不具有直接证明该结论的功能。

（2）介入性公证。与非介入性公证相对的是介入性公证。此类公证不仅对取证的整个流程进行记录，而且还对社会研究报告所针对的具体的实体性内容进行实际的证明。一些公证机构直接进行社会研究并出具公证书的情况便属此类。在这种情况下，社会研究报告一般不再具有独立的表现形式，而是直接附属于公证书。例如，在“万科企业股份有限公司诉浙江绿都房地产开发有限公司商标侵权纠纷案”中，杭州市公证处应被告代理人的委托，对四季花城的业主进行了问卷调查，并以“（2004）杭证名字第6804号公证书”的形式交由被告提交给法院，以证明“相关公众购买绿都·四季花城商品房时并没有产生与原告的相关商品及服务相混淆的事实”。[②] 又如，在“上海和成洁具有限公司与和成（中国）有限公司不正当竞争纠纷案”中，上诉人提交的（2001）沪虹证经字第5444号公证书也属此类。该公证书不仅对公证机构就8名曾经购买过上诉人产品的顾客进行问卷调查的情况进行了记载，而且还用以证明“消费者在购买上诉人产品时，不会将上诉人的企业名称和被上诉人予以混淆”。[③]

2. 介入性公证与保全证据公证辨析

对比以上两种不同类型的公证可以发现，非介入性公证是由公证机构经申请对他人进行的社会研究进行公证，而介入性公证则是公证机构经申请自行开展具体的社会研究。换言之，两者最大的区别在于公证机构是否担任了实际的取证主体。实际上，非介入性公证是极为常见的，而且也是最为常态的公证方式，这里需要分析的是介入性公证是否恰当。从《公证法》第11条和第12条规定的公证事项和公证机构可以

①北京市高级人民法院（2008）高行终字第717号判决书。

②参见浙江省杭州市中级人民法院（2004）杭民三初字第267号判决书。

③上海市第一中级人民法院（2002）沪一中民五（知）终字第3号判决书。

办理的业务来看，并没有明确出现与经申请进行社会研究相关的条款。[1] 但是，某些公证机构却将其开展的社会研究作为一种“保全证据公证”。例如，在上海市 2002 年发生的“某演员诉某主持人名誉侵权案”中，卢湾区公证处明确地将其进行的公证归入“保全证据公证”中。[2]

然而，仔细分析“保全证据公证”的内涵，可以发现这里所称的介入性公证与其并不相符。保全证据，是指公证机构根据当事人的申请，为将来进行诉讼的需要，对可能灭失或难以取得的证据，依法采取一定措施加以收集、固定并保管，以保持证据的真实性和证明力的活动。[3] 因此，证据保全制度的一个基本的逻辑前提便是，需要保全的证据客观上应当是已经存在着的一份或多份证据，而且面临着“可能灭失或难以取得”的情况。如果将上述介入性公证与这里的分析对比便可以发现，公证机构经申请进行社会研究之前实际上并未客观存在着这样的一份或多份证据，更谈不上这些证据“可能灭失或以后难以取得”。因此，将介入性公证称为保全证据公证从理论上讲并不成立。

当然，或许有论者会依据《公证法》第 29 条的规定来为介入性公证辩护。据该条规定，“公证机构对申请公证的事项以及当事人提供的证明材料，按照有关办证规则需要核实或者对其有疑义的，应当进行核实。”“核实”是该条中的一个关键词，介入性公证似乎也与公证机构有权开展的这种“核实”活动类似。但是，笔者也不能认同这样的分析。这是因为，同样从逻辑上讲，从词义的角度来看，“核实”一种事

①《公证法》第 11 条规定，根据自然人、法人或者其他组织的申请，公证机构办理下列公证事项：（一）合同；（二）继承；（三）委托、声明、赠与；（四）财产分割；（五）招标投标、拍卖；（六）婚姻状况、亲属关系、收养关系；（七）出生、生存、死亡、身份、经历、学历、学位、职称、有无违法犯罪记录；（八）公司章程；（九）保全证据；（十）文书上的签名、印鉴，文书的副本、影印本与原本相符；（十一）自然人、法人或者其他组织自愿申请办理的其他公证事项。第 12 条规定，根据自然人、法人或者其他组织的申请，公证机构可以办理下列事务：（一）法律、行政法规规定由公证机构登记的事务；（二）提存；（三）保管遗嘱、遗产或者其他与公证事项有关的财产、物品、文书；（四）代写与公证事项有关的法律事务文书；（五）提供公证法律咨询。

②参见“卢湾区公证处实施保全证据公证”，载 http://www.shanghai.gov.cn/shanghai/node2314/node2315/node15343/userobject21ai116937.html，最后访问日期：2010 年 11 月 24 日。

③谭世贵主编：《中国司法制度》，法律出版社 2005 年版，第 392 页。

物的逻辑前提是客观上存在着这样一种事物，因此需要检验、审核其真实性和客观性等。具体到公证活动而言，公证机构的核实活动是在“当事人举证义务的基础上进行的”①。但是，在介入性公证的情况下，这样一种逻辑前提显然也是不存在的。以名誉侵权纠纷的公证为例，如果当事人提交了关于公众意见的调查报告的话，那么公证机构在出具公证书前确实需要核实，以鉴别这份报告的客观性、真实性等。但是，如果当事人没有提交这样的材料，公证机构的介入性公证所需进行的工作便是代当事人进行实际的社会研究，这便不能再认为是一种“核实”活动。

总结以上论述，笔者认为，介入性公证在《公证法》中找不到明确的依据。另外，虽然公证机构在核实当事人提供的证据和材料的时候需要进行调查取证，但是却需要由当事人“对申请公证事项的证据收集承担主要责任”②。换言之，公证的性质是证明，取证可以作为其中的一环，但是它总的来说不是一种取证活动，或者说取证活动在其中所占的分量并不大。因此，从公证的性质这一角度来看，笔者也不认同介入性公证的做法，因为这种公证实际上完全取代了当事人的取证活动。由于公证书往往具有针对同一证明事项高于其他形式的证据的证明力，因此公证机构在经申请后自行取证并出具公证书的行为，类似于既当运动员又做裁判员，也不妥当。笔者之所以反对介入性公证，还有对公证机构能否胜任社会研究的忧虑。上文已经在多处指出，以社会研究报告为主要形式的社会科学证据的制作是一种要求专业知识并且极具技术性的工作。由于当前对公证员的基本要求是通过国家司法考试，因此他们的专业背景主要是法律，我们不能要求这些人员在做好本职工作的同时还精通社会科学的研究方法，并在公证工作中恰当地运用。

3. 非介入性公证的定位

从实证研究的案例中可以发现，司法实践中不仅存在将介入性公证作为保全证据公证的做法，也存在将非介入性公证视为保全证据公证的现象。由于非介入性公证本身数量更多，因此将这类公证作为保全证据公证的情况也更多。正如上文所言，非介入性公证是对当事人或其聘请

---

①冀祥德主编：《司法制度新论》，社会科学文献出版社2009年版，第437页。

②蔡煜：“公证调查取证难，难于上青天?”，载《中国公证》2002年第4期。

的社会调查机构所进行的社会研究的过程和结果进行的公证，不符合保全证据公证的情形。这是因为，当事人或其聘请的社会调查机构所进行的社会研究只能被视为一种取证活动，并不存在“证据可能灭失或以后难以取得”的情况。然而，有些公证机构却明确地在其保全证据公证的业务中列入了这种类型。例如，从江苏省南京市秦淮公证处网站公布的信息来看，保全证据公证的对象除了三大诉讼法规定的几种证据形式外，还包括市场抽样调查情况等。①

不过，公证机构对当事人或其聘请的社会调查机构所进行的社会研究的过程和结果进行的非介入性公证在实践中确有其存在的必要。它不仅有利于证明取证过程和得出的结果具有真实性或客观性，从而督促当事人或社会调查机构在取证时按照规范的方式实施，也有利于对方当事人在法庭上进行质证和法官有效的认证。既然非介入性公证不属于证据保全公证，那么它到底应当属于什么形式的公证呢？笔者认为，从《公证法》第12条和第13条规定的公证机构可以办理的事项来看，的确找不到对其他主体进行的社会研究的过程和结果进行公证的明确依据。尽管如此，笔者认为，这种公证符合《公证法》总则第2条中所规定的对“有法律意义的事实”进行的公证。但是需要注意的是，这里所指的“事实”仅仅指当事人或社会调查机构进行社会研究的过程以及得出了某个结论这一事实，而非该社会研究本身所欲证明的情况。具体而言，当事人申请公证机构就其进行的一项社会研究进行公证，公证书的内容只能是证明该项社会研究的整个过程和得出了某个结论这一事实，并不包括该项社会研究本身所欲证明的某项事实。

①参见 http://qhgzc.org/Products/6914845.aspx，最后访问日期：2010年12月28日。

第四章　社会科学证据的审查认定

所谓社会科学证据的审查认定，也即裁判者处于法庭上中立的位置，对这种证据的证据能力①和证明力进行评断。对证据能力进行的审查主要涉及关联性和合法性两方面的内容，属于是否对证据予以采纳的问题；对证明力进行的审查则主要涉及真实性和充分性两方面的内容，② 属于是否对证据加以采信的问题。为此，本章将在第一节、第二节从采纳和采信这两个前后相继、内在契合的步骤，对社会科学证据的审查认定规则进行探讨。第三节将基于美国法在证明“立法事实”这个方面的特殊问题，从司法认知的角度分析社会科学证据的审查认定规则。当然，由于本书以社会科学证据中的主要形式即社会研究报告为分析重点，因此本章所举的许多案例也都将基于社会研究报告在司法证明中的应用。

---

①这里所称的证据能力实际上就是证据的资格，它涉及的是某一证据是否可以作为定案根据的问题。我国和大陆法系国家一般采用“证据能力”（competency of evidence）的称谓，而英美法系国家则通常采用“可采性”（admissibility of evidence）的称谓，两者并没有实质性的不同。因此，下文所列举的一些美国的案例采用的是“可采性”的称谓，也就是这里所说的“证据能力”。

②参见何家弘主编：《证据的审查与认定规则示例与释义》，人民法院出版社 2009 年版，第 4 页。根据我国证据法学界的主流观点，证据能力还涉及证据的客观性或真实性问题。由于社会科学证据的客观性在实务中表现得并不是特别突出，本章并不展开论述。这里需要特别说明的是，真实性既可以称为证据的采纳标准也可以称为证据的采信标准，因此本章在第二节的“采信”部分探讨社会科学证据的真实性，并未排斥社会科学证据的采纳标准中也包含真实性问题。由于真实性问题在实践中主要反映在社会科学证据的采信方面，因此本章第一节在对这种证据的采纳进行论述的时候并未涉及它的真实性问题。另外，由于特定类型的一些证据存在着一些关于证据能力的特殊要求，如社会科学证据的特殊可采性规则便涉及它的传闻问题、研究伦理问题和社区标准问题，因此本章第一节将就社会科学证据涉及的这些特殊的证据能力问题一并进行分析。

第一节　社会科学证据的采纳

数十年来，对科学证据研究掀起的热潮在全球范围内一直经久不息，科学证据的采纳规则也一直是证据法学研究中的热点问题。同其他更为常见的自然科学证据一样，法官在审判活动中如何对社会科学证据进行采纳也是一个异常复杂的问题。为了清楚地分析这种证据在审查认定方面的具体规则，笔者将结合在这个领域处于领先地位的美国的学理和判例以及我国的案例，先梳理出这类证据最为突出的采纳问题，以此总结出它的采纳规则体系。本节的第二部分将结合如何对社会科学证据进行采纳这些具体问题，对科学证据的一般理论体系进行进一步的深入分析。

一、社会科学证据的关联性

（一）关联性中的“实质性”与“证明性”

根据美国《联邦证据规则》第401条，足以影响诉讼决定的任何事实存在与否的认定，如果有某一证据存在，则该事实存在与否的可能性比无此证据存在为高时，任何具有这种可能存在或更没有可能存在的倾向的证据，就是此处所指的“有关联性的证据”。[①] 根据美国证据法学的通说，证据的关联性一般可以分解为两个要素，一是“实质性”（materiality），二是“证明性”（probative value）。证据的“实质性”要求，一个证据必须对案件中涉及的实质性问题具有重要意义。这就意味着，如果一份社会科学研究所试图证明的事项并不是案件中的实质性问题，那么即使它是恰当实施、完美无缺的，也可能因为不具有关联性而被排除。证据的“证明性”强调的则是，某一证据可以使得任何有关事实的存在性较之没有该证据时更大或更小。这就意味着，即使社会科学证据直接涉及案件的核心事实，但是除非它能够证明该事实存在的可能性，否则它将不会获得采纳。

---

① 转引自陈界融：《美国联邦证据规则（2004）译析》，中国人民大学出版社2005年版，第18页。

1. 实质性

从美国的司法实践来看，社会科学证据因为不具有“实质性”而被排除的情况比比皆是。例如，在1978年的Commonwealth v. Trainor案件中，被告方提出的一份社会研究报告就是因为不具有“实质性”而未获得法官的采纳。在这起案件中，被告方因“意图传播而持有淫秽物品”（having possession of obscene matter with intent to disseminate it）的行为被定罪，而后上诉到马萨诸塞州最高法院。上诉方提出的上诉理由是，初审法院的法官不当地排除了自己提交的一份社会研究报告。根据马萨诸塞州刑法的相关规定，对被告人以该罪名被定罪的关键是犯罪者“必须以明显令人厌恶的方式展示性行为”（must depict or describe sexual conduct in a patently offensive way）。[1] 正是为了在这个问题上提出与检察官的主张相反的证据，被告方才在这起案件中聘请了专家进行社会研究。

这份证据之所以受到排除，是因为根据制定法的规定，被告想要脱罪的话，应当针对争议点提出社会研究报告以证明自己“没有以明显令人厌恶的方式展示性行为”。只有这样，该证据才同时具有对于案件争议事实的证明的实质性和证明性，因而才具有关联性。如果我们分析被告所实施的调查，便不难发现该证据为何会因为不具有关联性而被排除了。本案的调查采用的是傍晚时分的电话访谈，对象是200名按性别等分的分布在波士顿所有区域的成年居民。概括而言，该调查所设计的问题主要是为了获得受访者的以下观点：他或她是否在某些特定的环境中愿意接受描写人类性行为的电影播放或杂志出售的现象。受访者需要针对每个问题给出“愿意”、“不愿意”或“不在乎”的答案。

上诉法院认为，一个人群对于明确的性行为展示的杂志的出售或者电影的放映同意、不同意或者不在乎，与本案的任何实质争议点都无关。此调查结果的提供似乎是和这样一个问题有关：本案涉及的电影和杂志是否用明显令人厌恶的方式在展示性行为。但辩方没有尝试将对播放或出售该物品持接受、不接受或不在乎的态度与本案涉及的具体的性行为是否以明显令人厌恶的方法描绘或描述这两者联系起来。虽然许多人会认为这些材料是明显令人厌恶的，但是他们可能不会反对其他人观

---

①Mass. Gen. Laws ch. 272, § 31.

看这种材料。被告主动提供的这份证据没有解释它和“明显令人厌恶”这个根本问题之间的关系。[①] 由此可见，该案中的社会研究报告本身有可能制作得非常完美，但是这项研究却没有针对案件中的实质性问题展开，从而导致这份证据不具有关联性。

2. 证明性

不过，社会科学证据由于关联性的缺陷而被排除的案例中，实际上大部分并不是因为它们不具有关联性中的“实质性”，而是因为不具有“证明性”。在这类案件中，又有多数是因为采用“调查研究法”的时候所选取的“调查对象全体”（universe）失当，造成最终形成的社会研究报告实际上无法证明案件中的实质性争议问题。

1980 年的 Amstar Corporation v. Domino's Pizza 案便是属于这种情况的一起商标混淆侵权案件。在该案中，原告多年来在糖、盐、胡椒、芥末、调味番茄酱等各种调料制品上使用“多米诺”（Domino）商标，被告则在自己经营的比萨快餐上使用“多米诺比萨”（Domino's Pizza）商标。原告据此认为被告的行为构成了商标侵权和不正当竞争。原告在该案中聘请了新罕布什尔州大学的一位市场营销学教授进行了社会研究。该教授在 10 个城市中调查了家庭中主要负责购买家用食品的主妇，地点为这些主妇的家里。调查者把多米诺比萨的盒子给她们看，询问她们是否认为生产比萨的这家公司也生产其他产品。如果回答是肯定的，调查者就会再询问他们“你认为这家生产比萨的公司还生产什么商品”。对于第一个问题给出肯定回答的人中，71% 的人在回答第二个问题时，其答案都是“糖”。显然，调查结论对原告有利。经过审理，原审法官认为此项调查是“恰当实施的、公平的”，并以此证据为重要依据判定原告胜诉。

然而，在上诉审中，法院则认为这项调查确定的受调查者范围不具有充分的关联性。具体而言，受调查者必须能够充分代表与纠纷相关的那些人的意见，即应该包含那些最可能购买涉案商品或者服务的人。然而，在抽样调查的 10 个城市中，有 8 个城市没有“多米诺比萨”的销售点，而另外两个城市的销售点也刚刚开业不到 3 个月。此外，受调查者完全由白天 6 小时都在家的妇女构成，这些人是家庭中负责日常用品

---

①Commonwealth v. Trainor, 374 N. E. 2d 1216, (Mass. 1978).

采购的主要人员，她们购买的东西也主要是食品和日常用品。原告的糖制品主要在日杂店销售，受调查者会经常接触到原告的商标，但是却很少接触到被告的商标。而且，这项调查忽略了被告主要的客户：年轻的、单身的、男性大学在校生。最终，上诉审法官撤销了原审判决，认为原告实施的调查“代表的全体不恰当”。法官在判决书中指出，“评价一次民意调查有效性最重要的一个因素就是‘调查对象全体’的恰当性。也就是说，被调查者必须恰当地表述与诉讼有关的意见。”①

除了这起案件之外，因为“调查对象全体”失当而排除社会科学证据的类似案件不胜枚举，我们也可以清楚地发现其中所表现出来的研究设计的严重缺陷。例如，在 1947 年的 Lerner Stores v. Lerner 一案中，有一份社会研究报告的目的是要了解旧金山市的购物者对勒尔内商场的态度，但是受调查者却是圣何塞市的居民而不是旧金山市的居民。② 又如，位于马萨诸塞州的联邦地区法院也曾经在审判中拒绝采纳一份社会研究报告，认为该证据对零售商的调查并不能表明某家制造商的设计在消费者中造成了不必要的联想。③

从大量类似判决书中的文字表述来看，虽然法官经常都只是以“调查对象全体”失当而排除社会科学证据，没有明确提及这些证据的关联性问题，但是从证据法学关于证据关联性的理论来看，这种由于调查对象错误或失当而排除证据的情况虽然已经触及案件中的实质性问题，却无法满足证据的证明性。换言之，这种证据虽然由当事人提交到法院，但是却并没有“使得任何有关事实的存在性较之没有该证据时更大或更小”。

除了因“调查对象”全体失当之外，社会科学证据从一般意义上因无法证明案件的核心事实而被排除的情况也较多。例如，在 2006 年发生的“深圳市盾牌防雷技术有限公司诉云南希普防雷工程有限公司买卖合同纠纷案”中，原告向法庭提交了一份客户满意度调查表，欲证明被告对原告的服务及产品的满意程度。被告对此证据的真实性无异议，但是认为这份时间注明为“4 月 17 日”的调查表“不能实现原告

---

①Amstar Corporation v. Domino's Pizza, 615 F. 2d. 252 (5th Cir. 1980).

②Lerner Stores v. Lerner, 162 F. 2d 160, 162 (9th Cir. 1947).

③American Luggage Works v. United States Trunk Co., 158 F. Supp. 50, (D. Mass. 1957).

的证明目的，因为其时原、被告双方才刚刚开始合作，对产品的质量状况并不了解，且该证据材料中的两份调查表都没有涉及产品的质量问题”。法官最终对该证据未予采纳，原因在于，“该证据材料仅仅是原告对其产品外观及公司服务等方面所作的问卷调查，并不能证明被告已经认可了原告产品的质量，因而与本案缺乏关联性，不应作为证据收录在案”。[①]

3. 特殊的关联性问题

本书第一章已经指出，由于证据法学的理论体系和具体规则都主要是围绕案件中的“裁判事实”的证明构架起来的，因此证据的关联性中的“实质性”和“证明性”针对的也是“裁判事实”。于是，如果将案件事实分散为“裁判事实”、“立法事实”以及“背景事实”，用于证明后两种事实的证据便不能再用证明“裁判事实”的证据的关联性要求来加以调整。下面以证明“背景事实”的社会科学证据的关联性要求为例进行分析。

正如第一章在关于社会科学证据的类型分析中提到过的那样，在1998 年的 Weatherred v. State 一案中，被告一方的专家证人根据一些涉及证人的自信度与证人指认的准确度之间的关系的论文研究成果，做证质疑控方的目击证人证词的可靠性。[②] 被告方的专家证言及其出具的研究报告对于案件的“裁判事实”（如本案中的证人到底是否作出了正确的指认）而言实际上并不能满足实质性和证明性的要求，因而便不具有通常意义上的证据的关联性。但是从这些报告成果在法庭上出示的证明目的的角度看，它们并不是要证明被告人是否杀了人以及与此相关的案件的实质问题，而是为了质疑控方证人证言容易出错的特性。因此，虽然这些证据对于“裁判事实”而言不具有关联性，但是却对“背景事实”的证明具有关联性。

另外一类用于提供案件背景信息的社会科学证据在强奸案件及其他性侵犯案件中比较常见，这类证据证明的内容往往是受害人在受到侵犯之后的行为特征和心理特征等情况。例如，在某些案件中，受害人并没有在受到侵犯之后立即向警察报案，这往往会成为被告人在法庭上质疑

①参见云南省昆明市中级人民法院（2006）昆民四初字第 199 号判决书。

②Weatherred v. State, 963 S. W. 2d 115 (1998).

受害人迟延报案的真实性的依据，以此作为自己开脱罪责的有力武器。为此，许多强奸案中的被告人都会选择聘请专家证人到庭做证，从而为辩护增加筹码。而这些专家证人经常都会根据这类涉及“强奸创伤综合征”（Rape Trauma Syndrome）的社会科学证据来阐述辩护方的立场。与此相应的是，为了达到胜诉的目的，公诉方也会在一些案件中根据案件的具体情况提供这样的证据。但是，同样是这类证据，在有的案件中被裁定具有可采性，而在另外一些案件中则遭到排除，关键的问题便是证据的关联性要求。具体而言，诉讼一方提出关于“强奸创伤综合征”的研究报告以及专家证言并不能证明强奸是否发生或性侵害的具体情况等关系到案件要件事实方面的“裁判事实”问题，但是却在证明受害人的心理及行为特征方面具有关联性。1990 年，纽约州上诉法院在 People v. Taylar 案的判决书中对社会科学证据的这种比较特殊的关联性问题作出过精到的阐述：“‘强奸创伤综合征’的专家证据如果仅仅是为了证明强奸的发生，就不得准入。但是在证明了这种证据与某个特定争议问题的关联性的情况下，不应将这种证据排除。”①

实际上，在将证据的采纳规则主要定位于“裁判事实”的情况下，证据的关联性主要针对的也是证明“裁判事实”的关联性。于是，当社会科学证据不是用来直接证明“裁判事实”而是“立法事实”或“背景事实”的时候，便可以认为它所具有的是一种“特殊的关联性”或者叫作“有限的关联性”，也即何家弘教授所称的仅具有“有限可采性”。② 可以说，证据“有限可采性”理论突破了传统的关联性规则的要求，从案件事实的类型化视角来看，与本书的研究具有异曲同工之处。据此，法官在诉讼中对社会科学证据进行审查判断的时候，通常需要首先对这种证据的证明目的进行判断，分清楚其到底证明的是“裁判事实”、“立法事实”抑或“背景事实”，然后再分情况审查其包括关联性在内的采纳问题。

二、社会科学证据的合法性

证据的合性法要求，取证的主体、程序、手段以及形式等各个方面

①转引自（美）约翰·莫纳什、劳伦斯·沃克著：《法律中的社会科学》（第 6 版），何美欢、樊志斌、黄博译，法律出版社 2007 年版，第 540 页。

②参见何家弘：“测谎结论与证据的有限采用规则”，载《中国法学》2002 年第 2 期。

都必须符合法律的要求或规定，否则就无法获得采纳。下文将结合中美两国的判例或案例，对社会科学证据的合法性方面的两个重要问题进行梳理。但是需要注意的是，与关联性作为证据的自然属性不同，合法性是证据的社会属性。由于不同的社会对合法性的要求不同，因此中美两国在社会科学证据的合法性方面所展现出来的具体问题也会略有差异。与此类似的是，社会科学证据作为一种专家意见，由于美国对专家通常采取的是一种开放式的界定，诉讼中一般不会针对专家是否拥有某种形式上的资质展开辨别；而在中国，取证主体的合法性向来是一个十分重要的问题，因此一旦社会科学证据的取证主体没有达到起码的形式上的要求，那么无论该证据实质上多么完美，都有可能无法获得采纳。而在取证程序方面，虽然两国都存在程序的合法性问题，然而像正当程序权利这样的问题在美国是由《宪法》规定的，因此社会科学证据的取证如果涉嫌违反正当程序权利便会在个案中变得十分敏感，而中国的取证程序的合法性在这个问题上是无法与之相提并论的。

（一）社会科学证据取证主体的合法性

如上所述，相比美国，由于社会科学证据的取证主体问题在我国更加突出，因此这里以我国司法实践中出现的案例来进行分析。2001 年，美国教育考试服务中心（Educational Testing Service，ETS）将北京市海淀区私立新东方学校告到了北京市第一中级人民法院，诉称被告自 20 世纪 90 年代中期以来，未经“ETS”的同意大量复制、出版和发行其享有著作权和商标权的 TOEFL 考试试题，非法获利巨大，给“ETS”造成了严重损害。然而被告新东方学校辩称，其在教学中使用的一些资料上“确曾使用过 TOEFL 字样，作为资料名称的组成部分。虽然‘ETS’在中国注册了相关的商标，但是被告的这种使用是在 TOEFL 已经成为‘ETS’某一考试的专有名称，为说明和叙述有关资料而作的使用，与作为商标的使用在目的和实际效果上完全不同，根据中国商标法有关规定，不应被视为侵犯商标专用权的行为。因此，‘ETS’要求新东方学校承担侵犯其商标权的法律责任，缺乏法律依据，不能成立”。为了证明自己的主张，被告向法庭提交了一份由北京民天咨询公司制作的问卷调查报告，以此反映被调查人员对“TOEFL”的认识。然而，“ETS”对北京民天咨询公司出具该调查报告的资质提出质疑。就此，法院曾当庭要求被告提交关于北京民天咨询公司资质的相关资料，但庭审结束后，被告没有提交任何资料，故法院未对该问卷调查报告予以采信。①

与此案类似的是，同样是2001年，美国研究生入学管理委员会（Graduate Management Admission Council）也将新东方学校告到同一家法院，而且基本案情相似。而被告同样出具了一份由北京民天咨询公司制作的问卷调查报告，以此反映被调查人员对“GMAT”的认识。当然，与上一起案件的情况如出一辙，法院同样以被告未向法庭提交关于该咨询公司的资质而未采纳这份证据。②

总的来说，对取证主体的资质有形式上的要求是我国司法实践一贯的做法。虽然在本书收集的我国的案例中，仅仅因为取证主体不符合要求而未采纳社会科学证据的情况并不多见，但是可以想见的是，法官在考虑是否采纳某份社会科学证据的时候，取证主体的合法性是必备的要素。

（二）社会科学证据的正当程序问题

现如今，一起大规模的民事侵权案件可能涉及成千上万个受害人，如果采取传统的做法，让这些为数众多的当事人都出庭的话，很难想象庭审程序将如何进行。而且，当这么多的人出现在法庭中的当事人席位，一一行使完他们的“法定权利”，恐怕裁判者难免会被他们的陈词、对方当事人的争辩所呈现出来的异常复杂的案件事实搅得晕头转向。因此，从20世纪90年代开始，美国的法院在审理大规模侵权诉讼的时候出现了对数量众多的当事人的陈词进行抽样调查的方式，通过专家出具的报告以及专家出庭做证，以高效、简略的举证、质证方式展现案件事实，使裁判者确定侵权事实和损害赔偿数额等复杂事项。正如上文所介绍的那样，通过专家调查法庭之外的言词证据都会遭遇传统的传闻证据规则的风险，但是到了90年代，对这个问题的争议已经尘埃落定。当被调查者从普通证人转变为当事人这一特殊的证人之后，诉讼中争议的焦点也相应转向当事人所享有的一些重要的权利之上，如这里要

---

①在司法实践中，证据的“采纳”和“采信”并没有普遍性地为法官所区分，而且在用词上也表现得相当混乱。该案的判决书虽然使用的是“采信”一词，但是很明显法院是因为社会科学证据的取证主体的资质存疑而没有“采纳”该份证据。参见北京市第一中级人民法院（2001）一中知初字第35号判决书。

②参见北京市第一中级人民法院（2001）一中知初字第33号判决书。

分析的正当程序权利。毕竟，在传统或常规的庭审程序中，受害者有权轮流举证、质证，对方当事人也有权针对前者的证明活动一一进行辩论，这被认为是当事人行使的诉讼权利在庭审程序中的应有之举。于是，当1996年的Cimino v. Raymark Industries, Inc. 一案上诉到美国联邦第十巡回区法院时，法官需要审查的核心问题便是初审法院中使用的采用了抽样调查技术的证据是否具有可采性，以此判定案件中的正当程序问题。

在该案审判之前，著名的石棉诉讼实际上已经持续了30年。到了1996年审理Cimino案时，在通过驳回起诉或和解等方式分流了733名原告之后，还剩下2298名原告等待着与被告的诉讼鏖战。法院面临的巨大挑战是，如何用一种公平而且经济的方法审理当事人如此众多的案件。幸运的是，法院找到了一个行之有效的办法，即通过专家采取统计学中的抽样调查的方式，根据这些案件中涉及的5类疾病挑选出一些样本案件。随机抽取的样本中的诉讼集团的每一位成员的损害赔偿问题于是被提交给陪审团裁决，待裁决作出后，每一类型的被抽样的原告的平均赔偿额便成为该类型的其他原告的赔偿额。

然而，被告却反对在这一大规模侵权诉讼中使用统计学方法，一个重要的理由是该做法侵犯了被告所应当享有的传统的一案一审的权利。法院对此认为，准入采用统计学方法的证据在法院中已经是一个司空见惯的现象了，初审和上诉法院都不可能有太多闲暇按照传统的做法去迎合被告所谓的正当程序权利。正当程序的要求在石棉诉讼中不应当被如此狭隘、传统、片面地理解，而应当考虑对原告带来的影响，以及所牵涉的如此明显的社会公共利益。①

与此相似的是，在1995年的In Re Estate of Ferdinand E. Marcos Human Rights Litigation的损害赔偿诉讼案中，原告的数量更是达到了令人震惊的9541人。于是，该案也采取了随机抽样的方法选择样本以确定损害的范围和程度。同样，被告在该案中也提出了关于基于抽样技术的证据侵犯其正当程序权利的质疑。不过，法院的判决也认可了该证据的可采性。法院认为，“正当程序的分析必须在被告所要求的每个个案分别审理的权利与一个基于统计学研究准确的程序所带来的司法效益和可

①Cimino v. Raymark Industries, Inc. 751 F. Supp. 649(E. D. Tex. ,1990).

操作性之间进行衡量……随机抽样的方法将会带来一个在大规模侵权诉讼这一困难重重的诉讼领域里正当程序所允许的解决方法。”① 该案后来由被告提起上诉，其重要的上诉理由依旧是诉讼中采用的这种统计方法侵犯了自己的正当程序权利。但是上诉法院维持了初审法院的判决，认为“正当程序并不像其他的一些法律规则那样，它并不是一个相对于时间、地点和情况具有固定内容的概念”。因此，在这种特殊的诉讼中，有必要对采取统计方法带来的某种程度上错误风险的增加与其给司法所带来的“附带的”巨大利益进行衡量。换言之，绝对的正当程序并不存在，有必要针对具体的案情考虑正当程序的内涵。法院据此认为，初审法院所采用的基于统计学研究的证据和采取的特殊程序并不违反正当程序的要求。②

三、社会科学证据采纳规则中的特殊问题

（一）社会科学证据的传闻问题

在展开对社会科学证据的传闻问题的具体评析之前，笔者需要交代一下这里的论述框架。实际上，传闻证据规则是英美证据法中特有的规则，反对传闻的一个重要理由是对证言的真实性或可靠性所持的担忧。因此，从这个意义上讲，在探讨社会科学证据的采纳规则的时候，理应将传闻问题放在我国的证据采纳规则的真实性标准中进行分析，但是一方面由于证据采纳规则中是否应当包括真实性标准还存在着争议，③ 另一方面则由于传闻证据规则在我国的证据法律制度中还欠缺相应的制度土壤，因此这里仅对美国的相关理论和实践进行介评，从而将社会科学证据的传闻问题作为其采纳规则中的一个特殊问题加以对待。

“调查研究法”是诉讼中开展社会科学研究最为常见也是适用范围最广的方法。由于这种研究方法所针对的往往是人，更具体地讲是着眼

---

①In Re Estate of Ferdinand E. Marcos Human Rights Litigation, 910 F. Supp. 1460 (D. Hawaii, 1995).

②See Hilao v. Estate of Marcos, 103 F. 3d. 789 (9th Cir. 1996).

③我国证据法学界对证据的采纳规则的探讨至今没有达到一致的意见，相对主流的观点认为证据应当符合“三性”方能获得采纳。但是，即使这一观点内部仍然存在着分歧，如有的学者认为“三性”应当包括关联性、合法性和客观性，另外也有学者认为应当用真实性代替客观性。

于言词证据的收集，因此必须符合言词证据的取证规则。从美国过去几十年来的司法经验来看，社会科学证据在实践中遭遇到的较早的可采性问题便来自于对传统的传闻证据规则构成的挑战。由于以社会研究报告为主要形式的社会科学证据经常会采用访谈、电话调查、问卷调查等言词证据的调查方式，于是当这种通过专家对证人进行的调查转化为专家的意见时，这些“证人”① 本身没有出庭作证而实际上是由专家进行加工之后的陈述，便触及了这种证据是否属于传闻以及是否符合传闻的例外等问题。

1928 年的 Elgin National Watch Co. v. Elgin Clock Co. 案便是法官根据传闻证据规则排除社会研究报告的代表性案件。在认识到无法用常规手段证明该案中的商标混淆问题的情况下，原告向法院提交了一份基于 2000 份问卷调查的专家意见，以证明自己的主张。然而，在援引了诸多关于传闻证据规则的判例并进行了与此相关的法理阐释之后，审判该案的法官认为，原告提出的这种社会研究报告并不构成传闻证据规则的例外，因此需要排除。具体而言，“原告所提交的宣誓书，并非基于陈述者个人的知识做出，而仅仅是根据没有出庭做证的证人那未被证实的陈述或意见所做出的结论。”② 本书在第二章第二节通过司法实践历史的回顾已经指出，以社会研究报告为代表的社会科学证据在 20 世纪二三十年代一进入法庭，便遭遇了来自传闻证据规则的狙击，这一时期的法院一般都会以此为理由拒绝采纳这种证据。

在司法实践的需要与法律规则滞后的矛盾的推动之下，美国法学界在此后的四五十年代对社会研究报告的传闻问题进行了深入的研究。理论研究的发展也为这种证据的传闻问题的解决打开了突破口。到了 1963 年，Zippo Manufacturing Co. v. Rogers Imports，Inc. 一案的法官首先在该商标侵权案件中采纳了一份存在传闻疑问的社会研究报告。③ 被告在该案中反对将原告的社会研究报告准入为定案根据，主张它显然是一种传闻证据。然而法院指出，“先例权威、法律学者之间的共识，以

---

①这里之所以打上引号，是因为这些被调查者的身份到底是不是证人实际上存在着疑问。如果他们是并不知道案件事实情况的普通公众，便无法把他们归入证人的范围之中。

②Elgin National Watch Co. v. Elgin Clock Co. , 26 F. 2d 376 (D. Del. 1928).

③(美) 约翰·莫纳什、劳伦斯·沃克著:《法律中的社会科学》(第 6 版)，何美欢、樊志斌、黄博译，法律出版社 2007 年版，第 89 页。

及合理的政策考虑都表明传闻证据规则并不反对准入恰当的社会研究（报告）作为证据。”①

虽然 Zippo 案推动了社会科学证据的传闻问题的解决，但是并不能说这个复杂的问题在该案之后就已经完全尘埃落定。不过，尽管法院系统在 20 世纪中叶之前并不愿意准入这种证据，或者不愿意考虑它们，但是后来的趋势则是与此相反的，围绕这种证据的传闻问题进行的理论阐释也逐渐明晰。综合此案之后的学理和判例解说，美国学界和实务界大致提出了两个技术性理由来解决社会研究报告的传闻问题。

第一种观点是并不将这种社会研究报告视为传闻证据。理由在于，这些调查并非要证明被调查者所陈述的是事实，因此这种调查并不在经典的传闻证据定义的范围内。这是因为，只有“用以证明诉讼中某一主张事项的真实性”时，证人的庭外陈述才有可能成为传闻。换言之，如果证言并无针对案件事实的主张性，并无必要考虑它是否传闻的问题。② 显然，被调查者在很多情况下的确只是针对调查者的问题给出了自己的感受或观点。因此，从这个意义上讲，如果说他们的这种陈述对案件事实而言是一种“主张”的话的确有一些牵强。另外，笔者认为还可以从被调查者的身份的角度来否定传闻证据规则的适用。这是因为，基于被调查者诚实、自愿的回答，社会科学的“调查研究法”经常会要求调查者采用随机截访、匿名电话调查等方式进行研究。这样一来，被调查人很可能并不知道他们的陈述正在与一项诉讼发生关系，而认为自己正在进行的只是一项普通的消费者调查或民意调查而已。那么，当我们再从证人的经典定义——知道案件事实情况的人——来审视这些被调查者的话，把他们称为证人显然也很牵强。既然很多被调查者并不属于传统意义上的证人，那么针对证人是否出庭而发展起来的传闻证据规则又怎么能适用呢?

第二种观点则认为，这些社会研究报告是传闻证据，但同时认为它是对当前意识、态度、信念的陈述，符合认可的传闻证据规则的例外，

①Zippo Manufacturing Co. v. Rogers Imports, Inc., 216 F. Supp. 682 (S. D. N. Y. 1963).

②参见（美）爱德华·J. 伊姆维克里德：“揭开‘非传闻证据’的神秘面纱——哪些法庭外的陈述不是传闻证据?”，载何家弘主编《证据学论坛》（第 15 卷），法律出版社 2010 年版，第 245 页。

因此可以具有可采性。许多判例都持这样的观点。[①] 对于被调查者的这种陈述，《联邦证据规则》也明确了传闻证据规则的这种例外情形。[②] 至于认可这种传闻的理由，学理一般认为这样的陈述“出错的可能性很小”。“目的性很弱，本能的成分可能多一些。如果要说目的，即在于向在场的其他人或凭自己的爱好而作陈述。”[③]

即使这样的证据不符合传闻例外的情况，也有学者对这种社会研究报告的可采性提出了正当化依据。这种观点认为，即使这种证据是传闻，其中的陈述也可以具有可采性。为此，需要对庭审中使用这种陈述的“必需性”（necessity）以及围绕该陈述而产生的“可靠性”（trustworthiness）的“情境保障”（circumstantial guarantee）问题进行深入的分析。以 Zippo 案为例，具体针对“必需性”而言，应当对以下两份证据的证明价值进行比较：一是这种报告的证明价值；二是在排除该报告的情况下，采用其他的办法所获得的证据的证明价值。如果这份报告更具证明价值，那么就有可采的必需性。于是，在烟民人口数量为 1.15 亿的情况下，实际上无法再找到更为可取的替代方案得到具有同样证明价值的证据。因此，通过采用抽样调查技术的社会研究报告所获得的结论极有可能会与访问所有烟民而获得的结论相近似。而与此相对应的是，仅仅找到数量极其有限的证人出庭做证，或者由专家证人对公众的意见进行做证，其价值都显得很小。[④] 1995 年由联邦司法中心出台的《复杂诉讼指南》也就这种证据类似地指出，采用统计方法在评估、指明准确程度以及事件、交易情况、态度或者意见的“全体”或“全貌”的时候，通过观察“全体”的相对较小部分的“样本”，往往可以取得很好的效果。使用可以接受的采样技术，而不去寻求或展现整个“全

---

①See Miles Labs., Inc. v. Frolich, 195 F. Supp. 256, 262 (S. D. Cal.), aff'd per curiam, 296 F. 2d 740 (9 Cir. 1961), cert. denied, 369 U. S. 865, 82 S. Ct. 1030, 8 L. Ed. 2d 84 (1962); Marcalus Mfg. Co. v. Watson, 156 F. Supp. 161, 164 (D. D. C1957), aff'd, 103 U. S. App. D. C. 299, 258 F. 2d 151 (1958); see American Co-op. Serum Ass'n v. Anchor Serum Co., 153 F. 2d 907 (7 Cir.), cert. denied, 329 U. S. 721, 67 S. Ct. 57, 91 L. Ed. 625 (1946).

②根据美国《联邦证据规则》第 803（1）条的规定，“陈述人在查知某一事件或情况的同时或其后，立即对该事件或情况所作的描述或解释的陈述”，属于“当场印象”的例外。

③参见陈界融：《美国联邦证据规则（2004）译析》，中国人民大学出版社 2005 年版，第 100～101 页。

④Zippo Manufacturing Co. v. Rogers Imports, Inc., 216 F. Supp. 670 (S. D. N. Y. 1963).

体”的大规模数据，可以实质性地节省时间和开销。在某些案件中，抽样技术是收集并展现相关数据的唯一可行的方案。针对这种庭外陈述的取得而需要考虑的第二个因素是该证据的可靠性的保障问题。这种观点也认为，即使是传闻，也比较可靠。这种观点所依据的理由与支持上述传闻证据的例外情形的理由是一致的，这里不再重复论述。

总的来说，基于以上诸多角度不同的理由，美国的司法实践在 Zippo 案之后不仅很少再就社会研究报告的传闻问题进行争辩，而且基本上认可了这类证据的可采性。因此，从 20 世纪 60 年代开始，越来越多的人逐渐认同，传闻证据规则或者对第一手知识的要求都不能阻碍对恰当实施的社会研究报告的准入，这已经是一个“被广泛接受的观点”①。而根据 1972 年的《联邦证据规则咨询委员会注释》，《联邦证据规则》第 703 条是承认针对公众的社会研究报告的可采性的。② 这个注释还专门提到了这类证据的传闻问题：关注点应当指向所实施的取证技术的可靠性，而不是针对传闻问题是否涉及其中而进行徒劳无益的审查。③

（二）社会科学证据的研究伦理问题

科学研究经常会与伦理产生激烈的冲突。例如，科学家在对人体进行自然科学研究的时候经常会放弃将人体作为直接的研究对象，而是转而研究小白鼠或者与人类相似的黑猩猩等。然而即使作出这样的研究选择，仍然会面临来自动物保护组织的激烈的伦理抗议。社会科学通常以人或者社会为研究对象，更加直接地涉及与人、社会密切相关的伦理、道德等因素相关的诸多问题。由于伦理与法律在很多情况下存在着交集，因此一些不符合伦理要求的社会科学证据同时也可能会违反法律的禁止性规定。正因如此，研究伦理的制约有时便会导致基于司法证明目的的社会科学证据失去采纳资格，这里便以一起对被研究者在伦理方面无益的研究活动为例进行介评。

1991 年，在 St. John v. State of North Carolina Parole Commission 案，这起涉及淫秽电影的案件中，原审法院排除了上诉人提出的一项“焦点小组”（focus group）研究。被告人聘请的专家实施的这项研究的内

---

①Saliba v. State, 475 N. E. 2d 1181 (Ind. Ct. App. 1985).

②Notes of Advisory Committee on Federal Rules of Evidence 703 (1972).

③Notes of Advisory Committee on Federal Rules of Evidence 703 (1972).

容是，由社区中20～24位普通民众观看这起案件所涉及的电影，然后根据这些人观影后的态度或观点判断本案中与淫秽电影相关的社区标准。法官经审查认为，本案的样本数量存在很大问题，而且更重要的是对社会科学研究的伦理构成了冲突，“社区中有很大一部分人不会愿意参加这种类型的研究，因为那样会使他们观看到争议电影中的淫秽内容”。换言之，这是一种对参与者有害的研究活动，从研究方法上讲本身就不被提倡。实际上，根据一般经验便可以知道，向参与者展示淫秽物品的行为本身就是一种为社会伦理道德或公序良俗所不容的活动。这种活动并不因为实施者具有专家的身份便有任何实质的不同。实际上，专家在本案中向参与者展示淫秽物品的时候就已经产生了争议。也正是因为这种争议的存在，使得本案的专家只选择了数量如此稀少的参与者。因为地区检察官曾威胁道，如果专家按照研究计划将涉案电影向参与者播放的话，他们将指控这些专家传播淫秽物品！对此，初审法院的McMilla法官曾颁布命令禁止地区检察官起诉这些专家。但是，第四巡回区上诉法院则认为此命令非法并撤销了这项命令。[①]

由此可见，专家在该案中实施的社会科学研究不仅违反了研究伦理，而且这种违背伦理的活动同时还受到法律的禁止性评价，甚至还可能违反刑事法律。因此，无论是从研究伦理的角度还是非法取证的角度，专家在该案中开展社会研究而制作的报告都不应当被采纳。

（三）社会科学证据的社区标准问题

在美国，法官根据刑事实体法的规定往往认为，在判断案件中的疑似犯罪物品是否属于淫秽物的时候要遵循“社区标准”，[②] 而且刑事实体法也允许提出证据来证明关于淫秽物品的公众接受程度的证据。[③] 不

---

①转引自（美）约翰·莫纳什、劳伦斯·沃克著：《法律中的社会科学》（第6版），何美欢、樊志斌、黄博译，法律出版社2007年版，第149页。

②例如，在1957年的Roth v. United States一案中，美国联邦最高法院指出，根据法律规定，适用法律的人在确认淫秽时必须“使用当代的社会标准”。See Roth v. United States, 354 U. S. 476（1957）。美国联邦最高法院在Miller v. California一案中提出，对事实裁判者的指示之一应当是：“‘一般的人，运用当代社会的标准’是否会认为作为一个整体的该作品是为了满足色情的目的。” See Miller v. California, 413 U. S. 15（1973）。

③例如，《伊利诺伊州刑事法典》（Illinois Criminal Code）规定：“在根据本节对任何犯罪的指控中，可以准入证据来证明：……（4）本州对该材料的公众接受程度，如果存在这样的接受状况的话……” See Ill. Rev. Stat. 1977, ch. 38, par. 11－20(c)(4).

过，特别是在陪审团审判中，由于事实裁判者本身就是从社区中挑选出来的，他们的意见和观点从理论上讲应当代表了社区，这便引出了一个复杂的问题，即关于淫秽问题的判断到底是由事实裁判者（特别是陪审团）直接加以认定，还是有必要由专家或者通过社会研究的方式提出这样一份证据加以认定？

在20世纪70年代之前，美国法院在审理淫秽刑事案件的时候，经常出现针对社会科学证据展开的激烈讨论。早在1884年，纽约州上诉法院就曾在一起案件中拒绝了一位艺术家就纯粹的艺术和淫秽下流的作品之间是否存在明确界限的问题而发表的证言。法院认为，某一个图像或者文字作品是否属于淫秽，是一个能够让陪审团裁决的最明了不过的问题。[①] 该案的这种思路实际上影响了后续的许多判决。但是，对这样一种观点也存在着争议，毕竟陪审员可能适用的也只是他们自己的个人标准，而不是全州范围内的社区标准，因此排除专家证言不仅有害，而且可能是一种有偏见的错误，更会违反宪法对正当程序的保护。[②] 直到1973年，联邦最高法院的一份判决终于在一系列案件中使这个争议尘埃落定：《宪法》不要求控方提供专家意见作为其诉讼证明的一部分，但是却允许辩方提供专家证据来反驳控方。[③]

尽管联邦最高法院1973年的一系列判决终结了关于在淫秽案件中是否可以引入专家做证的问题，然而却没有具体回答社会科学证据如何准入的问题。于是，当刑事诉讼中出现用这种社会研究报告来证明淫秽问题的社区标准的时候，庭审中针对辩护方提交的证明社区标准的社会研究报告是否应当采纳的激辩便持续了下来。不过总的来说，由于辩护方出示的这种证据所反映出来的问题与1973年的系列案件都比较类似，于是在20世纪70年代之后的一些案件的庭审中尽管也出现了关于社会研究报告的可采性的争议，但是法院一般都采纳了这种由辩护方出示的证据。

不过需要注意的是，从前文的分析中可以看出，关于社区标准的社

---

①People v. Muller, 96 N. Y. 408 (1884).

②Smith v. California, 361 U. S. 147 (1959).

③(美) 约翰·莫纳什、劳伦斯·沃克著：《法律中的社会科学》（第6版），何美欢、樊志斌、黄博译，法律出版社2007年版，第131页。

会科学证据是否应当采纳的最初也最根本的理论基础在于这类证据是否会分割事实裁判者的认知内容，但是这种理论基础却在后来发生了变化。这是因为，从1973年的系列判决中可以看出，法院一方面在某种程度上对该争议所持的态度偏向于维持事实裁判者的认知——这从不要求控方提供这种证据来加以证明社区标准的判决意见中可以得出结论；另一方面赋予被告方有权提出这种证据，其实是协调了社区标准的证明方式与被告人正当权利保护之间的平衡。

四、综合因素的衡量

在1963年的Zippo案之后，虽然社会科学证据的传闻问题已经不再成为案件中的争议问题，但是这并不等于说这种证据此后便不再存在采纳方面的争议了。这是因为，在此案之前，关于社会科学证据的采纳方面的争议主要集中于传闻问题的探讨，这实际上掩盖了这种证据除此之外的更多的采纳问题。因此，当传闻问题得到解决之后，社会科学证据在实施中存在的其他采纳因素受到了后续案件的关注。

例如，在1997年的Kelley v. American Heyer - Schulte Corp. 案中，原告提起了一个产品质量诉讼，主张她所使用的乳房填充物导致自己出现了舍格伦综合征（Sjogren′s syndrome）。一位流行病学方面的专家证人莎拉·斯旺（Shanna Swan）博士应原告委托出庭，就原告使用的乳房填充物与所患疾病之间有因果关系进行做证。斯旺博士的证言很大程度上建立在两项研究基础之上。第一项研究采用的方法为问卷调查。统计结果虽然表明乳房填充物与疾病存在着因果关系，但是这份调查报告建议，在作出确定性的结论之后，有必要进行更进一步的研究，这是因为受调查者对这类结缔组织疾病的声明可能过度夸大了事实。① 第二项研究采用的也是问卷调查，研究者采访了445位妇女，其中235人使用过乳房填充物，另外210人没有。结果发现，相对而言，使用乳房填充物的妇女患风湿病的数量要比没有使用过这类产品的妇女的数量要多。但是，研究者并没有发现风湿病在前一类妇女中广泛地存在。而且，同第一项研究类似的是，第二项研究也发现，“研究过程中抽样技术的运

①Charles Hennekens et al. , Self - Reported Breast Implants and Connective - Tissue Diseases in Female Health Professionals：A Retrospective Cohort Study, 275 J. A. M. A. 616 (1996).

用无法排除偏见的存在”。[①] 本案的法官最终裁定，斯旺博士依靠这些已发表的研究做证是不合理的，因此根据《联邦证据规则》第 703 条的规定排除了其证言。[②]

由这起案件中法官对社会科学证据未予采纳的情形可以发现，该证据被排除的原因在于研究实施中出现了严重的缺陷。也就是说，只要研究的实施过程出现了违背社会科学研究规范的重大问题，证据便会直接遭到排除。以“调查研究法”的应用为例，有学者总结了采纳这类证据的 7 项标准：调查是由相关领域的专家实施的，对相关整体进行调查，从相关整体中抽取了有代表性的样本，提问的方式是“正确的”（信件、电话、个别访谈等），样本、问卷和访谈都是根据公认的标准设计的，收集的数据获得了正确的报告，数据的分析采用的是统计上正确的方式。[③] 而在 1987 年的 Consumers Union of United States, Inc. v. New Regina Corp. 一案中，判决书也类似地给出了数项关于消费者混淆问题的社会研究报告的判断因素：“首先必须找出足以代表消费者族群的作答对象及代表样本。提问方式必须清楚明确，不能预设任何立场；若由电话提问，则询问人不能事先知晓电话问卷的答案与诉讼之关联性。最后收集到的资讯必须被正确的报道，循环正确统计计量的方式，维持自始至终的客观性。”[④] 与此类似的是，在英国的商标侵权司法实践中，一方当事人所提交的“问卷调查”往往会在以下这些方面受到证明力方面的质疑：样本太少，不足以支持混淆可能性的存在；所选取的样本不具有代表性；调查所设计的问题具有诱导性；[⑤] 等等。

需要再次说明的是，仔细分析这些因素，并不能将它们直接称为社会科学证据的采纳标准。除了专家的资质外，这些因素都是研究设计中的技术性细节问题和研究方法的选择、实施问题，因此从一般意义上讲

---

①Erik Giltay et al. , Silicone Breast Prostheses and Rheumatic Symptoms: A Follow Up Study, 53 Ann. Rheum. Dis. 194 (1994).

②Kelley v. American Heyer - Schulte Corp. 957 F. Supp. 873 (W. D. Tex. 1997).

③J. Moore, Moore's Federal Practice § 2.712 at 138 (1982).

④转引自曾胜珍：“论商标‘混淆误认’之判断标准——以消费者问卷调查效力为主”，载《岭东财经法学》2008 年第 1 期。曾胜珍女士系我国台湾地区学者，这段语言表述保持其文中原貌。

⑤A very Different Approach: A Comparison of the Use of Surveys in Trademark Actions in the UK and the US, http://www.sjberwin.com/Contents/Publications/pdf/102/030306105700.pdf.

都只会影响证据的采信而不是采纳。但是，这些因素所影响的证据的采纳和采信在很多案件中实际上并不存在严格、明确的界线。这是因为，如果社会科学证据在研究设计中的技术性细节问题和研究方法的选择、实施问题都较小，便可以认为这些问题只能有损这种证据的采信而非采纳。但是，当社会科学证据的这些问题在个案中表现得十分严重，则所影响的便不再仅仅是这种证据的采信，而会实质性地致使其无法获得采纳。因此，这些因素既可以影响社会科学证据的采纳，也可以影响它的采信，这需要由法官在个案中进行综合衡量。为了更加清楚地展现采纳社会科学证据的时候需要考量的这些综合因素，这里通过2010年年初在我国台湾地区结案的一起案例来加以分析。以下便是“好×化工股份有限公司诉台湾地区‘行政院’公平交易委员会违反公平交易法”一案行政诉讼判决书的节选。

上诉人于民国86年间检举参加人①生产“白人牙膏”模仿上诉人生产之“黑人牙膏”名称及商品外观，违反“行为时公平交易法”第20条第1项第1款及第24条之规定。案经被上诉人以87年4月21日公参字第8601261－009号函复略以：被检举人并无违反“行为时公平交易法”第20条第1项第1款及第24条规定等语。上诉人不服，循序提起行政诉讼，经本院89年度判字第2549号判决撤销再诉愿决定、诉愿决定及原处分。被上诉人重为审查，以91年3月5日公参字第09100001962号函覆上诉人（下称原处分），略以本案依现有事证，尚难认被检举人制造销售“白人牙膏”商品之行为有“违反行为时公平交易法”第20条第1项第1款及第24条规定等语，上诉人不服，提起诉愿，经遭驳回，遂提起行政诉讼，经原审裁定命参加人独立参加被上诉人之诉讼，嗣原审以92年度诉字第706号判决：“诉愿决定及原处分均撤销。被告（即本件被上诉人）对于原告（即本件上诉人）检举参加人生产之‘白人牙膏’模仿‘黑人牙膏’商品表征及包装外观，‘违反公平交易法’第20条第1项第1款及第24条规定事件，应依本判决

①此处的“参加人”为“嘉×实业股份有限公司”，也即大陆地区的“第三人”。根据台湾地区的判决书公开制度，此案中的参加人“嘉×实业股份有限公司”以及上诉人“好×化工股份有限公司”都隐去了真实名称。

之法律见解另为处分。”被上诉人不服，提起上诉，经本院96年度判字第400号判决废弃前审原判决，发回原审法院更为审理，原审更为审理后仍以96年度诉更一字第67号判决（下称原判决）驳回上诉人之诉，上诉人不服，遂提起本件上诉。

……

至上诉人所提模×公司及精×公司之2份市场调查报告，该等公司虽是国际性市调集团公司，具有一定专业性。唯上诉人所提模×公司及精×公司之2份市场调查报告，该2份市调报告就问卷设计、调查方式及基本数据有下列缺失：

按判断二商品外观是否为相同或类似之使用及混淆之判断标准，应采“异时异地隔离观察”原则，兹以“同时同地一并观察”之审查方式，因较易使受访者产生诱导两者外观具有一定之关联，致有违客观性。查本件上诉人所提模×公司之市场调查报告于实际访问时，系将“黑人”与“白人”两商标卡左右并置，不符商品审查异时异地隔离观察之原则，其调查报告方式有违上揭原则，以至于市场调查结果欠缺公正客观性，即不足取。至上诉人主张“同时同地比较观察两产品”方式，较“异时异地隔离观察”之审查强度及密度为高云云，纯属上诉人个人主观推论，实不可采。

有关问卷设计部分：直接问“这两支牙膏（或两组产品）是同一个制造商生产的吗?”即出示黄色支盒（或绿色条纹），再问“你觉得这是哪一个品牌的牙膏”？由于问题设计不够清楚中立，因而存在诱导受访者两者外观具有一定之关联、未将乱猜的因素排除、受访者对两产品了解程度的不同等影响因素。故精×公司于实际访查时，将白人牙膏与黑人牙膏商品同时出示，且直接询问受访者两者是否为同一厂商生产，不符表征审查采异时异地隔离观察原则，亦有诱导受访者回答之虞。

两调查之抽样方法分别采有偏之方便抽样（精×公司）及分段系统抽样（模×公司），然牙膏商品为一般日用商品，其使用者遍及全台湾，使用者数量亦相当庞大，精×公司抽样方法以台北市×××街头访问100人，样本之代表性不足；模×公司以全台依乡镇市区人口比例，依序抽出村、里、户，计访问1000人，其分散面虽广，但于执行过程中，未提出抽样底册之建立方式、应答率为何，均未作说明，所得之调查结果是否确实，无法查证，是该市调报告尚难据以认定系争2商品外观有混淆误认之虞。

再者，精×公司之调查报告问题1、2、3问项皆非针对本案系争“白人牙膏”之整体商品外观所为之问卷调查，该等问项之市调报告亦无从作为本案论析之依据。因此，依被上诉人所陈，由于前开2市调报告具有上述缺失，实有失主观，要难据以作为认定上诉人及参加人所有上揭2商品之外观致有混淆之论据，经核并无不合。且上诉人所提之2份市调报告既俱有上揭缺失，不足采认作为认定上诉人与参加人上揭商品混淆之依据，纵依市调结论显示有该比例之消费者对2商品产生混淆，亦难据以作为认定2商品外观致有混淆之论据。又多少比例之混淆得作为认定公平交易法第20条混淆之要件，须视具体个案所涉之商品而定，本案并无客观数据显示系争2商品足致消费者产生混淆之比例，故此部分即无须再予究明。①

从台湾地区发生的这起案件可以清楚地发现，由上诉人委托两家公司制作的社会研究报告之所以没有被法院所采纳，原因便在于这两份证据的问卷设计以及所选择的调查方法出现了较为严重的问题。问卷设计存在的问题主要表现在两个方面：其一，违反了考察商品外观是否为相同或类似所应遵循的“异时异地隔离观察”原则；其二，问题的设置不够中立而且存在诱导之嫌。调查方法存在的问题则在于，样本的代表性严重不足以及调查结果的真实性无法保证。因此，从该案中的社会研究报告来看，法官之所以未予采纳，主要是因为问卷设计和调查方法出现了重大问题。实际上，如果社会研究报告的问卷设计和调查方法等在个案中出现的问题并不是特别严重的话，通常只会影响这种证据的采信而不是采纳；然而如果这些问题在个案中表现得十分突出，严重降低了社会研究报告的证明价值，那么它们所影响的便不仅仅是这种证据的采信而应当是采纳。因此，就社会研究报告在取证过程中涉及的诸如问卷设计、调查方法等具体因素而言，不应当笼统地把它们称之为这种证据

①参见“好×化工股份有限公司诉台湾地区‘行政院’公平交易委员会违反公平交易法”案（台湾地区“最高行政法院99年判字第28号”）。为尊重原文，判决书中的年份未作改动，仍保留台湾地区的纪年方式。

的采纳标准或采信标准，而应当在个案中对这些因素进行综合衡量，从而有效地实现对这种证据的审查认定。

五、基于美国的科学证据采纳规则的进一步分析

上文对社会科学证据的采纳要点进行了大致梳理和评析，实际上只是归纳了这类证据一个世纪以来在中美两国司法实务中凸显出来的一些重要争议点。不过，以上总结的缺陷也是十分明显的，这便是无法体系化地揭示社会科学证据的采纳理论和规则的全貌。因此，只有换一种思路，根据本书的理论框架，从社会科学证据所从属的科学证据的分析入手，才有可能弥补这一缺陷。

由于我国在科学证据的采纳问题上还没有形成比较成熟的认识，这里关于科学证据采纳规则的分析将以美国的相关情况为立足点。探讨科学证据的采纳，必须提到弗赖伊规则、《联邦证据规则》和多伯特规则这“三部曲”。1923 年的弗赖伊规则又称为“普遍接受标准”，即一项科学原理或新发现要得到法庭的接受，必须有足够的事实证明它在其所属的领域里获得了普遍的承认。而具体考量它是否获得了普遍承认，又需要两个步骤：（1）确定科学原理或新发现所属的特殊领域以及相关的科学领域；（2）确定该技术或原理是该领域接受的技术、原理以及新发现。《联邦证据规则》最初的第 702 条对专家证言的要求是：如果科学、技术或其他专门知识有助于事实审理者了解证据或决定争议事实，因其知识、技术、经验、训练或教育而具有专家资格的证人可以以证言或其他方式进行做证。不过，这个条款在 2000 年进行修订的时候增加了专家证人做证的三个条件：（1）该证言是基于充分的事实或资料；（2）该证言是由可靠的原理或方法推论出来的；（3）该证人已将这些原理或方法可靠地适用于案件的事实。[①] 1993 年的多伯特规则则细分成了四点：（1）该科学理论是否可被证实。（2）有无正式发表并被同行审查。（3）误差率多少。（4）是否被相关科学领域所普遍接受。

对科学证据采纳标准的“三部曲”进行深入分析可以发现，它们所涉及的问题似乎与本节前一部分所归纳出来的社会科学证据的采纳要素相去甚远。那么，既然社会科学证据是一种科学证据，为什么两者的

---

①Federal Rules of Evidence 702 (2000).

采纳要素所关注的问题会表现出这么大的异距呢？归根结底，科学证据的采纳标准从诞生到现在，都主要是关注于自然科学证据的。例如，伊姆维克里德教授就认为，弗赖伊规则本身所处理的科学技术是这样的：（1）所谓科学的；（2）新型的；（3）是建立在硬件或者仪器基础上的。[①] 弗赖伊案是否应该扩展到非科学的专门技术，传统科学技术，甚至软科学领域？尽管这些问题没有完全达成一致，但是经过若干年的争论，特别是在《联邦证据规则》和多伯特规则相继出台之后，弗赖伊规则的适用范围也逐渐明朗化。越来越多的人开始认同，该标准的适用范围是有限的，并不应当指向笼统的“科学证据”，而是应当从弗赖伊案件的具体案情出发，将该标准仅仅定位于案件事实所涉及的新理论，即涉及新仪器使用的科学理论。[②]

根据这样一种认识，如果某一法院仅仅依据弗赖伊规则审查科学证据的话，那么与新仪器使用的科学理论无关的其他科学证据就不会受到该规则的约束。换言之，像社会科学证据这样的证据似乎将受到法庭“免审”的对待。客观地讲，由于大量与科学证据有关的案件所审查的焦点都是与弗赖伊规则相关的新仪器、新科学理论等问题，实际上社会科学证据的可采性在1923年的弗赖伊案之后很长一段时间并没有获得相应的重视。或者说，也有可能是学者对社会科学证据的科学属性存在着疑问，这种类型的证据在弗赖伊案之后的几十年间并没有在科学证据的框架下获得深入的研究。

1993年的多伯特规则总的来说也很少适用于对社会科学证据的判断。事实上，在已经公布的判决中，多伯特规则主要的关注点也是硬科学而不是社会科学。[③] 但是，正是针对多伯特规则开展的深入研究使得社会科学证据进入到该标准所调整的视野。这主要是因为，多伯特案的判决明确地扩展了关于科学的定义的宽度。审理该案的布莱克门

---

①（美）爱德华·J. 伊姆维克里德：“从过去30年美国使用专家证言的法律经历中应吸取的教训”，载《证据科学》2008年第5期。

②Edward J. Imwinkelried, Attempts to Limit the Scope of the Frye Standard for the Admission of Scientific Evidence: Confronting the Real Costs of the General Acceptance Test, 10 Behavioral Sciences and the Law 441 (1992).

③Jack P. Lipton, The Use and Acceptance of Social Science Evidence in Business Litigation after Daubert, 5 Psych. Pub. Pol. and L. 59 (1999).

（Blackmun）大法官在对《联邦证据规则》第 702 条进行阐释时提出了一个新的，具体而言针对的是该条中“科学……知识”的语言表述。他对这个表述采纳了一个方法论上的定义，① 用古典的培根式的术语来描述科学方法：提出假设后，进行系统、严格的观察或者实验，以证实或者证伪该假设的过程。如果证据提出者能够证明某个科学命题已经被合理的科学方法论证实，那么这个科学命题就是可靠的“科学……知识”，并可能根据《联邦证据规则》第 702 条具有可采性。② 从布莱克门大法官的表述来看，他对科学方法的解释实际上并没有仅仅落脚于自然科学，社会科学显而易见也符合这种关于科学的阐释。这是因为，“尽管在自然科学领域能够更容易地操控实验中的变量，但是对许多社会科学假设也同样能够进行经验性调查”。③ 1996 年，联邦第七巡回法院还在 Tyus v. Urban Search Mgt. 一案的判决中明确指出，多伯特规则不应仅仅适用于自然科学。④

因此，正是在对科学的定义进行分析的框架下，将社会科学证据置于科学证据的体系进行分析便不再存在理论障碍。总的来说，多伯特案件中针对的科学是一种概括性的科学，既涉及自然科学，又包含社会科学。⑤ 然而，一个很明显的常识是，尽管社会科学研究与通过新仪器进行的研究（多为自然科学研究）都采取了同样的科学方法论，但是两者还是在诸多方面存在着不同。例如，上文提到的，社会科学研究的结论在精确性上一般不及自然科学研究。因此，当多伯特规则确立下来且社会科学证据的采纳问题凸显出来之后，我们可以发现，多伯特案的案情本身针对的仅仅是专家证言问题中较为简单且容易被裁判者所判断的部分。⑥ 于是，在多伯特规则出台之后，法院在考虑是否对社会科学证据予以采纳的时候，实际上面临的问题远比弗赖伊规则所关注的那种狭

---

①Edward J. Imwinkelried, The Daubert Decision: Frye Is Dead, Long Live the Federal Rules of Evidence, 29 Trial 60, 62 - 63 (Sep. 1993).

②Daubert v. Merrell Dow Pharmaceuticals, Inc., 509 U.S. 579 (1993).

③David Faigman, To Have and Have Not: Assessing the Value of Social Science to the Law as Science and Policy, 38 Emory Law Journal 1005 (1989).

④See Tyus v. Urban Search Mgt., 102 F.3d 256, 263 (7th Cir. 1996).

⑤（美）爱德华·J. 伊姆维克里德：“从过去 30 年美国使用专家证言的法律经历中应吸取的教训”，载《证据科学》2008 年第 5 期。

⑥United States v. Starzecpyzel, 880 F. Supp. 1027, 1033 (S.D.N.Y. 1995).

义的“科学证据”要复杂得多。

但是，时至今日，对于科学证据中的“科学”是否包括社会科学，其实还没有形成一致的意见，因此科学证据的采纳标准是否可以用来调整社会科学证据的采纳也还需要进行更加深入的研究。但是一个不容置疑的现实便是，在多伯特案件之后，已经出现了一部分学者赞成将多伯特规则所调整的范围扩展开来并应用于社会科学证据。那么，回归本书的议题，社会科学证据的采纳到底应当遵循本节第一部分所归纳出来的一系列要素，还是需要受到以多伯特规则为代表的科学证据的特殊的可采性规则调整？显然，主张将多伯特规则适用于社会科学的以上观点将这个问题纳入了科学证据的研究体系，从而也将社会科学证据的采纳放到了科学证据的采纳理论和规则框架之中。然而也有学者认为，用于证明裁判事实的社会科学证据受到的调整应当来自于普通的证据规则。对这种证据进行采纳方面的评估需要考虑的是它是否具有实质性、证明性，以及是否符合其他的证据规则的要求。① 在这两种观点之外，还存在另一种折中的观点，也即将科学证据的采纳规则与普通的证据可采性规则结合起来共同调整社会科学证据的采纳问题。例如，在 1997 年的 Kelley v. American Heyer - Schulte Corp. 案中，面对原告提出的专家意见及其所依赖的社会研究报告，法官采用了这种综合性的证据采纳视角来排除该证据：首先，根据《联邦证据规则》第 703 条，该专家的证言依据的是不能合理依赖的事实；其次，根据多伯特规则，调查报告采用了不恰当的研究方法；最后，根据《联邦证据规则》第 401 ~ 403 条，这些研究报告不能满足关联性的要求。②

总的来说，从美国法院的诸多判例来看，法官们在审查社会科学证据的时候直接引述《联邦证据规则》第 703 条和多伯特规则的案例并不多见。换言之，大量的案件都是通过传统的证据规则来对社会科学证据的采纳问题进行调整的。但是，从上文的分析中可以看出，社会科学证据的采纳问题已经在历经一个世纪的发展之后形成了大量零散的规则，可以纳入科学证据采纳的理论框架。不过需要注意到的是，科学证

---

①John Monahan & Laurens Walker, A Judges´Guide to Using Social Science, 43 Court Review 156 (2007).

②Kelley v. American Heyer - Schulte Corp., 957 F. Supp. 873. (W. D. Tex. 1997).

据目前的可采性规则的确主要是用来调整自然科学证据的。因此，将社会科学证据的采纳纳入科学证据采纳的理论和规则体系，必须考察后者的各个要素是否都可以适用于前者。由于弗赖伊规则明显地着眼于自然科学证据，这里不再展开，仅就《联邦证据规则》和多伯特规则进行分析。

从《联邦证据规则》第 703 条所要求的几个要素看来，不管是要求证言基于充分的事实或资料，由可靠的原理或方法推论出来，还是需要证人将这些原理或方法可靠地适用于案件的事实，这些要素都既可以适用于自然科学证据，也可以适用于社会科学证据。然而，多伯特规则中的某些要素却不适用于社会科学证据的采纳。根据本书对社会科学证据从研究方法角度进行的界定，这种证据一般而言都是采用学术界达成共识的且适合在诉讼中实施的研究方法而制作的。因此，它通常并不涉及新科学、新技术是否已经得到证实等问题。而且，由于它所采用的研究方法所具有的这种共识性，通常也不涉及类似的科学或技术是否需要同行审查的问题。因此，虽然已经有学者和司法判例主张将多伯特规则的适用范围扩展至社会科学证据，但是现有的这一规则体系除了在误差率问题的考量之外实际上很难找到调整社会科学证据的空间。

据此，笔者主张将社会科学证据纳入科学证据的体系进行研究，但是在考察了科学证据的采纳理论和规则之后却发现其主要是着眼于自然科学的。或者可以说，在建构这些科学证据的理论和规则的时候，重要的判例和立法都没有在当时考虑到社会科学证据的应用。于是，要在科学证据的采纳规则之下研究和建构系统化的社会科学证据的采纳规则，有必要在现有的框架之下对前者进行充实。笔者认为，既然着眼于自然科学的科学证据的采纳规则发展至今已经定型，便没有必要将其推倒重来，可以考虑在这个框架之内分为自然科学和社会科学两大分支。于是，关于社会科学证据的可采性，一方面可以吸纳现有的适用于它的科学证据的采纳规则中的要素（如多伯特规则对误差率的考量），另一方面需要加入本节第一部分所总结出来的诸多特殊的采纳要素。

第二节　社会科学证据的采信

正如本章开篇所言，社会科学证据的采信关注的主要是它的真实性和充分性，因此本节的内容将从这两个角度分别展开论述。

一、社会科学证据的真实性

证据的真实性是采信证据的基本要求，任何证据都会涉及是否真实的问题，社会科学证据也不例外。不过，从笔者所收集的中美两国的案例来看，社会科学证据的真实性问题主要表现在中国，在美国并不突出。笔者认为，这种现象的出现与社会科学证据在中美两国的实际取证主体方面表现出来的差异应当存在一定的关系。如上文所述，美国法庭中应用的社会科学证据基本上都是由专家制作并以出庭做证的方式展现出来的。与此相对的是，这种证据作为一种我国法庭中的新事物，在很多案件中是由当事人直接采集的。特别是在没有公证机构对取证的过程和结果进行见证的情况下，这种证据的真实性的确很难保证。当然，这并不是说由专家代替当事人进行实际的取证，社会科学证据的真实性便不再存在疑问。只是相较而言，在由专家进行实际取证的情况下，基于专家的职业伦理、取证的规范化要求，社会科学证据的真实性会得到更大的保障。这里便结合我国的案例，对社会科学证据的真实性问题进行分析。

在 2007 年的“华联超市股份有限公司诉金湖世纪华联超市连锁有限公司上海松江第一分公司等擅自使用他人企业名称及其他不正当竞争纠纷案”中，原告为了证明被告存在不正当竞争行为，向法庭提交了一份包含问卷调查详情的（2006）沪证经字第 5631 号公证书。然而，被告对该证据的真实性提出了质疑，认为“公证现场只有两名公证员，按照公证书所列公证时间，公证员要监督整个调查过程是根本不可能完成的，有些问卷调查的签名及日期均存在问题”。法院在认证的时候认可了被告提出的异议，最终没有将这份证据作为“直接的定案依据”，而是“将结合其他证据予以综合认定”。[①] 这起案件便是法院以社会科学证据的真实性存在问题而在相当程度上未予采信的典型例子。由该案也可以看出，即使当事人在取证的时候采取了公证的方法，从形式上有利于保证社会科学证据的真实性，但是一旦公证本身也存在疑问，那么这份证据的真实性便会大打折扣。

---

①上海市第一中级人民法院（2007）沪一中民五（知）初字第 403 号判决书。

与采用了公证方式的社会科学证据不同，没有对取证的过程和结果进行公证的这种证据实际上更容易受到真实性方面的质疑。例如，在2004年的“杭州张小泉集团有限公司与上海张小泉刀剪总店等商标侵权及不正当竞争纠纷上诉案”中，上诉人向法庭提交了由其聘请的零点调查公司制作的两份社会研究报告，“用以证明被上诉人‘刀剪总店’的行为造成消费者对张小泉刀剪原产地的混淆，对上诉人和‘刀剪总店’的关系的混淆，对上诉人和‘刀剪总店’的产品的混淆”。被上诉人针对这两份社会研究报告进行质证的时候，认为“零点调查公司的调查报告不是真实的民意调查”。上海市高级人民法院在认证的时候接受了被上诉人的意见。具体而言，“该组证据材料是零点调查公司的调查报告，上诉人在庭审中指出，由于原来提供的一份调查报告有打印错误，故上诉人当庭提供新的报告内容。由于该组证据材料的真实性没有相关证据佐证，故该组证据材料的真实性不能确认”。于是，法院对这两份社会研究报告都未予采信。①

总的来说，由于社会科学证据目前在我国方兴未艾却缺乏有针对性的制度性规范调整，这种证据极易在法庭上出现真实性方面的危机。特别是在这种证据是由当事人而非专家制作，又没有进行公证的情况下，对方当事人和法官的质证、认证都很容易找到它在真实性方面的漏洞。这也印证了笔者在论述上一章我国司法实践中应用社会科学证据的实证研究时提出的看法，即当这种证据在目前还处于一种新事物而亟待规范的情况下，对它的取证进程和结果的真实性进行公证不失为一个恰当的选择。另外，如果不采取公证的方式，而是将社会科学证据的实际取证主体由当事人转换成专家，基于后者的专业伦理和制度规范，也有利于（当然也不是必然）确保这种证据的真实性。

二、社会科学证据的充分性

与社会科学证据的真实性相比，法官在考虑是否采信这种证据的时候实际上更加关注的是其充分性。证据的充分性强调的是它在获得证据能力后能够在多大程度上证明案件事实的问题。因此，这里所分析的内容都建立在某一份社会科学证据已经获得了证据能力这一前提之上。

---

①参见上海市高级人民法院（2004）沪高民三（知）终字第27号判决书。

本书在第一章就已经指出，社会科学证据所采用的研究方法具有不确定性，并不像一些遵循自然科学方法的实验、检验、鉴定报告那样，通常并不存在某一种既定的方法和程式以探寻科学的结果，在研究设计和研究的具体实施过程等多个方面都会因人而异。这样一来，社会科学证据在法庭中的应用很容易表现出或多或少的缺陷。我们应当认识到，这种证据存在的某些方面的缺陷是一种正常现象。我们不仅不能期望这种研究所得出的结论是非此即彼的，毕竟其中的结论可能存在着一定程度的概率偏差；而且，我们也应当认识到，不同的研究者很有可能会针对同一事实采取不同的研究方法。这便可以解释在应用社会科学证据的案件中为何会有大量的争论围绕着这种证据在取证时所使用的研究方法。例如，就社会科学证据经常采用的统计方法而言，就应当给予一个客观的认识。有学者提出，统计学方法的说服力不能乞灵于公式或者方法的正当性，它来源于整个过程的质量控制和执行力。统计方法的应用是一个完整链条，任何一环的弱点都会变成“阿基里斯的脚踝”，而常见的弱点乃是方案设计中隐含的逻辑和操作缺陷。只有躲开了各种统计陷阱，才能获得“科学意义下的说服力”。① 但是，这样一种期盼往往不会达到预期效果，任何一位社会科学专家都很难完成一项完美无缺的研究。正是社会科学证据在取证过程中表现出来的质量控制和执行力方面的偏差或缺陷，使得诉讼中针对这种证据所反映出来的证明力问题也十分突出，成为法官认证的时候所面临的一个十分重要同时又异常复杂的问题。由于社会科学证据的这些特点，它极少能够得到其他研究者和案件裁判者的普遍认同，这也导致完美极致的这类证据似乎总是难觅踪影。于是，但凡案件中出现了社会科学证据，不同的专家总是不难发现这种证据所内含的缺陷或漏洞，这也为不同的专家提出反对意见乃至吹毛求疵提供了可能。可以这样说，诉讼中的任何一份社会科学证据都可以表现出不同程度的证明力问题。

一些法官对社会科学证据在证明力方面表现出来的这个特性有着清醒的认识。例如，以“调查研究法”在司法证明中的应用为例，波斯纳法官在一起案件中针对面向消费者制作的社会研究报告进行的评价便

---

①黄向阳：“说服力的来源”（代译者序），载（美）汉斯·采泽尔、戴维·凯著《用数字证明：法律与诉讼中的实证方法》，黄向阳译，中国人民大学出版社 2008 年版，第 3 页。

可以给我们以发人深省的启示："如果只有完美的证据才是可准入的话，庭审将只需要持续很短的时间。"[1] 与此相似的是，一位名叫安德森（Anderson）的法官在一起案件中谈到社会研究报告时也认为，公众必须认识到这样一个事实，"这个领域的任何结论都不可能得到一个无懈可击的准确结果，它最多不过是一个近似值"。和社会科学中的其他任何与统计学有关的科学方法一样，每次调查，不管是如何小心建构和实施的，都会在某些地方有一些潜在的缺陷。合适的方法应该是在了解设计和实施调查的困难后再来看待这些证据，同时其技术缺陷只是用来减弱其证据效力，[2] 而非完全排斥其结论……[3]

正是由于社会科学证据在司法证明中的应用所表现出来的以上特点，决定了裁判者在采信这种证据的时候往往便容易出现"横看成岭侧成峰"的结果，这也导致法庭上对这种证据进行证明力判断的时候通常难以形成完全一致的见解。接下来便结合具体的案例，以社会研究报告在司法证明中的应用所反映出来的证明力问题进行简要的分析。需要说明的是，由于这种证据的证明力问题在任何案件中都可能存在，法庭辩论所针对的证明力事项也多种多样，因此这里不求面面俱到，仅举几个例子进行介评。

在司法证明中采用社会科学研究中常用的"调查研究法"，首当其冲的一个问题便是样本的代表性。如前所述，不能将样本的代表性等同于这类证据的采纳标准之一。这是因为，样本的代表性对证据采纳或采信而言其实并不存在明确的界限，必须根据个案的情况进行仔细甄别。样本的代表性过低，便无法满足这种证据的采纳要求。但是在许多情况下，"调查研究法"在应用的时候所出现的样本代表性方面的缺陷对调查全体的影响通常不会太大，制约的只是社会科学证据的采信而不是采纳。例如，在 1996 年的 Garold Stores, Inc. v. Dillar Dep't Stores 一案中，原告聘请霍华德（Howard）博士进行了一项针对消费者的社会研究。但是，霍华德博士所调查的全体仅仅是同一所大学的 1231 名本科女生。

---

①Indianapolis Colts v. Metropolitan Baltimore Football, 34 F. 3d 410 (7th Cir. 1994).

②这里保留所引文字的原貌，实际上"证据效力"也就是本节正在探讨的"证明力"。不同的学者对这个词的表述有所不同，但意思是一致的。

③转引自（美）约翰·莫纳什、劳伦斯·沃克著：《法律中的社会科学》（第 6 版），何美欢、樊志斌、黄博译，法律出版社 2007 年版，第 120 页。

这项调查毫无悬念地在庭审中受到了被告方强烈的质疑，被质疑的关键问题便是调查样本的代表性。但是，法官并没有对这份证据予以直接拒绝，而是指出“样本明显不代表其本该反映的全体的情况下，才应该拒绝调查证据……调查的技术性或方法论缺陷，包括取样的全体的充分性，只是对证据的分量而不是准入性有影响”。[①]

其次，问卷、访谈问题的不当设计也经常会造成证据证明力的削弱。在加拿大联邦最高法院于2006年判决的 Mattel Inc. v. 3894207 Canada Inc. 一案中，原告提出了一份采用问卷方法的社会研究报告。然而，法庭并不重视此问卷的证明力，因为问卷的题目明显偏颇于原告的立场。例如，原告问卷中的一个问题是：“你认为芭比娃娃公司与被告餐厅名称（芭比餐厅）有任何关系吗?”[②] 这样的问题设置很容易受到对方的质疑，因为它带有明显的引导性。与此相对的是，如果将问题设计成开放性的应答模式，让被调查者自由地、不受问题引导地给出自己的答案，这份证据的证明力会更容易受到裁判者的肯定。

我国司法实践中也有因为社会研究报告的问题设计存在缺陷而未获得采信的情况。例如，在2002年的“华东师范大学出版社诉吉林教育出版社不正当竞争纠纷案”中，对于原告提出的一份社会研究报告，法官便并未采信。判决书中指出，在这份调查中，“调查者没有从一般消费者选购书籍的角度去设置问题开展调查，而是直接就争议问题发问，这种调查结论难以采信”。[③] 又如，在2005年的“安海斯—布希公司（Anheuser－Bush，Incorporated）诉国家工商行政管理总局商标评审委员会商标注册纠纷案”中，针对原告单方取证提交的一份社会研究报告，法官也认为这份报告“在问题的设置、顺序安排等方面仅体现了安海斯—布希公司的意志，客观性不能保证”，[④] 因此未予采信。再如，在2006年的“日本曹达株式会社诉中华人民共和国国家工商行政管理总局商标评审委员会商标行政纠纷案”中，法官认为原告“提交的调查问卷或市场调查表……在内容上带有较明显的指向性，易对被调

①Garold Stores，Inc. v. Dillar Dep't Stores，82 F.3d 1533（10th Cir. 1996）.

②Supreme Court of Canada.［2006］1 S. C. R 772，268 D. L. R.（4th）424，2006 SCC22.

③上海市第二中级人民法院（2002）沪二中民五（知）初字第115号判决书。

④北京市第一中级人民法院（2005）一中行初字第958号判决书。

查者产生暗示，因此不能证明客观事实”，[①] 于是也未予采信。与这些案件类似的是，在本书导论中提到的“四川省爱心（集团）有限公司诉泸州爱心金行商标侵权与不正当竞争案”中，被告提交法庭的社会研究报告实际上也存在问题设置方面的缺陷。虽然本案的一审和二审判决都没有明确提到这个问题，但是笔者于2010年10月与承办该案二审的法官交谈时，曾经被告知“这份调查的问题设置方面存在着诱导性，只能作为参考”。虽然该案法官并未告诉笔者这份证据的问题设置到底存在什么问题，但是可以确定的是，社会研究报告的问题设置不当的确很可能造成证明力的减损，从而影响证据的采信。

这里仅从商标比对方法的角度来谈一下该案中社会研究报告存在的问题。根据最高人民法院《关于审理商标民事纠纷案件适用法律若干问题的解释》第10条的规定，认定商标相同或者近似的时候“既要进行对商标的整体比对，又要进行对商标主要部分的比对，比对应当在比对对象隔离的状态下分别进行”。在这其中，隔离比对又称为对商标的隔离观察比较，是指将注册商标与被控侵权的商标放置于不同的地点在不同的时间进行观察比对，不是把要比对的两个商标摆放在一起进行对比观察。[②] 虽然根据该司法解释的内涵，隔离比对原则是对裁判者的事实认定提出的要求，但是笔者认为，该原则同样适用于社会研究报告的问题设计。例如，在第三章介绍的我国大陆地区的一些案例中，法官便依据以上解释的规定，认为案件中出现的社会研究报告的商标比对方法没有遵循隔离观察的要求。[③] 另外，在上文提到的我国台湾地区发生的“好×化工股份有限公司诉台湾地区‘行政院’公平交易委员会违反公平交易法案”中，法院也明确地指出上诉人提交的社会研究报告的问卷设计违反了“异时异地隔离观察原则”。[④] 于是，当我们再回过头来看导论中社会研究报告的第9个、第12个问题的时候，便可以发现这

---

①北京市第一中级人民法院（2006）一中行初字第739号判决书。

②参见蒋志培：“如何理解和适用最高人民法院《关于审理商标权民事纠纷案件适用法律若干问题的解释》”，载《科技与法律》2002年第4期。（注：该文题目中的“商标权”应为“商标”）

③参见江苏省苏州市中级人民法院（2008）苏中知民初字第0180号判决书；上海市高级人民法院（2009）沪高民三（知）字第70号判决书。

④参见台湾地区“最高行政法院99年（2010年）判字第28号判决书”。

些问题明显违反了上述司法解释第10条的规定。

除了以上问题，社会研究报告在司法证明中的应用所出现的证明力争议多种多样，本书甚至无从进行条分缕析的完全归纳，只能进行一些典型例子的分析。例如，在1980年的Carlock v. State“商业淫秽”犯罪一案中，庭审中出现的关于社会研究报告的证明力争议也比较典型。被告人在初审法院被定罪后，向得克萨斯州刑事上诉法院提起了上诉。其上诉理由是，自己在初审法院的庭审中提出的关于淫秽材料的社区标准的社会研究报告及专家意见遭到了排除。就这份证据的可采性而言，检察机关曾经申请排除这项证据的主要理由有二：该调查是在1977年5月和6月进行的，所以无法反映1976年8月11日被指控犯罪发生时的社区标准，该调查针对的是社区有关淫秽的一般意见而非刑事诉讼争议中的那本杂志的意见。然而，针对检察机关的第一个异议，上诉法院的法官认为，检察机关所争论的问题——研究结论会在相对较短的时间内发生显著改变，是值得怀疑的。对此，笔者也认为，检察机关的质证意见可以说是对这种类型的社会科学研究的一种吹毛求疵。事易时移，任何在案件发生之后所做的社会科学研究从理论上讲都不可能完全反映案发当时的问题及相关情况，这也是社会科学研究所主要针对的社会性的事实所具有的内在特性使然。随着时间的流逝，研究结论的准确度的确可能与距离案发时间的长短成反比，这就要求社会科学研究者在设定方法的时候尽可能地接近案发时的原始状态，从而使研究结论尽可能地接近客观真实。而对于第二个争议，法院的判决可以说是部分地认同被上诉方的观点，但是却依然认可该证据的可采性。法院认为，“可以肯定的是，如果它询问的是争议中的那本杂志是否勾起了普通人的淫秽兴趣，调查会更具证据价值……但是，专家意见不会因为本可以有更具证据价值的问题加入调查之中而无法准入。因此，控方观察到的上诉人证据中的弱点只是对其证明力产生影响”。①

综上所述，以社会研究报告为主要形式的社会科学证据在任何一个环节存在缺陷，从理论上讲都有可能影响这种证据的充分性，从而制约法官对该证据的采信。有些缺陷由于显得过于细微，在司法实践中往往可以忽略；而另一些在样本选择、调查问题设置、实际取证程序等多方

①Carlock v. State, 609 S. W. 2d 787 (Tex. Cr. App. 1980).

面存在的缺陷则会实质性地影响社会科学证据在证明力方面的充分性。不过，到底是否可以忽略社会科学证据的这些缺陷，其实很难找到明确的界限，需要法官在实践中根据具体的案情进行审查认定。

第三节　作为司法认知依据的社会科学证据的审查认定

除了常规的采纳和采信，对社会科学证据进行审查认定的时候还有一个特殊的问题，即与这种证据密切相关的司法认知问题。正如第二章第一节提到的那样，在 1908 年的穆勒案中，司法证明历史中出现了用来证明“立法事实”的社会科学证据的雏形。但是实际上，只有在 1954 年的布朗案中，随着联邦最高法院在判决书中对连续引用的 7 份社会科学证据所证明的“立法事实”进行了“司法认知”，这种证据才开始在证明“立法事实”的时候发挥重要作用。需要说明的是，由于“立法事实”只存在于英美法系法官造法的制度环境之下，因此这里首先以美国法为例进行分析，然后再就此对我国相关的司法证明制度的启示意义进行探讨。

一、美国对“立法事实”的司法认知

毫无疑问，同“裁判事实”一样，“立法事实”也需要证明。最早区分这两种事实的戴维斯曾提出，在证明“立法事实”和“裁判事实”的时候，证据规则应该有所区别。[①] 笔者同意这样的看法。但是美国实际上并不存在调整证明“立法事实”的证据规则。通过分析美国《联邦证据规则》可以发现，通篇都没有涉及“立法事实”的证明问题。

笔者认为，这种现象与“立法事实”的证明活动所内含的本质属性有关。根据达马斯卡的观点，“英美证据法的独特性与审判法庭的组成密切相关……只有当审判法庭分裂为非专业和专业两部分时，技术性

①See Kenneth Culp Davis, An Approach to Problems of Evidence in the Administrative Process, 55 Harvard Law Review 364 (1962).

的证据法才有存在的空间”。[①] 具体而言，证据法最初是随着非专业的事实认定者在法庭中的出现而逐渐产生并发展起来的。尽管陪审团在如今的审判中出现的频率已经很小了，而且在某些国家甚至经历了从兴盛到消亡的过程，但是不可否认的是，证据法的一个重要作用是调整裁判者特别是非专业的裁判者的事实认定过程。证据法的这样一种生成及生存机理决定了当不存在达马斯卡所称的“原型审判法庭”（专业法官与陪审团同时存在）而裁判者只是专业法官的时候，证据法的作用及重要性都要大打折扣。

从这个意义上讲，这里所称的裁判者所需裁决的“案件事实”应当指的都是“裁判事实”，而不是“立法事实”。只有“裁判事实”才需要非专业的事实认定者进行裁决，这从逻辑上讲为证据法提供了“生存空间”。由于“立法事实”只是专业法官在造法、修改先例的时候所认定的问题，因此其是否需要证据规则进行调整至少相对“裁判事实”而言并不那么重要。即使在“原型审判法庭”中，“裁判事实”与“立法事实”也应当由陪审团和专业法官分工负责裁断，据此我们可以明白为何《联邦证据规则》只字不提“立法事实”的问题。而且，通过考察大量判例可以发现，在包括布朗案在内的确认“立法事实”的案件中，法官在很多情况下都是在判决书中直接引用社会科学证据的结论，作为论证“立法事实”的依据。可见，庭审结束之后的判决书对社会科学证据的评断也没有陪审团的作用。

虽然法官在裁断“立法事实”的时候，证据规则的重要性不大，但是也不能因此完全排斥法官的这种事实认定活动需要一定规则的指引或者规范。毕竟，法官并非圣贤，难免有过。那么，到底什么规则连接了本书所讨论的社会科学证据与法官对“立法事实”的裁断活动呢？通过证据法的体系特别是《联邦证据规则》的架构来看，答案只能是

---

①（美）米尔健·R. 达马斯卡：《飘移的证据法》，李学军等译，中国政法大学出版社2003年版，第34页。

司法认知。[1] 实际上，如第二章第一节所言，1908 年的穆勒案作为裁断“立法事实”的时候社会科学证据得到认可的雏形，联邦最高法院的法官所使用的语言便是“司法认知”（judicial cognizance）。

就《联邦证据规则》第 201 条所调整的司法认知问题而言，该条规定“只适用于‘裁判事实’的司法认知”。起草规则的咨询委员会的注释曾就此明确指出，规则中的司法认知并不涉及“立法事实”的司法认知，法官在处理“立法事实”的时候“没有规则”（no rule）。[2] 那么，在这种“没有规则”的情况下，法官到底该如何评估“立法事实”呢？而这个问题的逻辑前提是，法官到底该如何认定建构“立法事实”的那些包括社会科学证据在内的证据？面对大量的社会科学证据，法官有时很难做出恰当的选择。例如，当一个法院在个案中依据社会科学证据中得出的结论认定“立法事实”之后，后来的法官在面临同样的经验问题时依然会找不到关于这种“立法事实”如何认定的指引。有学者认为，在这样一种情况下，法院要么是采用是否“明显错误”的标准遵循过往判例关于社会科学证据的认定，要么是对这些证据进行重新评估。[3] 与此类似的是，《麦考密克论证据》一书在谈到“立法事实”的运用时指出了三个重要的问题：第一个问题是有时“只见树木不见森林”，也就是说，讲述如此多的历史、社会科学材料，结果好像是依

---

①这里就出现了一个必须从理论上加以厘清的问题：司法认知与证据的关系。美国证据法学界通常将证据的形式分为言词证据、实物证据和司法认知。参见（美）乔恩·R. 华尔兹：《刑事证据大全》（第 2 版），何家弘等译，中国人民公安大学出版社 2004 年版，第 16 页。但是从严格意义上讲，这里所称的司法认知并不是符合我国读者所熟知的关于证据的界定。司法认知通常在我国的教科书中被认为是一种证明方法，是一种替代常规证明手段通向案件事实的方法。虽然司法认知强调事实裁判者可以对案件事实进行直接认定，但是从理论和立法上讲司法认知并不排斥证据的运用。例如，根据美国《联邦证据规则》第 201 条（b）款的规定，司法认知确认的事实能够准确迅速地根据其准确性不能有合理怀疑的资料（resources）加以判定。同时，该条（d）款规定，如果当事人申请并提供必要的信息（information），法院应予司法认知。笔者认为，这两款所称的“资料”及“信息”实质上都可以理解为证据。当然，这种证据应当包括本书所称的社会科学证据。概言之，不能将美国证据法中作为证据形式的司法认知与我国证据法学语境下的证据形式画等号，否则便又会落入一种证据到底是否需要另一种证据加以证明的悖论。

②Advisory Committee Note to Federal Rules of Evidence. 201(a).

③John Monahan & Laurens Walker, A Judges´Guide to Using Social Science, 43 Court Review 156 (2007).

据纯实用主义因素来裁决，而不是依据强制性的宪法规范来裁决。第二个问题是大量的常识对解决现在问题来说好像是过多的。第三个问题是这些材料所赖以存在的历史情况改变后，再运用这些材料就显得特别令人难以置信了。①

正是由于运用社会科学证据对“立法事实”进行司法认知时面临“没有规则”的情况，司法实践中才出现如此多的争议。例如，在2007年的Parents Involved in Community Schools v. Seattle School District No. 1一案中，美国联邦最高法院以5：4的投票结果作出判决：在决定儿童入学时，不能将种族作为判断因素。② 在该案中，社会科学证据的应用便引发了联邦最高法院的多数意见和少数意见之间的激烈争论。以布雷耶（Breyer）大法官为代表的少数意见认为：“种族平衡的学校促进了黑人学生的教育效果。”为此，布雷耶法官引用了一些社会科学证据来支持其主张。但是，联邦最高法院的多数意见则认为，这些证据中的观点实际上在社会科学家之间也争论得喋喋不休，并不能轻易对其下结论。例如，一些学者在研究中认为，黑人学生从种族平衡制度中得到了切实的利益；③ 另外一些观点则对这个问题的结论更加慎重，认为这种制度对黑人学生的学业成就所产生的效果并不是单一的，而且积极的效果和消极的效果并存，部分学生得到了帮助，也有人受到了伤害，还有人并没有显现出什么不同；④ 此外，还有学者得出的结论则是，无法证实黑人学生们得到了益处。⑤

不过，这些案件中出现的类似争论实际上也并非完全无章可循，人

---

①笔者所引述的这段文字保留了翻译文字的表述，实际上这里所称的“社会科学材料”、“材料”都指的是本书所探讨的社会科学证据。参见（美）约翰·W. 斯特龙主编：《麦考密克论证据》（第5版），汤维建等译，中国政法大学出版社2004年版，第637页。

②Parents Involved in Community Schools v. Seattle School District No. 1 551 U. S. 701 (2007).

③See, e. g., Crain & Mahard, Desegregation and Black Achievement: A Review of the Research, 42 Law & Contemp. Prob. 17, 48 (Summer 1978).

④See, e. g., Henderson, Greenberg, Schneider, Uribe & Verdugo, High - Quality Schooling for African American Students, in Beyond Desegregation 162, 166 (M. Shujaa ed. 1996).

⑤See, e. g., Armor & Rossell, Desegregation and Resegregation in the Public Schools, in Beyond the Color Line: New Perspectives on Race and Ethnicity in America 219, 239, 251 (A. Thernstrom & S. Thernstrom eds. 2002).

们一直在努力试图使"立法事实"的司法认知制度化。[①] 莫纳什和沃克两位教授在1986年提出了采用"社会权威"（social authority）的概念来解决这个理论难题，以此作为法官使用社会科学材料的参考标准。在这样一种理论框架下，法院应当将与创立或修改某个法律规则相关的社会科学证据视为是一种权威，而不是将它当作事实的来源。更加具体地讲，法院应当在普通法的框架下像对待先例那样处理社会科学证据。这是因为，社会科学证据虽然是从个别、具体的经验数据出发，但是其考虑的人、场景以及时间都超越了个别的研究。因此从本质上讲，社会科学证据与法律之间具有内在属性的一致性——两者都具有适用范围超出个案的一般性原则。于是，法院在对社会科学证据进行审查认定的时候，可以参照遵循或规避先例的做法来进行具体的评估。[②] 具体而言，法院应当信赖那些满足了下列条件的社会科学证据：（1）经过科学界的严格审查；（2）采用有效的研究方法；（3）经推论可适用于本案的争议问题；（4）为其他大量的研究所支持。[③]

除此之外，我们也可以从采用社会科学证据对"立法事实"进行司法认知的著名判例的表述中找到类似的答案。例如，上文对1954年的"布朗诉托皮卡教育委员会"一案的分析中提到，法官在判决书中试图论证种族隔离会对黑人小孩的心智发展造成不良影响这一案件事实时，引用了7份社会科学证据，并且指出这个结论已经得到了"当代权威的（研究成果）充分的支持"。[④] 具体分析美国联邦最高法院在布朗案判决中的这一表述可以发现，这句简单的陈述其实包含着丰富的含义，从中我们可以窥见司法证明活动中引用这类证据时应当考虑的几个要素："当代"、"权威"、"充分"。"当代"这个因素回应了上述《麦

①（美）约翰·W. 斯特龙主编：《麦考密克论证据》（第5版），汤维建等译，中国政法大学出版社2004年版，第637页。

②一般而言，法院在对先例进行评估时，有四项标准：（1）在上诉体系中，上级法院判决的效力高于下级法院的判决；（2）理由充分的判决的效力高于理由平平的判决；（3）案件事实与争议案件更相似的先例比案件事实很容易区分开的先例效力更高；（4）有其他法院跟随的案件比孤立案件效力更高。转引自 John Monahan & Laurens Walker, A Judges´Guide to Using Social Science, 43 Court Review 156（2007）。

③John Monahan & Laurens Walker, Social Authority: Obtaining, Evaluating, and Establishing Social Science in Law, 134 U. PA. L. REV. 477（1986）.

④Brown v. Board of Education, 347 U.S. 483（1954）.

考密克论证据》一书中提到的第三个难题，“权威”这个要素则与莫纳什和沃克的解决方案中的第（1）个条件异曲同工，“充分”这个要素则是第（4）个条件的简略表达。由此可见，在对“立法事实”进行社会科学证据的司法认知的时候，学者提出的解决方案和判例中给出的意见其实在本质上是大同小异的。只不过，这些学理上的解决方案和判例中的意见只是在选择的角度和具体的表述方面存在差异。因此，在司法实践中认定“立法事实”的时候，对社会科学证据进行的审查并不存在一个简单的整齐划一的标准，需要结合以上学理和判例的意见进行综合评判。

二、我国免证事实制度可以借鉴的经验

在我国的证据法律制度中，并不存在像美国这样的司法认知制度。而且，由于我国也并不存在判例法环境下的法官造法制度，因此更谈不上法官在个案中对所谓的“立法事实”进行的司法认知。不过，与司法认知制度类似的是，我国对特定的无须举证证明的事实实行免证的制度。实际上，司法认知与免证事实之间存在着密切的关系。这是因为，免证事实制度的设立是站在当事人的角度，就特定事实免予举证；司法认知制度则站在法官的角度，强调法官对特定的事实直接进行认定。虽然两种制度所针对的事实在范围并不完全一致，但是却存在相当程度的共通性。同时，就“立法事实”的司法认知而言，虽然我国并不存在“立法事实”的问题，但是这种特殊的司法认知对我国的免证事实制度的实际操作具有重要的启示意义。①

前文已经提到，由于“立法事实”并不局限于个案，因此它具有超越个案中的“案件事实”的相对普适性。正是“立法事实”所具有的这个特点，决定了在司法实践中采用常规证据对其加以证明的难度。在这种情况下，一些当代权威的社会科学研究成果恰恰能够充当这种证明的依据，作为认定“立法事实”的依据。与美国的“立法事实”类

---

①需要说明的是，本书主张借鉴美国对“立法事实”的司法认知可以立足于相关的社会科学证据的做法，为我国免证事实制度的实际运行提供参照，实际上已经涉及本书第五章即“社会科学证据在我国司法证明中的应用领域探索”的内容。由于这部分论述与第四章第三节的内容密切相关，因此仅在这里展开论述，第五章不再对这一问题进行探讨。

似的是，我国的免证事实中的一些类型同样具有超越个案的“案件事实”的相对普适性，因而在诉讼中有时候同样难以确定。例如，根据《人民检察院刑事诉讼规则》第 437 条、最高人民法院《关于民事诉讼证据的若干规定》第 9 条以及最高人民法院《关于行政诉讼证据若干问题的规定》第 68 条的规定，一种常见的免证事实便是“众所周知的事实”或称“为一般人共同知晓的常识性事实”。在大多数情况下，当诉讼中需要对这类事实实行免证的时候，或许的确不会产生争议。但是，我们不能排除在某些案件中，对争议事实是否“众所周知的事实”抑或“为一般人共同知晓的常识性事实”，很可能无法达成一致意见。如果法官轻率地允许一方当事人对这类事实免予举证，对方当事人很可能提出反对意见。但是，如果法官要求当事人对这种事实进行证明的话，犹如美国的“立法事实”的证明一样，在很多情况下其实很难做到。在这样一种背景下，我们不妨借鉴美国的做法，借助那些能够证明这类事实的社会科学证据来加以证明。例如，某些社会科学著作或者研究报告如果恰好能够提供与案件相关的“众所周知的事实”的信息，而且这些著作或者报告的结论是令人信服的，那么将来在确立一定规则的情况下，司法裁判没有理由对这些证据加以拒绝。

当然，这里同样需要澄清的是，既然法律规范已经规定了某些事实是免证事实，为何还需要社会科学证据来加以证明呢？上文已经提到，美国在对“立法事实”进行司法认知的时候，实际上并不排斥用相应的证据来加以佐证。这实际上有利于法官更加恰当、更加合理地进行司法认知，避免因主观臆断而出现司法认知错误。同样，在我国的司法证明活动中，对于像“众所周知的事实”这样的免证事实实际上也可以通过相应的证据来加以佐证。因此，在通常的情况下，如果诉讼中没有对“众所周知的事实”产生争议，那么当然用不着再加以证明。但是，当这种事实的认定出现了争议——也即当事人之间或者当事人与法官之间对案件中涉及的“众所周知的事实”未能达成一致意见的时候，再采用相应的证据来加以证明的必要性就会凸显出来。而且，法官在确定免证事实的时候为了避免当事人出现争议或者为了避免自己主观臆断，完全可以将自己的这种职权行为立足于特定的证据基础之上。当然，这些证据理应包括社会科学证据。而且，以本书所探讨的作为社会科学证据之主要形式的社会研究报告来看，这种证据还很可能在证明“众所周知的事实”时发挥重要的作用。社会研究报告是对一定范围内为数众多的人关于某些事件、事物、社会现象等的意识、观点、态度进行的调查，由于它面对的是为数众多的人，因此这种证据的结论恰恰可以用来反映一些“众所周知的事实”。当然，至于在诉讼中如何对社会研究报告或其他的社会科学证据加以审查认定，也可以借鉴上文美国的学理探讨以及判例中给出的意见。这里不再就此展开论述。

此外，我国的上述文件中规定的另一类特殊的免证事实在发生争议的情况下有时也可以通过社会科学证据来加以佐证，这便是“根据日常生活经验法则推定的事实”。根据近年来的证据法学研究以及相关的司法实践，我们可以明显地感觉到日常生活经验法则在裁判中的应用存在着极大的难度，而且也很容易引发争议。① 在这种情况下，如果再根据一些难以确定的日常生活经验法则对某些事实进行推定，会给免证事实制度的实际运行带来极大的困难。于是，在经验法则的运用以及依据经验法则对免证事实加以确定的时候，法官需要特别谨慎。在这种情况下，如果发生争议或者法官如果希望避免争议，完全可以依据一些证据直接证明或者加以佐证。实际上，基于作为社会科学证据的社会研究报告的调查对象是为数众多的人的群体意识、观点和态度，这种证据在确定经验法则以及依据经验法则进行推定的时候，往往可以发挥常规证据难以达到的效果。

---

①最典型的案例便是2007年发生的“南京彭宇案”。该案的一审法官在判决书中指出，“如果被告是做好事，根据社会情理，在老太太的家人到达后，其完全可以说明事实经过并让老太太的家人将她送到医院，然后自行离开。但彭宇未作此等选择，他的行为显然与情理相悖”。参见江苏省南京市鼓楼区人民法院（2007）鼓民一初字第212号判决书。

第五章　社会科学证据在我国司法证明中的应用前瞻

任何证据都有它的适用范围，社会科学证据作为一种新型的证据也不例外。本书已经多次提到，这种证据并不是万能的，它可以在证明一些特定问题的时候发挥重要的作用，但是却对另外一些事项的证明派不上什么用场。特别是从中美两国司法实践的比较可以清晰地看出，仅仅就纠纷的类型而言，社会科学证据的应用领域似乎是比较狭窄的。虽然两国运用社会科学证据的纠纷类型都主要集中于知识产权侵权纠纷——尤以商标专用权侵权纠纷最为显著，不过相比尚不足 20 年发展经验的中国，这种证据在美国经历了一个世纪的发展之后，应用的领域还是要丰富得多。在美国，这种证据不仅适用于民商事案件和行政案件中的多种纠纷类型，在刑事诉讼中也得到了相当程度的应用。

不过，由于司法制度和诉讼文化的不同，我国在将来应用这种新型证据的时候不可能完全以美国为借鉴。实际上，上文所提到的我国司法实践中于 1994 年出现的第一起应用社会科学证据的案件便明显不是来自于对国外相关证据制度的移植，甚至也与当时开展的证据法学研究没有直接的关系，而是实践自发的产物。时至今日，我们不仅可以发现这种证据在我国的司法证明活动中应用得已经越来越多，而且可以预见其还将有广阔的应用前景。于是，在明确了这一发展趋势之后，本书的最后一章便是要试图勾勒社会科学证据在我国诉讼中的应用领域，以期为这种证据的制度化、规模化的应用提供一种框架性的理论指引。为此，本章将从刑事诉讼和民事诉讼[①]两个视角分别探讨社会科学证据在我国司法证明中的应用领域。

第一节 社会科学证据在刑事司法证明中的应用

经过第二章和第三章对中美两国司法实践的考察可以发现，社会科学证据在民事诉讼中的应用要远远多于在其他类型诉讼中的应用。从笔者在第三章以社会研究报告为视角分析的66起中国的案例来看，也没有一起刑事诉讼案件。美国的刑事诉讼存在一些社会科学证据的应用，但是也主要集中于淫秽案件、强奸案件等极其有限的案件种类。但是，实然的考察并不能完全代表应然的发展方向。特别是在中国，当前刑事诉讼中应用的许多证据形式实际上也包含着一些社会科学证据的特征，而且对于一些特定的罪名或者一些特定的证明事项，社会科学证据还拥有着广阔的应用空间。由于刑事审判原则上应分为定罪阶段和量刑阶

①由第三章关于中国司法实践中应用的社会科学证据的实证分析可以发现，行政诉讼中也有应用社会科学证据的情况。但是由于行政诉讼与民事诉讼在诉讼模式上更加接近，而且需要应用社会科学证据进行证明的争议事项也比较类似，因此本章不再对这种证据在行政诉讼中的应用进行具体的分析。例如，根据第三章第一节表3-2中关于案由的统计，社会科学证据在6起行政诉讼中的应用所属的案由集中在“商标、行政裁决”和“商标、行政确认”两类。当事人在这些案件中提交的社会科学证据也全部是用于证明商标认知度、消费者关于商标混淆情况、商品购买情况等事项的社会研究报告，这与这类证据在某些民事诉讼中所证明的事项没有任何区别。参见“豪夫迈—罗须控股公司（F·Hoffmann-LaRocheAG）诉中华人民共和国工商行政管理总局商标评审委员会注册商标行政纠纷案”，北京市第一中级人民法院（2005）一中行初字第677号判决书；“安海斯—布希公司（Anheuser-Bush，Incorporated）诉国家工商行政管理总局商标评审委员会商标注册纠纷案”，北京市第一中级人民法院（2005）一中行初字第958号判决书；“日本曹达株式会社诉中华人民共和国国家工商行政管理总局商标评审委员会商标行政纠纷案”，北京市第一中级人民法院（2006）一中行初字第739号判决书；“索尼爱立信移动通信产品（中国）有限公司诉国家工商行政管理总局商标评审委员会商标确认纠纷案”，北京市第一中级人民法院（2008）一中行初字第196号判决书；“刘建佳与索尼爱立信移动通信产品（中国）有限公司等商标行政纠纷上诉案”，北京市高级人民法院（2008）高行终字第717号判决书；“王洪洲诉国家工商行政管理总局商标评审委员会商标异议行政纠纷案”，北京市第一中级人民法院（2010）一中知行字初第2117号判决书。

段，这里便根据这两个阶段具体分析社会科学证据的应用领域。①

一、定罪阶段的应用

（一）定罪阶段应用的可能性

在分析社会科学证据在定罪阶段的具体应用之前，有必要在理论上回答这种证据在民事诉讼和刑事诉讼中的应用为何会出现如此大量的差异。对这个问题给出恰当的解释，有利于厘清刑事诉讼和民事诉讼的不同特征，从而为社会科学证据的应用找到合适的落脚点。

笔者认为，虽然可以从多种角度找到解说这种现象的原因，但是两种诉讼所采取的不同的证明标准是其中一个重要的原因。一般而言，刑事诉讼的证明标准要高于民事诉讼。例如，不管是美国定罪所采行的“排除合理怀疑”标准还是我国的“事实清楚，证据确实、充分”标准，对案件事实的证明都有相当高的要求。与此不同的是，美国的民事诉讼证明采用“盖然性占优势”的标准，对证明的要求较之刑事诉讼显然低了许多。我国《民事诉讼法》虽然在证明标准上也规定为“事实清楚，证据确实、充分”，但是理论和实务一般都不认同在具体把握该标准的时候需要上升到刑事诉讼所要求的高度。2002 年施行的《最高人民法院关于民事诉讼证据的若干规定》第 73 条第 1 款规定：“……人民法院应当结合案件情况，判断一方提供证据的证明力是否明显大于另一方提供证据的证明力，并对证明力较大的证据予以确认。”通常认为，该规定的出现，使得我国民事诉讼的证明标准转向大陆法系和英美法系都通用的盖然性标准。

正是两种诉讼采用了不同的证明标准，很大程度上导致社会科学证据在实践中应用的差异。与自然科学追求真理的客观性和绝对性相比，对社会、历史现象的认识，在量上不像前者把握得那样精确。② 笔者认

---

①需要说明的是，社会科学证据中的社会研究报告在刑事诉讼中的应用也同民事诉讼类似，实际上也可以按照第五章第二节对当事人（刑事诉讼中即被告人以及类似当事人地位的被害人）、证人、普通公众这三类研究客体的不同进行类型化研究。但是由于社会研究报告在刑事诉讼中的应用领域相对于民事诉讼而言更为集中，为了使本节的研究更能反映刑事诉讼的特点，这里并未像第五章第二节那样根据研究客体的不同对社会研究报告进行划分，而是按照这种证据在定罪阶段和量刑阶段的不同进行划分。

②参见周来祥：“人文社会科学研究的特点与规律”，载《文史哲》2003 年第 1 期。

为，正是科学的这两大门类所具有的这种不同的特征使得两种不同类型的科学证据在司法证明中的实际应用出现了极大的差异。由于立基于自然科学的知识、理论和方法的自然科学证据能够对事物进行精确的描述和解释，因此它能够满足包括刑事诉讼在内的所有诉讼类型针对案件事实的证明标准的要求。与此相对的是，社会科学证据在探寻真相的功能方面难以望前者之项背，因此在刑事诉讼中极少得到应用。

从实践中的量的角度讲，刑事诉讼中的证据主要是公诉方提出的控诉证据，而且主要是用于定罪的证据。由于这些证据直接关系到被告人被指控的犯罪事实是否能够得到法官的认定，因此与刑事诉讼的证明标准密切相关。但是，实际上我们应当对上文提到的刑事诉讼和民事诉讼的证明标准所表现出来的差异进行认真的反思。深入分析以上论述可以发现，我国刑事证据法学界长久以来所探讨的证明标准都是笼统地针对所谓的“案件事实”的。例如，有的学者对证明标准的概念的界定便是明确指向“案件事实”的：“承担证明责任的人提供证据对案件事实加以证明所要达到的程度”。① 另有学者即使是在理论上主张从“客观真实论”转向“法律真实论”，对证明标准所针对的法律事实也是进行笼统的界定。② 但是，与这些观点不同的是，民事证据法学界经常会从证明责任这一民事证据法学中的基本问题出发对证明标准进行研究。受到“法律要件分类说”等理论的影响，学者们在探讨证明标准的时候有时就不会笼统地指称“案件事实”，而是“要件事实”，也即证明标准所针对的是构成“案件事实”的诸多“要件事实”。③ 这种观点对刑事证据法学关于证明标准的研究具有重要的启示意义。这是因为，虽然与民事实体法对要件事实的分析角度和具体表现不同，但是我国刑法在定罪的问题上也类似地将事实划分成四个要件。与理论上笼统地针对案件事实探讨证明标准的做法不同的是，刑事司法实践特别是审判活动中并不会（实际上也不可能）对案件事实进行笼统的证明，而往往是对犯罪主体、犯罪主观方面、犯罪客体、犯罪客观方面的事实分别予以证

①樊崇义主编：《证据法学》，法律出版社 2008 年版，第 311 页。

②具体而言，这种观点只是将证明标准概念中的“案件事实”换成了“法律事实”：“司法证明的标准应当概括为用证据证明具体案件所要求明确的法律事实，即达到法律意义上的真实。”参见何家弘、刘品新：《证据法学》（第 3 版），法律出版社 2008 年版，第 325 页。

③该观点受到了中国人民大学民事诉讼法专业 2011 届崔蕴涛博士的启发，在此表示感谢。

明。这样一来，司法证明的实践在具体操作过程中实际上是一种前后相继但又相对分割的证明。[①] 在这样一种操作模式下，对各个犯罪构成要件事实的证明所要达到的程度不可能保持完全一致。例如，在一起杀人案件中，公诉人必须对包括“何时”、“何地”、“何情”等因素的犯罪客观方面进行清楚的证明，但是如果案件中存在关于被告人的实际年龄到底是20岁还是21岁的冲突的证据，在已经满足定罪要求的情况下，并没有必要对与犯罪主体密切相关的这个问题进行清楚的证明。

概言之，如果不将刑事诉讼中的证明标准笼统地针对案件事实，而是分割为各个要件事实甚至更多不同的待证事项的话，可以发现证明这些事项所应当达到的证明程度或证明要求是不可能一致的，也没有必要都达到所谓的“事实清楚，证据确实、充分”。对证明标准界定的这种重新解构对本书研究的意义在于，社会科学研究由于结论的概然性等特征固然无法满足对“案件事实”清楚、笼统的证明，但是却可以用来证明一些无须较高证明要求的事项。因此，在这样的理论设想之下，社会科学证据即使在定罪阶段也可以拥有广阔的应用空间。

（二）定罪阶段的定性研究：以精神病鉴定意见为视角

可以肯定的是，在我国当前刑事诉讼中常见的包括科学证据在内的所有证据形式中，并不存在完全或纯粹依据社会科学研究方法的证据。但是，这并不等于说中国的刑事诉讼就不存在一些符合或近似社会科学证据特征的证据。通过第一章对当前实际运用的科学证据的检视，笔者认为，精神病鉴定意见所采用的某些鉴定方法最为符合社会科学证据的特征，而且这些方法主要属于社会科学研究中的定性研究方法。当然，精神病鉴定意见并不仅仅存在于刑事诉讼，但是在刑事诉讼中最为常见，而且主要针对的是犯罪嫌疑人或被告人的精神状态、法定能力（如刑事责任能力、受审能力等）、精神损伤程度、智能障碍等问题。因此，这里虽然从刑事诉讼的角度进行分析，但是研究结论可以适用于其他类型的诉讼。此外，虽然《刑法》也考虑到对某些精神病人的量

①一个典型的现象便是，如果公诉人无法确切无疑地证明被告人达到了刑事责任年龄，那么再进行其他要件事实的证明其实已经没有任何意义了。在这种情况下，法官可以直接以被告人的年龄未达到刑事责任年龄而宣判其无罪。

刑问题，[①] 但是由于针对犯罪嫌疑人或被告人的精神病鉴定在确定其是否应当负刑事责任的问题上备受关注，因此这里仅在“定罪阶段的应用”部分对精神病鉴定意见中的定性研究进行探讨。

为了考察精神病鉴定意见到底是如何做出的，首先请看一则案例：

2009 年 10 月 31 日 22 时 30 分，32 岁的伍文奎在云南省昆明市北京路穿心鼓楼中信自助银行门口将一女子用水果刀劫持。伍文奎的行为导致北京路该路段交通一度陷入瘫痪，并引来大量市民围观。在此期间，伍文奎要水喝、要东西吃、要烟抽。在经历了长达 8 个小时艰难的对峙、谈判之后，一名便衣警察终于在 11 月 1 日 6 时 35 分伺机将伍文奎抓获。

结合伍文奎在案发时的反常情况，他后来被送往云南省精神病医院司法鉴定中心进行精神病鉴定，该中心的蔡云帆主任主持了这次鉴定。蔡云帆第一次见到伍文奎时，“门‘哐当’一声打开，伍文奎重重地坐在椅子上，一脸傲慢与不屑”。在将近半个小时的一问一答中，伍文奎始终没有表情，一副置身事外的样子，似乎在公众场合挟持了人质的那个人跟他毫无关系一样。在蔡云帆试着询问伍文奎的经历时，他的话匣子突然打开，不停重复着他被跟踪、被迫害的过程，不容蔡云帆插嘴。“我去厦门打工的时候，很多人都在跟踪我，他们骂我、监视我。”听到这些话，蔡云帆初步感觉伍文奎很可能是典型的被害妄想症。伍文奎还在说个不停：“我回到昆明，很多东川人围着骂我。我住在宾馆，我都能听到一公里以外他们用最难听的话骂我。”“我在麻园住旅馆，他们在旅馆里装监视器。我和别人打牌也有监视器，所以我老输，是因为他们能看到我的牌。”拿起桌上的一杯水一饮而尽后，伍文奎又接着说：“他们晚上还不让我睡觉，一晚上都在骂我，骂得好难听。我都睡不着……”结合相关部门提供的材料，蔡云帆心里有了底，特别是他在挟持人质时提出的要求，给鉴定结果提供了最有力的证据。“他释放人质的要求竟然是要枪要炮，他还称要用这些东西来打击黑社会。这是完全异于正常案情的情景。他已经无法摆脱虚幻的感知所带来的幻听和

---

①《刑法》第 18 条第 3 款规定：“尚未完全丧失辨认或者控制自己行为能力的精神病人犯罪的，应当负刑事责任，但是可以从轻或者减轻处罚。”

幻觉。”结合病史、笔录、面谈，2个小时之后，蔡云帆在伍文奎的精神分裂症的鉴定报告上签了字。①

需要明确的是，作为一种科学证据，精神病鉴定意见绝不像某些媒体报道的这么简单，似乎仅通过一支笔和一张纸就可以完成。不过，一个显而易见的事实是，与其他很多必须依靠科学仪器进行的鉴定不同的是，该案中的司法精神病鉴定从形式上来看的确简单许多。在这次鉴定中，专家与被鉴定者的询问笔录成了鉴定意见做出的重要依据。② 然而，尽管我们似乎从来没有对这种询问方法的科学属性进行认真的总结，但通过仔细分析便可以发现，这从本质上讲就是社会科学定性研究方法中典型的访谈法。根据访谈法的一般要求，在进行访谈的准备这一阶段，研究者需要根据被访者的有关材料对被访者进行初步的了解，准备详细的访谈提纲，然后确定访谈的方式与进程。而在访谈的过程中，研究者必须按照以上研究准备和研究设计进行具体的访谈。最后，研究者需要根据访谈记录得出专业性的结论。可见，精神病鉴定过程中采用的询问方法的内在机理与社会科学定性研究方法中的访谈法并无二致。由于根据询问笔录得出的结论本身就是精神病鉴定意见的一个重要组成部分，因此从这个意义上讲，精神病鉴定的过程带有很明显的社会科学研究的特征。

---

①侯玉才：“精神病鉴定是如何做出的”，载《都市时报》2010年3月5日。

②当然，这些询问笔录并不是唯一的依据。根据卫生部于1998年颁布的《精神疾病司法鉴定管理办法》第21条的规定，委托或者申请精神病司法鉴定，应当提交精神疾病司法鉴定委托书或者申请书，并提交下列材料：（一）被鉴定人及其家庭资料；（二）被鉴定人的案件情况；（三）被鉴定人的社会资料；（四）知情人对被鉴定人精神状态的证言；（五）被鉴定人的疾病情况和病历资料；（六）精神疾病司法鉴定委员会要求提交的基本材料。办案机关委托鉴定的，除提交上述规定的材料外，还应当提交被鉴定人案件卷宗材料。已经鉴定过的案件的鉴定或者申请，还应当提交原鉴定结论。因此，在司法精神病鉴定中，除了询问笔录之外，还存在许多需要参考的材料。另外，根据卫生部于2001年发布的《关于加强对精神病院管理的通知》的附件，司法精神病鉴定专家还需要对“精神病人入院收治指征”进行观察，主要通过眼睛看和语言交流等方式开展。这些“指征”的具体内容包括：1. 临床症状严重，对自己和（或）周围构成危害者；2. 拒绝接受治疗或门诊治疗困难者；3. 严重不能适应社会生活者；4. 伴有严重躯体疾病的精神病人应视躯体疾病的情况协调解决收治问题，原则上应视当时的主要疾病决定收治医院和科室；5. 出现严重自伤、自杀、拒食或严重兴奋、冲动伤人、外跑等，可危及生命或危害社会治安者应属紧急收治范围，并应给予特级护理。

此外，精神病鉴定过程中采用的社会科学定性研究方法并不仅限于访谈法。在目前的精神病鉴定实践中，鉴定机构还经常会采用“明尼苏达多项人格测验”（Minnesota Multiphasic Personality Inventory，MMPI）。[①] 该项“测验”实施起来十分简单，仅需要受测试者针对每一个题目回答“是”或“否”。接下来，鉴定专家再根据答卷进行评估，并结合其他鉴定方法判定受测试者是否患有精神疾病或存在精神障碍。这种测试方法，恰好符合社会科学研究中的自填式、结构式的问卷“调查研究法”。[②] 与前述询问中的开放式问题（open - ended questions）相比，这种“测验”中的结构式问卷调查设置的是封闭式问题（closed - ended questions）。[③] 通过对比可以发现，鉴定专家采用询问方法的时候是与被鉴定者进行面对面的交谈，因此主观性较高，对专业技能也提出了极高的要求；在进行“明尼苏达多项人格测验”的时候，由于问题的设置已经十分规范，专家的作用主要体现在对答卷的分析上，因此这种方法所得出的结论在客观性方面会更有保证。显然，两种鉴定方法各

---

①“明尼苏达多项人格测验”是由美国明尼苏达大学教授哈瑟韦（S. R. Hathaway）和麦金力（J. C. Mckinley）于20世纪40年代制订的，其主要功能是测查个体的人格特点，判别精神病患者和正常者。编制者从大量病史、早期出版的个性量表及医生笔记中选出1000多个题目，然后对正常和异常被试进行重复测验、交叉测验，选出两组被试反应明显不同的题目构成问卷。最后定型的MMPI共包括566个自我报告的题目。这些题目的内容涉及很广，包括身体各方面的状态（如神经系统、心血管系统、生殖系统等），精神状态以及对家庭、婚姻、宗教、政治、法律、社会的态度等26类问题。MMPI可以反映的个性信息比较丰富、全面，因此得到了广泛的应用。到目前为止，它已被翻译成各种文字版本达100余种，被广泛应用于人类学、心理学和医学领域，是目前世界上最常用的人格自称量表。中国科学院心理研究所于20世纪80年代将“明尼苏达多项人格测验”引入中国，时至今日已经成为我国司法精神病鉴定的常规检测方法。

②实际上，本书探讨的作为社会科学证据之主要形式的社会研究报告也会经常采用问卷调查法，这在第二章、第三章所列举的诸多案例中已经得到了体现。这里需要区分的是，本书主要关注的社会研究报告采用的是一种定量研究方法，因此问卷的发放是针对为数众多的当事人、证人或者普通公众；精神病鉴定过程采用的问卷调查则是一种定性研究方法，只是针对被鉴定者发放问卷，并不存在定量分析的问题。

③“开放式问题”要求回答者针对问题做出自己的回答，适于深度访谈或定性访谈；“封闭式问题”则要求回答者在研究者提供的答案中选择一个答案。相比开放式问题，封闭式问题的主要缺点在于研究者所提供的结构式回答可能会忽略一些重要的回答。参见（美）艾尔·巴比著：《社会研究方法》（第11版），邱泽奇译，华夏出版社2009年版，第247页。不过，由于“明尼苏达多项人格测验”已经在全球范围内得到了广泛的应用，其科学性很少受到质疑，因此在司法精神病鉴定中不用再担心题目设置的问题。

有优劣，适合在精神病鉴定实践中配合使用。

总之，正如第一章所介绍的那样，或许我们会对作为精神病鉴定意见所依据的精神病学、心理学等学科的学科属性存在争议，但是不可否认的是，在进行精神病鉴定的时候，我们在很大程度上使用着社会科学研究中的定性方法。在当前的精神病鉴定实践中，这些角度不同的定性研究方法已经不可或缺。而且，我们在未来还可以更多地吸取社会科学定性研究方法的精华，推动精神病鉴定制度的完善。因此，只要有利于推动精神病鉴定方法走向科学且更加完善，社会科学研究方法中适合对个人开展的定性研究原则上都有应用的可能。例如，在问卷调查法中还有一种格式化或者结构化的访谈法，研究者提出一系列开放式问题，受测试者不用受到“明尼苏达多项人格测验”中固定答案的限制。显然，这种问卷调查方式结合了开放式访谈与“明尼苏达多项人格测验”两种方法的特点，可以在司法精神病鉴定中由专家选择适用。为了直观地了解开放式问卷调查的具体表现形式，可以考察一下中国人民公安大学李玫瑾教授于2006年在著名的邱兴华杀人案中对被告人进行的问卷调查及邱光华的答案：

问：如果遇到与你有同样作案想法的人，你想对他说什么？

邱：不要这样，对自己没什么好处。

问：如果你在闲暇的时候，想一些问题的时候，你会想些什么？

邱：我会想什么办法走向成功之路，办一个修理铺，或者电焊铺什么的。

问：你有没有崇拜的人？

邱：村里的阮仕栋，在困难的时候把家建好。

问：你最不喜欢的事情是什么？

邱：没有人格尊严的事。

问：你最不喜欢的人谁？

邱：游手好闲的人。

问：你小时候很容易成为被欺负的对象吗？或相反？

邱：是，何家（妻子娘家）的人。

问：你是否有过成功的事情，让大家很羡慕？

邱：1989年，把村里的自来水井从山下挪到山上，让山上的每户人家都能吃上自来水，然后修了房子，1985 年娶上老婆。

问：你有没有很没面子的事？

邱：1979 年，我偷村里的广播线，最后定性为盗窃。

问：你有没有信奉的人生格言？

邱：韩信“人不怕 32 岁死，只怕死后无名”。①

李玫瑾教授的问卷是通过中央电视台的记者向邱兴华发放的，总共有两份问卷，以上部分便是其中的节选。李玫瑾教授发放问卷的目的是了解邱兴华的心理及精神状态，而不是进行精神病鉴定，但是这种问卷形式对丰富精神病鉴定中的定性研究方法具有重要的启示意义。从以上问答内容可以看出，研究者为了考察应答者的心理及精神状态，设置了一系列问题，有的问题与案情密切相关，有的则可能只是一种旁敲侧击的探察。问卷并没有提供任何答案供应答者选择，而是由后者根据自己的生活经历、对人生的理解、对案情的认识等各个方面自由地回答。与“明尼苏达多项人格测验”方法中提供固定答案的形式不同的是，这种开放式的问卷设计更有利于深度考察应答者的心理状况及精神状态，因此可以成为精神病鉴定实践的重要借鉴。当然，与“明尼苏达多项人格测验”这种标准化测试方法不同的是，采用开放式问卷调查的形式开展的定性研究必须针对个案设计恰当的问题，因此对研究者的专业素质和业务水平提出了更高的要求。

（三）定罪阶段的定量研究：以社会研究报告为视角

社会科学证据有多种表现形态，限于本书的研究重点，这里转向以采用定量研究方法的社会研究报告为视角进行分析，以此分析社会科学证据在定罪阶段的具体应用。鉴于社会研究报告必须是针对为数众多的人进行的调查，而且是对这些人关于涉案事实的观点、态度、意见的调查，因此它可以在某些罪名的证明中发挥传统的调查方式所不具有的重要作用。根据笔者的梳理，社会研究报告至少在以下一些罪名的证明中有巨大的应用空间。由于以下罪名的数量相对有限，这里便不进行进一步的类型化分析，只按照这些罪名在《刑法》分则中分布的顺序分别

①杜琛：“邱兴华部分心理学答卷公开，专家对案情分歧严重”，载《新闻晨报》2006 年 12 月 22 日。

予以分析。

1. 适合采用社会研究报告的罪名探析

（1）假冒注册商标罪

我国《刑法》第213条规定，未经注册商标所有人许可，在同一种商品上使用与其注册商标相同的商标，情节严重的，处3年以下有期徒刑或者拘役，并处或者单处罚金；情节特别严重的，处3年以上7年以下有期徒刑，并处罚金。实际上，这里所规定的"相同"并不是绝对意义上的。毕竟，许多案件中出现的假冒注册商标也仅仅是与受合法保护的商标形似，而不是完全相同。而且，注册商标与假冒商标到底是不是"相同"，由于消费者在购买商品的时候并不存在可以参照的样本，因此他们在很多情况下极有可能将相似的商标认为是相同的商标。

那么，到底什么是这个条文中规定的"相同"，对"相同"又如何加以判断？可供法官选择的一个传统的方法便是根据他们自身的经验，就注册商标与假冒商标实际上是否相同作出判断。但是这种做法有着明显的缺陷。即使法官设身处地地假设自己在购买与注册商标略有不同的假冒商标的时候是否会产生误购，也不能将自己对这个问题的认识推而广之地扩展到其他人的判断。特别是对于一些在外观上与注册商标存在一定程度差异的假冒商标而言，有人在单独面对后者的时候可能就会明确地认为它与前者是相同的，而其他人的认识可能会截然相反。

对此，张明楷教授认为，对于该条中"相同"的认定，应以是否足以使一般消费者误认为是注册商标为标准……"相同"并不要求所假冒的商标与他人注册商标的音、意、形没有任何差异。假冒商标与注册商标总会在某些方面存在细微差别，认定是否"相同"应考虑消费者的通常识别能力，因为商标具有区别不同生产者或经营者生产或经营同种商品的功能，具有宣传商品的作用，而消费者在购买商品时，不可能携带真正的注册商标并进行比较，只能根据自己的记忆或印象选购商品；如果要求假冒商标与注册商标没有任何差异，才确定为假冒注册商标，则不利于保护消费者的合法权益，也会过于缩小假冒注册商标犯罪的处罚范围。因此，相同的商标，包括与被假冒的注册商标完全相同，以及与被假冒的注册商标在视觉上基本无差别、足以对公众产生误导的商标。①

实际上，这种观点在最高人民法院、最高人民检察院于2004年发布的《关于办理侵犯知识产权刑事案件具体应用法律若干问题的解释》第8条中便有相应的表述。该条规定，《刑法》第213条规定的“相同的商标”，是指与被假冒的注册商标完全相同，或者与被假冒的注册商标在视觉上无差别、足以对公众产生误导的商标。此外，最高人民法院、最高人民检察院、公安部于2011年1月10日印发的《关于办理侵犯知识产权刑事案件适用法律若干问题的意见》也有类似的表述。该意见第5条明确了《刑法》第213条规定的“同一种商品”的认定问题。具体而言，“名称相同的商品以及名称不同但指同一事物的商品，可以认定为‘同一种商品’。‘名称’是指国家工商行政管理总局商标局在商标注册工作中对商品使用的名称，通常即《商标注册用商品和服务国际分类》中规定的商品名称。‘名称不同但指同一事物的商品’是指在功能、用途、主要原料、消费对象、销售渠道等方面相同或者基本相同，相关公众一般认为是同一种事物的商品”。此外，该意见第6条还规定，具备4种情形之一的，便可以认定为“与其注册商标相同的商标”，其中第4种情形便是“其他与注册商标在视觉上基本无差别、足以对公众产生误导的商标”。

因此，在该意见正式下发后，法官在审理“假冒注册商标罪”案件的时候就必须考察公众或一般消费者是否会认为注册商标与假冒商标“相同”。然而，在目前常见的证据形式上，无法找到合适的证据来证明消费者对这个问题的判断。于是，最有效的办法就是采用社会研究报告的形式，由专家对消费者关于注册商标与假冒商标是否“相同”的认识或判断进行调查，进而出具专家意见。

（2）侵犯商业秘密罪

社会研究报告一般需要面向人数不特定的公众展开调查，因此对于《刑法》中就“公众”这个关键词有明确规定的条文，需要认真思考是否有社会研究报告应用的空间。通过对这个关键词的检索，笔者认为，社会研究报告可以在《刑法》第219条规定的“侵犯商业秘密罪”的认定中发挥作用。根据该条规定，商业秘密指的是“不为公众所知悉，

①张明楷：《刑法学》（第3版），法律出版社2007年版，第617页。

能为权利人带来经济利益，具有实用性并经权利人采取保密措施的技术信息和经营信息”。通过这个界定可以发现，如果要认定被告触犯了该罪，那么在犯罪客观方面必须要求其所侵犯的商业秘密“不为公众所知悉”。换言之，如果公众知悉相关的情况，那么便不能将它称之为《刑法》所界定的商业秘密，被告的行为便不会被贴上犯罪的标签。

然而，在一起个案中，对公众到底是否知悉检察机关所控诉的“商业秘密”应该如何来认定呢？显然，采用社会研究的方式有利于解决这个用常规证据形式难以应对的证明难题。因此，只要结合案情，确定个案中公众的范围，然后采用抽样调查的方式进行社会研究，对于商业秘密的认定可以起到很好的作用，从而避免法官的主观臆断。

（3）损害商业信誉、商品声誉罪

同民事案件中关于个人名誉的判断类似，刑事案件中关于“商业信誉、商品声誉”是否受损的事实往往也难以认定。《刑法》第221条规定，捏造并散布虚伪事实，损害他人的商业信誉、商品声誉，给他人造成重大损失或者有其他严重情节的，处2年以下有期徒刑或者拘役，并处或者单处罚金。实际上，这个罪名很少在司法实践中出现，但是一旦出现便很容易带来事实认定方面的困难。在展开具体分析之前，先看一则案例：

2009年，北京市环卫工人马赛结识了同事刘晓静，二人确定了情人关系。一两个月后，刘晓静见马赛感情不专一，便开始对其心生嫌隙。同年10月，刘晓静四处找打手谋杀马赛时，无意间结识了在宣武区一家大厦担任保安员的男子高星原。曾学过生物医药的高星原向刘晓静支招，用体温计内的汞珠来毒害马赛。刘晓静购买了数十支体温计，先后对马赛进行了三次投毒。在前两次投毒失败后，同年11月7日，在北京西单大悦城豆捞坊，刘晓静将为马赛点的雪碧打开后倒进了事先准备好的汞珠。不知情的马赛喝下雪碧后，口吐大量汞珠，后被诊断为急性汞中毒。事发后，马赛还给刘晓静发短信，要求刘晓静及其表妹在接受讯问时，称饮料为每人各自打开，试图统一口径。马赛称，该瓶饮料为其亲自打开，通过家人向媒体披露，在可口可乐公司生产的雪碧中喝出了水银。按照马赛向公安机关的供述，他捏造自己打开雪碧的虚伪事实，排除人为投毒的因素，就是为了今后和可口可乐公司谈判的时候作筹码，只不过他还没有提出索赔，公安机关就介入了。警方经过调查，确定汞为人为投放。警方在对马赛和刘晓静再次进行讯问后，刘晓静终将事件的真相和盘托出。2010 年年底，北京市西城区人民检察院对犯罪嫌疑人刘晓静、高星原以故意杀人罪提起公诉，对犯罪嫌疑人马赛以损害商业信誉、商品声誉罪提起公诉。①

此案一经媒体报道，便引来了各方关注。这不仅是因为原本作为被害人的马赛成为被告人的离奇案情，还因为“损害商业信誉、商品声誉罪”这一罪名在司法实践中极其罕见。从这个罪名的犯罪构成的客观方面讲，除了要有被告人实施了损害商业信誉和商品声誉的行为，还需该行为造成了重大损失或者有其他严重情节。对此，张明楷教授认为，该罪中“对重大损失应从经济的观点进行考察，给他人造成的直接经济损失数额重大，严重妨害了他人正常生产经营活动或者导致停产、破产等”②。但是，笔者并不认同这种观点。从法条的表述来看，实际上并不直接涉及经济损失的问题。具体而言，在犯罪的客观方面构成本罪的关键应当在于被告的行为造成了被害方商业信誉、商品信誉的重大损失。当然，经济损失也可以列入“其他严重情节”，作为商业信誉、商品信誉遭到损失的附带后果，但是并不适宜将它作为最重要的损失。对于从事商业活动的法人、其他单位或个人来讲，在很多情况下商业信誉、商品声誉遭到损失其实远比经济上的损失要更为严重。

然而，正是“损害商业信誉、商品声誉罪”所需要考虑的这个犯罪后果，致使该罪名在司法实践中极少出现。原因很简单，正如《法制晚报》所报道的那样，“由于声誉的损害是无形的，统计损失存在较大困难，所以司法实践中认定本罪有一定难度”③。“雪碧案”中的检察官显然意识到了这个难题，因此在办理该案的过程中开创性地实施了一项网上调查。具体而言，“为了考察汞中毒事件给可口可乐公司造成的损失，检察官在事发一年后通过互联网进行网友调查，仍有 46.4% 的

---

① 参见武新：《雪碧汞中毒案三人被公诉，涉及罕见罪名》，载 http://www.morningpost.com.cn/xwzx/bjxw/2010-12-02/86763.shtml，最后访问日期：2011 年 1 月 2 日。

②张明楷：《刑法学》（第 3 版），法律出版社 2007 年版，第 625 页。

③李奎：“雪碧汞中毒案公诉 涉及罕见罪名”，载《法制晚报》2010 年 12 月 2 日。

网友认可雪碧中有汞。49.5%的网友表示不会再购买可口可乐饮料”①。这项调查实际上就是本书所探讨社会研究的一种具体表现形式，只不过本案中的调查采用了网络这种特殊的媒介。然而，由于媒体关于检察官进行的这项通过网络开展的社会研究的信息仅限于此，笔者无法获知检察官是否将这些调查结果呈交给法院，作为控诉证据。② 对此，笔者认为，在本罪所要求的商业信誉、商品声誉方面的重大损失的确难以用常规手段加以证明，在当前可以考虑采用的措施中，社会研究是较佳的取证手段。毕竟，一家企业的商业信誉或商品声誉是否因为一起事件而遭到损失，包括消费者在内的公众是最有发言权的。因此，社会研究报告在“损害商业信誉、商品声誉罪”的事实认定中可以作为一种行之有效的证据。

（4）侮辱罪、诽谤罪

侮辱罪、诽谤罪都属于侵犯名誉的犯罪，换言之，这两个罪名所指向的法益都是他人的名誉。《刑法》第246条规定，以暴力或者其他方法公然侮辱他人或者捏造事实诽谤他人，情节严重的，处3年以下有期徒刑、拘役、管制或者剥夺政治权利。同民事案件中的名誉权侵权案件类似的是，刑事案件中对受害人名誉是否受损的评价也十分有必要考虑普通公众对这个问题的看法。③ 因此，将公众的意见汇集进社会研究报告，以证明相关人员的名誉是否受损可以收到很好的效果，而且也可以作为犯罪行为或后果是否“情节严重”的重要参考。

（5）制作、贩卖、传播淫秽物品罪

需要指出的是，“制作、贩卖、传播淫秽物品罪”并不是一个单一的罪名，而是“制作、复制、出版、贩卖、传播淫秽物品牟利罪”、“为他人提供书号出版淫秽书刊罪”、“传播淫秽物品罪”、“组织播放淫秽音像制品罪”、“组织淫秽表演罪”这5个罪名的统称。虽然这5个

①孙莹：“毒杀情人　怎样的爱恨”，载《北京晚报》2010年12月14日。

②需要说明的是，仅仅以媒体的报道来看，很难将检察官所开展的这项网上调查称得上是一项有说服力的社会科学证据。一个很重要的原因在于，这项调查很容易受到从事社会科学研究的专业人员的质疑，如无法保证抽样的代表性、网友可能重复接受调查等。

③我国的民事诉讼中的名誉权侵权案件中出现过当事人采用社会调查的方式，以证明对方当事人的行为造成了相关人员社会评价的降低。参见“霍寿金与中国电影集团公司等名誉权纠纷上诉案”，北京市高级人民法院（2007）高民终级字第309号判决书。

罪名所调整的犯罪行为不同，但是在认定的时候都需要解决一个棘手的问题，即什么是“淫秽物品”。对此，《刑法》第367条规定：“本法所称淫秽物品，是指具体描绘性行为或者露骨宣扬色情的诲淫性的书刊、影片、录像带、录音带、图片及其他淫秽物品。有关人体生理、医学知识的科学著作不是淫秽物品。包含有色情内容的有艺术价值的文学、艺术作品不视为淫秽物品。”然而，即使有这样的界定，对淫秽物品的认定在司法实践仍然会经常产生争议。下面来看一则案例：

2010年9月26日，广东顺德的一名高三语文教师元平（化名）被东莞警方带走并很快被刑拘，理由是他涉嫌“传播淫秽物品”。原来，元平有一个叫作“天涯蓝药师”的网名，他将描写东莞桑拿行业的小说《在东莞》发布在网络上，这部作品单是在天涯“舞文弄墨”论坛的点击量就超过了200万。然而警方对该案的处理引起了社会上的极大争议。例如，“舞文弄墨”的首席版主“蜘蛛1”便认为，这部小说描写的“东莞的城市生活，有揭秘桑拿行业和夜生活内幕的性质”，小说“只能算三流，可能达不到出版要求，但写得很真实”。他认为从有关部门的判断标准看，这小说也只能算文学作品而非色情出版物，“《在东莞》是文学作品，不是黄色小说。小说有些黄，但都是很文学的描写，如果拿电影来比喻，它不是A片，而是三级片。如果是黄色小说，我们也早就删除了”。此外，律师周泽也认为，《在东莞》作为网络小说，应视为有艺术价值的文学作品，不属于淫秽物品。然而，“特别需要指出的是，是否有艺术价值，可能是一个见仁见智的问题。因此，判断一件有色情内容的作品是否属于淫秽物品，需慎之又慎，毕竟事关创作自由、言论出版自由”。“是否淫秽物品，应该交给文学艺术专家去判断，而不应该由警察来判断。警方简单地将一个作品认定为淫秽物品可能损害创作自由。”①

的确，尽管《刑法》已经对淫秽物品进行了一番界定，但是对于很多人而言，有时候淫秽与艺术、文学之间的界线其实很难划清，这起

---

①参见陈宇、王鎏锋、梁惠枝：“东莞警方顺德刑拘一网络小说作者”，载《南方都市报》2010年9月28日。

案件便是诸多争议案件中比较突出的一起。虽然报纸上报道的这起案件所引发的争议还处于公安机关的侦查阶段，[①] 但是对淫秽物品的认定难题即使到了审判阶段也仍然存在。为了解决事实认定上所存在的这个难题，美国的司法实践中便出现过针对公众开展的关于淫秽问题的社区标准的社会研究，以此将裁判者的事实认定权转由社会公众行使。[②] 与此类似的是，周泽律师在对元平一案进行评论的时候也主张将是否属于淫秽物品的问题转交文学艺术专家进行判断。但是无论具体是由普通公众还是文学艺术专家进行判断，对淫秽物品的认定都可以采用社会研究的方式开展，以此有机吸纳与案件无关的第三方主体的意见，帮助法官有效地对这类案件进行裁判。

2. 小结

上文对社会研究报告在刑事案件定罪阶段的应用只是进行了一些粗略的列举，笔者相信这种证据在定罪阶段还有一些其他的应用。由于这里的总结尚属于一种前瞻式的概括，难免可能有所疏漏。毕竟，社会研究报告在刑事案件定罪阶段的应用在目前仍是一个全新的课题，还有待理论研究和司法实践的进一步总结和挖掘。

需要再次注意的是，社会研究报告所得出的结果通常都会表现为一种盖然性的证据。例如，对商业信誉、商品声誉进行的调查，结果不可能是简单的造成损失或者没有损失，而应当是多大程度的损失；对某一事项是否属于商业秘密的调查，也只能从公众中抽样出一定数量的人群进行调查，以此考察公众知悉该事项的比例；针对某一物品是否属于淫秽物品而对公众进行的社会研究也只能通过有限的样本来进行观察……由于这些社会研究所针对的对象都不是一定范围内的全体公众，因此这种证据的结论显然不可能完全精确地反映所有这些公众关于特定问题的认识和态度。于是，从这个意义上说，可以将社会研究报告作为定罪阶段的证据来加以使用，很难用刑事案件证明标准所谓的“事实清楚”来加以要求。因此，这再一次说明，如果将刑事案件所要证明的事实进行拆解，实际上并不可能也不必要对某些特定的事项都用笼统的“案

①东莞警方对小说作者采取刑事拘留措施后很快又将其释放，案件无后续进展。

②参见（美）约翰·莫纳什、劳伦斯·沃克著：《法律中的社会科学》（第6版），何美欢、樊志斌、黄博译，法律出版社2007年版，第125～150页。

件事实清楚，证据确实、充分”的证明标准来加以要求。

另外，社会研究报告在定罪阶段的应用还需要关注的一个问题是实际的取证主体。虽然上文主要是从控诉方的角度对社会研究报告在定罪阶段的应用进行解读的，但是一个明显的事实是，检察机关一般不会主动开展社会研究。原因有二，一是受这种证据取证成本的制约，二是法律并不要求控方必须在上述罪名的指控中提出这类证据。例如，在上文提到的“雪碧案”中，检察机关通过网络开展的社会研究实际上并不是必须实施的取证活动——尽管如果不这样做的话，采用常规的证据形式很难对犯罪事实加以证明。

于是，除了从公诉机关或自诉人的角度来对社会研究报告的应用进行分析之外，不应忽视这种证据在定罪阶段的应用也可以来自于其他的取证主体。例如，虽然刑事诉讼中的证明责任原则上由控诉方承担，但是在证明责任转型、证明责任倒置或被告方针对控诉行使证明权利的时候，基于控方与辩方的力量对比和攻防位置，法律对辩方举证的要求可以低于对控方的要求。换言之，辩方的证明不必达到“证据确实、充分”或者“排除合理怀疑”的标准。[①] 于是，在证明标准降低的情况下，社会科学证据作为辩护证据便有了存在的合理性。在美国，由辩护方向法院提交社会研究报告的情况在淫秽指控案件中最为常见。尽管法律并不要求检控方提供关于淫秽问题的专家意见作为控诉证据的一部分，[②] 但是却允许被告方提供关于社区标准的社会研究报告来反驳检控方。[③] 显然，这种通常采取抽样调查技术制作的社会研究报告并不能完全精确地代表社区居民的意见，但是只要规范地开展调查，形成的结论却可以最大限度地接近客观真实。而且，由于被告方的证明在刑事诉讼中所需要达到的证明标准一般低于控诉方的证明标准，因此来自被告方

①何家弘、刘品新：《证据法学》（第3版），法律出版社2008年版，第295页。

②当然，美国法律关于社会科学证据在控辩双方证据体系的这种不同安排并不是主要基于证明标准的考虑。美国在20世纪70年代的几个判例反对检控方提出关于关于社区标准的专家证据的主要理由在于，社区标准是需要交由事实裁判者直接认定的问题，而无须专家的介入。例如，美国联邦最高法院在1973年的Paris Adult Theatre I v. Slaton一案中认为，“一旦所争议的淫秽物品本身已经作为证据被准入，便不存在控诉方提供专家证言或者任何其他证明淫秽的辅助性证据的需要”。See Paris Adult Theatre I v. Slaton, 413 U. S. 56, (1973).

③参见（美）约翰·莫纳什、劳伦斯·沃克著：《法律中的社会科学》（第6版），何美欢、樊志斌、黄博译，法律出版社2007年版，第131页。

的社会研究报告更是不存在证明标准方面的理论障碍。

在我国的刑事诉讼中，被告方在特定事项的证明问题上如果有能力提交类似的证据，从理论上讲完全具有被采纳乃至采信的可能。例如，在上文提到的“损害商业信誉、商品声誉罪”的指控中，既然控方可以提交社会研究报告，那么被告显然也应当拥有这样的权利。当然，刑事诉讼中由被告方提交社会研究报告的情况显然不会仅限于此。只要适合开展社会研究的事项，被告原则上都有权提交，从而可能会在辩护过程中收到奇效。

此外，在公诉案件中，如果控诉方在特定的案件中并未开展社会研究但又苦于难以达到证明要求的时候，社会研究报告也可以由被害人来提交。因为如果由侦查机构和检察机关开展这种需要专门知识和技术及专门训练的取证活动，恐怕超出其能力范围；如果聘请社会调查机构的话，又受到资金的限制。上文也已经提到，如果从规范的社会研究的角度来检视的话，像“雪碧案”中由检察机关通过网络开展的社会研究实际上存在着很多缺陷，如果作为本书所探讨的社会科学证据来加以使用，恐怕难当其任。因此，虽然笔者主张在特定的刑事案件中可以使用社会研究报告作为控诉证据，但是却并不必然需要由侦查机关或检察机关来进行实际的取证。至少在“损害商业信誉、商品声誉罪”的刑事诉讼中，被害方要想挽回商誉，可以主动向侦查机关和检察机关提交这类证据。毕竟，在刑事诉讼中由检察官向法院提出的控诉证据中，绝大部分是由侦查机关和检察机关自行收集的，除此之外可以由被害人提供。当然，被害人既可以自行开展调查，也可以委托社会研究机构进行调查。实际上，除了挽回商誉，被害方向侦控机关提交这样的证据还存在经济上的动力。这是因为，如果被告在刑事诉讼中未被定罪，基于我国的刑事附带民事诉讼制度，被害方在后续的民事诉讼中几乎没有受偿的可能。①

二、量刑阶段的应用

在展开本节论述之前，先来看一则在量刑阶段开展社会研究引起极大争议的案例：

---

①参见刘品新：“‘捆绑诉讼’的错案隐患”，载《人民检察》2005 年第 15 期。

2010年10月20日晚，西安音乐学院大三学生药家鑫开车撞伤一名26岁的女子。因担心自己的车牌号被对方记下，药家鑫持水果刀朝对方连捅8刀致其死亡。由于多种因素的共同作用，对被告人是否应当处以极刑的讨论在社会上一度相当激烈。2011年3月23日，该案在西安市中级人民法院开审。在现场500多名旁听人员中，有400人是大学生，村民和受害人亲属仅25人。而且，在这些旁听审判的学生中，有一部分是来自药家鑫所在的西安音乐学院的学生，他们的人数比其他学校的学生都多。每位旁听人员都收到了一份“旁听人员旁听案件反馈意见表”。该意见表涉及两个问题：您认为对药家鑫应处以何种刑罚？您对旁听案件庭审情况的具体做法和建议？法院的此种做法一经媒体公布，立即引发轩然大波。例如，北京市国汉律师事务所的赵三平律师便认为，“西安中院的做法显然是荒谬的，发放调查问卷没有法律依据，没有任何措施以保证参加调查的人员没有倾向性，并且把量刑这样的专业问题也作为主要调查问题，让那些音乐学院及其他专业的年轻学生对‘量刑’这样严肃的、专业的问题提出可以影响判决的意见，太荒诞了”。[①]《检察日报》的评论文章则从该案中采用的民意调查出发，提出了进行这种调查需要注意的两个问题：一是问卷对象要达到一定数量，人太少，结果难有代表性；二是问卷对象必须是中立的第三方，而不能和某一方有这样那样的特殊关系。[②]

总结药家鑫案针对旁听人员进行的问卷调查，实质上有两组问题值得我们深入的思考：首先，对被告人应处以何种刑罚这个问题是否有必要由旁听人员发表意见？这种做法是否有法律依据？其次，如果这种做法具有正当性，那么究竟应当如何开展调查？对于第一组问题，根据刑事诉讼的基本机理，对被告人处以何种刑罚是一个典型的法律适用问题，是需要专业法官进行裁断的问题。与此相对的是，案件中的事实问题则可以在陪审团审判的制度框架下由陪审团成员这样的普通民众进行裁断。因此，且不论该案中对旁听人员进行问卷调查的做法有无法律依

①参见杨昌平：“药家鑫的生死谁说了算”，载《北京晚报》2011年4月13日。
②李曙明：“药家鑫案：问卷做量刑参考须慎重”，载《检察日报》2011年3月25日。

据，单就这种在专业法官的量刑裁断过程中人为地加入对普通民众之意见的参考的做法，其正当性便值得考问。对于第二组问题，笔者同意《检察日报》评论文章的看法，由于旁听人员并非随机产生而且他们中有相当部分来自于被告人所在的学校，因此在样本不具有代表性而且样本的倾向性无法避免的情况下，与其做这样一份糟糕的调查，还不如不调查！

不过，虽然不应当就被告人如何处刑这一量刑法律问题进行社会研究，但是笔者认为，对于刑事案件中的量刑事实问题，开展社会研究则具有正当性。实际上，以社会研究报告为代表的社会科学证据除了在定罪阶段可以应用，在量刑阶段更是拥有更大的应用空间。与定罪阶段需要证明的定罪事实相对的是，量刑阶段需要证明的是量刑事实。按照李玉萍女士的总结，量刑事实指的是控辩双方所提出的罪重、罪轻主张所依据的事实，包括罪前事实（如累犯、前科或一贯品行良好）、罪中事实（如手段极为残忍、犯罪对象是老弱病残者）、罪后事实（如自首、立功或逃跑、毁灭罪证等）等反映犯罪行为社会危害性以及被告人人身危险性方面的事实。[①] 由于量刑事实的证明是在定罪程序已经结束的情况下开展的，因此证明标准的把握较之于定罪事实的证明而言宽松了许多。在这其中，罪中事实和罪后事实由于发生时间较近，而且客观存在许多较易收集的证据，因此证明难度相对较低。与此相对的是，用于证明罪前事实的证据收集起来难度很大。这不仅仅是因为侦控机关在收集证据的过程中往往容易忽略这类证据，还因犯罪行为社会危害性以及被告人人身危险性方面的量刑事实主观性极强，本身就存在证明的难题。

而使用社会研究报告，则有利于解决量刑事实所存在的证明难题。例如，在一些特定的罪名的量刑问题上，社会研究报告可以发挥常规证据难以企及的效果。以《刑法》第 292 条规定的聚众斗殴罪为例：“聚众斗殴的，对首要分子和其他积极参加的，处三年以下有期徒刑、拘役或者管制；有下列情形之一的，对首要分子和其他积极参加的，处三年以上十年以下有期徒刑：（一）多次聚众斗殴的；（二）聚众斗殴人数多，规模大，社会影响恶劣的……”由此可见，对于犯有聚众斗殴罪

---

①李玉萍：“量刑事实证明初探”，载《证据科学》2009 年第 1 期。

的首要分子和其他积极参加的人员，若要判处3年以上10年以下有期徒刑，其中一个考虑的因素便是“社会影响恶劣”。如何鉴别聚众斗殴的犯罪行为造成了恶劣的社会影响？除了法官根据自己的司法经验以及对控辩双方提出的常规证据进行评判之外，采用社会研究报告的方式加以证明是一个不错的选择。

不过，社会研究报告在我国刑事诉讼中量刑阶段的应用其实并不限于对聚众斗殴罪所规定的“社会影响恶劣”的调查。总的来说，与社会研究报告极易混淆的“社会调查报告”近年来在未成年人审判程序的改革中找到了明确的落脚点。虽然这项改革几年前便在各地进行试点，而且关于这些改革的地方性规定层出不穷，但是直到近两年，这两项改革才开始有了全国统一的步伐。随着一批来自于中央国家机关的文件的出台，对未成年人犯罪者的量刑予以规范的社会调查制度也开始得到大范围的落实。

最高人民法院于2010年发布的《关于进一步加强少年法庭工作的意见》第13条规定，有条件的人民法院在审理未成年人刑事案件时，对有关组织或者个人调查形成的反映未成年人性格特点、家庭情况、社会交往、成长经历以及实施被指控犯罪前后的表现等情况的调查报告，应当进行庭审质证，认真听取控辩双方对调查报告的意见，量刑时予以综合考虑。必要时人民法院也可以委托有关社会组织就上述情况进行调查或者自行调查。人民法院应当在总结少年审判工作经验的基础上，结合实际情况，积极规范、完善社会调查报告制度，切实解决有关社会调查人员主体资格、调查报告内容及工作程序等方面的问题，充分发挥社会调查报告在审判中的作用。同年，中央综合治理委员会预防青少年违法犯罪工作领导小组、最高人民法院、最高人民检察院、公安部、司法部、共青团中央于2010年联合发布的《关于进一步建立和完善办理未成年人刑事案件配套工作体系的若干意见》第三部分第（一）项更加明确地规定了针对未成年犯罪嫌疑人、被告人的社会调查制度：

公安机关、人民检察院、人民法院、司法行政机关在办理未成年人刑事案件和执行刑罚时，应当综合考虑案件事实和社会调查报告的内容。

1. 社会调查由未成年犯罪嫌疑人、被告人户籍所在地或居住地的司法行政机关社区矫正工作部门负责。司法行政机关社区矫正工作部门可联合相关部门开展社会调查，或委托共青团组织以及其他社会组织协助调查。

社会调查机关应当对未成年犯罪嫌疑人的性格特点、家庭情况、社会交往、成长经历、是否具备有效监护条件或者社会帮教措施，以及涉嫌犯罪前后表现等情况进行调查，并作出书面报告。

对因犯罪嫌疑人不讲真实姓名、住址，身份不明，无法进行社会调查的，社会调查机关应当作出书面说明。

2. 公安机关在办理未成年人刑事案件时，应当收集有关犯罪嫌疑人办案期间表现或者具有逮捕必要性的证据，并及时通知司法行政机关社区矫正工作部门开展社会调查；在收到社会调查机关作出的社会调查报告后，应当认真审查，综合案情，作出是否提请批捕、移送起诉的决定。

公安机关提请人民检察院审查批捕或移送审查起诉的未成年人刑事案件，应当将犯罪嫌疑人办案期间表现等材料和经公安机关审查的社会调查报告等随案移送人民检察院。社区矫正工作部门无法进行社会调查的或无法在规定期限内提供社会调查报告的书面说明等材料也应当随案移送人民检察院。

3. 人民检察院在办理未成年人刑事案件时，应当认真审查公安机关移送的社会调查报告或无法进行社会调查的书面说明、办案期间表现等材料，全面掌握案情和未成年人的身心特点，作为教育和办案的参考。对于公安机关没有随案移送上述材料的，人民检察院可以要求公安机关提供，公安机关应当提供。

人民检察院提起公诉的未成年人刑事案件，社会调查报告、办案期间表现等材料应当随案移送人民法院。

4. 人民法院在办理未成年人刑事案件时，应当全面审查人民检察院移送的社会调查报告或无法进行社会调查的书面说明、办案期间表现等材料，并将社会调查报告作为教育和量刑的参考。对于人民检察院没有随案移送上述材料的，人民法院可以要求人民检察院提供，人民检察院应当提供。

人民法院应当在判决生效后，及时将社会调查报告、办案期间表现等材料连同刑罚执行文书，送达执行机关。

5. 执行机关在执行刑罚时应当根据社会调查报告、办案期间表现等材料，对未成年罪犯进行个别化教育矫治。人民法院没有随案移送上述材料的，执行机关可以要求人民法院移送，人民法院应当移送。

此外，还有一些法律规范对未成年人犯罪审判中社会调查报告的举证程序进行了规定。例如，最高人民法院、最高人民检察院、公安部、国家安全部、司法部于2010年发布的《关于规范量刑程序若干问题的意见》（试行）第11条规定，人民法院、人民检察院、侦查机关或者辩护人委托有关方面制作涉及未成年人的社会调查报告的，调查报告应当在法庭上宣读，并接受质证。最高人民法院于2010年发布的《人民法院量刑程序指导意见》（试行）第6条也规定，有关方面向法庭提交涉及未成年人量刑的社会调查报告的，调查报告应当当庭宣读，并接受质证。

然而，综合以上法律规范来看，却不难发现存在着一些潜在的问题。首先，调查人员来源广泛——包括司法行政机关社区矫正工作部门、共青团组织以及其他社会组织的人员，很难保证他们有能力开展行之有效的调查。其次，调查目标不明。调查的重点应当是未成年人犯罪行为的社会危害性以及被告人人身危险性方面的量刑事实，于是诸如对“社会交往、成长经历”等情况进行调查的必要性便存在疑问。最后，没有说明到底该如何进行调查。由于调查方法难保科学，调查结论的说服力和可信度都会打折扣。总之，尽管对未成年犯罪嫌疑人和被告人的量刑事实进行的社会调查已经有了适用于全国范围的法律规范的调整，但是这种调查却存在着潜在的科学性危机。

笔者认为，随着量刑程序改革的深入，未来的发展可能会出现两个重要的趋势：其一，对量刑事实进行社会调查的制度将不再局限于未成年犯罪嫌疑人和被告人，而是将扩展到所有的嫌疑人和被告人。其二，同定罪程序中的举证责任和权利的分配类似的是，被告人及其律师也将在量刑程序中就量刑事实提出证据加以证明。因此，在未来的量刑程序中，对社会调查的需求将是十分巨大的。

但是这里需要特别注意的是，本书所探讨的“社会研究报告”所采用的是社会科学研究方法中的“调查研究法”，是一种典型的定量研究。然而，对未成年犯罪嫌疑人和被告人进行调查后制作的报告虽然也叫作“社会调查报告”，但显然与本书的研究内容有明显的差别。这是因为，在目前没有明确规定该如何进行实际的社会调查的情况下，对未成年犯罪嫌疑人和被告人进行的社会调查并没有采用社会科学的研究方法来具体开展，因此司法行政机关、社区矫正工作部门等单位制作的“社会调查报告”明显不是本书所称的社会科学证据。据此，如果将本书所研究的“社会研究报告”用英文表述为“social survey report”的话，那么量刑实践中应用的“社会调查报告”则为“social investigation report”。

然而，在刑事案件中进行针对犯罪嫌疑人和被告人的社会调查将出现广阔需求的背景下，十分有必要将对量刑事实的社会调查在科学性的目标上更进一步，从而令其在量刑实践中发挥更加科学、客观的作用。鉴于采用常规的证据调查方法对犯罪嫌疑人和被告人的社会危害性以及人身危险性方面的量刑事实进行调查存在难以克服的缺陷，可以考虑在这种证据调查活动中引入社会科学的研究方法，从而使针对量刑事实进行调查而制作的“社会调查报告”真正成为一种社会科学证据。

因此，一方面，可以采用社会科学研究方法中的“调查研究法”，在针对犯罪嫌疑人和被告人的社会调查中就一些适于进行定量研究的事项开展调查。例如，如果条件允许的话，可以在犯罪嫌疑人或被告人生活的社区就其平常表现等问题向公众开展调查，以此作为对他的社会危害性和人身危险性进行考量的重要参考因素。以本节开篇所举的药家鑫案为例，如果要对量刑事实进行社会调查，其一，可以对他的平时表现等罪前事实进行量刑调查，其二，则可以对他的犯罪情节的严重性和恶劣度等罪中事实进行量刑调查，[①] 以此探明他的社会危害性和人身危险性，从而帮助法官合理合法地量刑。另一方面，相比属于定量研究的“调查研究法”，在对犯罪嫌疑人或被告人进行量刑事实调查的时候更具有针对性的可能是一些定性研究方法的应用。例如，在社会科学研究中，诸如访谈法这样的定性研究方法可以针对作为研究对象的人进行直

---

①根据《刑法》第48条的规定，死刑只适用于罪行极其严重的犯罪分子。因此，对药家鑫是否应当处以死刑的争论可以归结到他的罪行是否极其严重。如果说只有专业的法官对于量刑的法律适用才能发表意见的话，那么普通公众则可以就被告人的罪行是否极其严重这个量刑的事实问题发表意见。从这个意义上讲，对罪行是否极其严重进行社会调查不仅具有正当性，而且对于防止法官的主观臆断还具有积极的作用。

接调查，以利于深度挖掘被调查者的相关信息。调查者可以通过精心设计问题，在与犯罪嫌疑人或被告人的深度访谈中获取其社会危害性和人身危险性方面的信息，从而向法庭提交调查报告。

不过，针对犯罪嫌疑人或被告人开展的这种定性研究尽管相较于目前司法实践的做法有其优势，但是也具有难以克服的弊端。例如，考虑到被调查者在刑事诉讼中所处的位置和形势，特别是当定罪程序已经结束的时候，趋利避害的本能极可能会促使他在向调查者提供个人信息时进行选择甚至欺骗，从而导致调查报告结论失真。因此，刑事诉讼中是否适合对犯罪嫌疑人或被告人开展这种直接的定性研究，还值得进行进一步的理论探讨。但是，在当前量刑程序改革的背景下，让量刑事实的调查走向更加规范、更加科学必将是未来的发展方向，社会科学研究的实用方法应当在这种社会调查中拥有一席之地。然而由于本书所重点关注的采用定量研究方法的社会研究在量刑程序中适用的空间并不是特别大，因此这里不再作进一步的深入分析。

第二节　社会科学证据在民事司法证明中的应用

在展开具体的分析之前，首先来看一则案例：

2008 年，新京报报社将“浙江在线”网站诉至浙江省杭州市中级人民法院，因该网站在 2003 年年底至 2007 年 7 月间，未经授权转载了原告的作品 7706 篇。原告在诉讼中请求法官判令被告支付稿酬、赔偿损失 200 万元。在进行了 5 次证据交换和庭审，更换了四任法官，历时 20 个月零 28 天后，杭州中院于 2010 年 3 月 29 日发出一纸裁定，“原告基于不同的争议事实提出的诉讼请求，形成了多个诉讼标的，构成多个独立的诉，根据案件性质不宜合并审理”，故要求新京报报社根据 7706 篇被非法转载的文章分案起诉。随后，新京报报社向浙江省高级人民法院提起上诉。2010 年 7 月 2 日，浙江省高级人民法院维持原裁定。为解决此案中对数量众多的证据进行逐篇比对带来的难题，新京报报社代理律师刘家辉曾向杭州中院建议，“本案不用一一比对，可以在每年的侵权文章中进行抽取样本，证明当年侵权事实存在。”[①] 但是该建议并没有获得法院的采纳。2010 年 7 月底，为维护自身合法权益，新京报报社被迫从 7706 篇被非法转载的报道中选取了 10 篇文章，向杭州中级人民法院提起 10 起侵权案件的起诉。2010 年 10 月，新京报报社又选择了 38 篇被“浙江在线”转载的文章，向杭州中院起诉 38 起案件。

由于该案并不存在一方当事人为 2 人或 2 人以上，因此并不符合共同诉讼的特征。从理论上讲，被告对原告登载的 7706 篇文章所进行的转载的确可以认为是 7706 次侵权，于是便可能存在 7706 个诉。我国《民事诉讼法》并未对这种类型的诉的合并进行明确规定，因此在司法实践中，法官的确有权力裁定将这些诉进行合并审理抑或分别审理。但是一个明显的事实便是，如果按照杭州中院的做法，人为地将 1 个诉拆分成 7706 次诉，显然与诉讼效率的提倡、著作权的有效保护背道而驰。因此，在法官有权在实践中对这些诉进行合并审理但却没有选择这么做的情况下，笔者认为这显然是对原告的人为刁难。但是，如果将这些诉进行合并审理的话，也的确会面临对数以万计的证据进行取证、质证、认证方面的巨大难题。法官其实应当好好考虑一下原告的代理律师刘家辉所提建议的可能性，也即通过抽样的方式来证明、查明案件事实。至于该如何抽样，本书所探讨的社会科学证据便可以派上用场了。具体而言，对于这 7706 次侵权行为，法官可以允许原告聘请专家（或者法官直接指定专家）按照统计学中的抽样方法，选取出数量有限的样本，仅就这些样本所涉及的原告的纸质原文与被告在其网站上登载的文章进行比对，从而反映出两者同一的比例。通过这样的方式，诉讼程序将得到极大的简化。

当然，需要注意的是，对 7706 份证据进行抽样必然会导致许多证据无法再得到实际的质证和认证，有可能与我国《民事诉讼法》的相关规定构成冲突。其一，根据《民事诉讼法》第 63 条的规定，7 种证据形式必须查证属实，才能作为认定事实的根据；其二，根据该法第 68 条的规定，证据应当在法庭上出示，并由当事人互相质证。由此可

---

①赵天水：“官司打到你手软”，载《南方周末》2010 年 5 月 27 日。

见，对证据进行抽样一方面会导致法官无法对没有抽选出的证据进行查证，另一方面也会损害对方当事人的质证权。对此，笔者认为，采用社会科学的统计方法对数量众多的证据进行抽样的做法所带来的司法效益是不言而喻的，但是这种做法也会造成对现行诉讼制度、证据制度的冲击。从本质上讲，这是司法效益与这些制度之间所出现的价值冲突。在证据法学研究以及相应的司法实践中，我们会经常遇到这样的价值冲突，因此有必要对这种冲突进行价值权衡。为此，在两种价值无法得到完美调和的情况下，根据以上案例的实际案情，笔者认为法官有必要偏向司法效益这一在该案中更为重要的价值。只要严格遵循了统计学的抽样方法，这种对有限的样本进行调查所得出的结论与对全部 7706 次侵权行为进行一一调查之后得出的结论是不会出现实质性的偏差的。因此从这个意义上讲，对证据进行抽样的做法并不会实质性地损害被告人的质证权和法官的查证。

实际上，采用统计方法来实现对案件的便捷审理的做法在 1995 年就出现过。正如第三章开篇所介绍的那样，在“李东山等 71 户村民诉河间市国欣农村技术服务总会基因抗虫棉损失赔偿案”中，法官发现，在有限时间内不可能对 71 户原告的赔偿额一一查清。于是，法院聘请了沧州市农业局专家组（共 7 名专家）对原告的抗虫棉进行实地考察鉴定和产品评估，专家组仅抽样考察了 10 户棉农的 10 块棉田的产量。然后，法院根据专家组得出的抽样数据，最终分别确定了各个原告应得的赔偿数额。①

实际上，从社会科学证据在当前司法证明中的实际应用来看，民事诉讼无疑比刑事诉讼的应用空间要大得多，以上两起案例仅仅是可以适用社会科学证据的众多案件中的两个代表。正是由于民事诉讼适于采用社会科学证据加以证明的事由丰富，笔者在试图对这些应用领域进行归纳的时候面临着巨大的困难。根据本书的研究重点，下文的分析将不同于对以上两起案件中社会科学证据的应用的分析，只选择社会研究报告这种最具代表性的社会科学证据为分析对象。另外需要说明的是，由于很难直接对社会研究报告在民事诉讼中丰富多彩的应用领域进行类型化

①参见河北省河间市人民法院（1995）河经初字第 1041 号、第 1041—19 号至第 1041—22 号、第 1041—26 号至第 1041—40 号、第 1041—42 号（共 21 份判决书）。

概括，因此下文将从社会研究报告的研究客体[1]着手，探讨这种证据在民事司法证明中应用的具体表现。

基于社会研究报告的特点，作为社会科学研究中常用的一种定量研究方法，它的研究客体是不特定的人。根据司法证明活动中开展的社会研究所具体针对的人物的不同，本书将社会研究报告的研究客体分为当事人、证人以及并不知道案情的普通公众这三大类。社会研究报告在民事司法证明中的应用也相应地可以分为三类，即针对当事人、证人以及并不知道案情的普通公众进行的调查。[2] 本节便以社会研究报告在研究客体上表现出的不同，分别探讨这种证据在民事司法证明中的三种类型的应用。

一、针对当事人的社会研究

在通常的民事诉讼中，当事人的数量一般较少，当事人陈述作为一种证据在出示的时候可以按顺序非常简便地进行。但是，如果一方当事人的数量十分巨大，甚至空间狭小的法庭都无法完全容纳所有的这些当事人的话，法官很难按部就班地分别听取他们关于涉案事实以及诉讼主张的陈述。并且，采取传统的审理方式来处理案件，也会使司法难堪重负。特别是在当今经常发生的大规模侵权诉讼中，这种司法困境并不罕见。一旦法律规定的措施或法庭实际采取的处理方式不当，极有可能实质性地损害当事人的诉权。

为了解决因当事人过多带来的审理难题，我国的民事诉讼采取了诸如代表人诉讼这样的制度，即从为数众多的当事人中推选出 2～5 人担任代表人，由他们行使除了处分实体权利以外的其他诉讼权利。与此不同的是，在美国的民事诉讼中则出现了通过社会科学研究方法对众多当

---

①研究客体并不等于研究对象。本书第一章已经指出，社会科学证据的研究对象是超出普通人认知范围的案件事实问题，这里所称的社会科学证据的研究客体则指的是研究活动具体针对的人或物。以社会研究报告为例，它的研究对象是案件中的事实，而研究客体则是被调查的人。

②本书将当事人、证人也作为社会调查的客体，并没有仅仅局限于更为常见的针对普通公众的社会调查。这是因为，一方面，当事人、证人本身就是社会的一分子，把针对他们的调查称为社会调查未尝不可；另一方面，本书中所称的社会研究报告主要强调的是它采用了社会科学研究中的“调查研究法”，至于受调查者是谁并不影响它作为一种社会科学证据的形式。

事人进行社会研究，从而将他们的陈述或意见简便地进行总结和分析的做法。这里需要注意的一个问题是，从证据的形式上讲，由于当事人成为社会研究的客体，因而他们的陈述成为调查者的研究内容。这样一来，他们的陈述便不能再被认为是“当事人陈述”这种证据形式。换言之，当事人在接受调查的时候所做的陈述不再具有独立的证据形式，而是应当附属于社会研究报告。由于笔者还没有发现我国的案例中针对当事人进行社会研究的类型，因此这里仅仅通过美国的案例来分析。

本书第二章已经提到，在 1996 年的 Cimino v. Raymark Industries, Inc. 上诉案之中，在通过驳回起诉或和解等方式过滤了 733 名原告之后，诉讼中还余下 2298 名原告。为了以公平而且经济的方法审理此案，法院采信了一份专家意见。具体而言，专家采用统计学抽样调查的方式，根据这些案件中涉及的 5 类疾病挑选出一些样本案件。随机抽取的样本所属的诉讼集团的每一位原告的损害赔偿问题被提交给陪审团裁决，待裁决作出后，每一类型的被抽样的原告的平均赔偿额便成为该类型的其他原告的赔偿额。① 这样一来，原本异常复杂的一起诉讼的庭审程序通过专家的社会研究报告大大简化。又如，1995 年的 In Re Estate of Ferdinand E. Marcos Human Rights Litigation 一案则对所有的 10059 位原告提起的集团诉讼一并进行了审理。法官在该案中也接受了一份由原告方的专家通过抽样调查技术对 137 名原告随机抽取的证言所制作的社会研究报告，从而极为有效地审理了这起案件。②

显然，这种对当事人关于涉案事实和诉讼主张进行抽样调查的制度，与我国共同诉讼的诉讼代表人制度具有极大差异。笔者认为，这种对大规模侵权诉讼中的特定事项进行抽样调查的做法可以为我国的共同诉讼制度的改革与创新提供一种新的思路。毕竟，一个不容忽视的现实便是，对数量众多的当事人进行抽样调查，的确可以极大地缓解像大规模侵权诉讼中复杂的庭审程序那样给法院带来的难题，从而有利于高效、节约地开展诉讼。当然，这涉及民事诉讼中当事人理论、诉权理论等一些非常复杂的问题，这样的制度在我国是否可行以及如何推广，还

①See Cimino v. Raymark Industries, Inc. 751 F. Supp. 649 (E. D. Tex., 1990).

②In Re Estate of Ferdinand E. Marcos Human Rights Litigation, 910 F. Supp. 1460 (D. Hawaii, 1995).

需要进行深入的研究。由于这并不是本书研究的主题，这里不再展开。

如果在中国未来的民事诉讼中也有可能应用这种针对当事人制作的社会研究报告的话，还应当注意到它的应用范围。虽然通过考察发现，在美国，这种类型的社会研究报告往往在大规模侵权诉讼中比较常见。但是从理论上讲，这种证据的应用绝不仅仅限于该类型的诉讼。只要在某一起诉讼中某一方当事人的数量过大，社会研究报告就有应用的空间，至于这种诉讼的案由具体如何其实并不重要。因此，本着诉讼经济和诉讼效率的原则，像受害者众多的环境侵权诉讼、食品安全诉讼以及大范围的征地拆迁等引发的民事诉讼等都有可能成为应用社会研究报告的案件类型。

另外，近年来我国民事诉讼法学界对民事公益诉讼制度展开了热烈的探讨。特别是对于一些造成大范围侵害但是对个体侵害程度又不高的纠纷，许多本具有当事人诉讼主体地位的人由于无力、无暇等原因不会提起这种诉讼，导致违法行为得不到制裁，而受害者也得不到赔偿或补偿。因此，有一种观点主张引入第三方主体，如检察机关来代表这些当事人提起诉讼，以此实现对社会公共利益、不特定多数人的利益的救济。在这种情况下，第三方主体作为一种特殊的当事人在取证的时候面临着不易克服的障碍。毕竟，受害者广泛分布，用常规的证明方式显然难以全面、客观地反映违法行为和损害后果的实际状况。笔者认为，在这种情况下，采用社会研究报告的形式，对那些实际的受害者也即法理上本具有当事人诉讼主体地位的人开展社会研究，通过有限的样本来证明案件事实，会取得其他证据形式难以企及的良好效果。

二、针对证人的社会研究

在某些案件中，证人的数量极有可能十分庞大。一起民事纠纷在发生的时候可能有大量目击者，这些人一般都可以担任证人。又如，农村发生的一些案件，很可能有大量的邻里乡亲都了解纠纷的来龙去脉，他们通常也都可以担任证人。但是一般而言，数量众多的证人往往不可能全部都实际地成为诉讼中的证人。于是，当事人一般会根据自己的需要选择一定数量的证人以口头或书面的形式作证。众所周知，证人制度存在诸多弊端，这种经过挑选的证人的证词的内在缺陷也十分明显。例如，通过他们的作证所展现出来的案件事实极有可能只是当事人所需要的“事实”，甚至有可能完全是一种虚假的事实。当然，除了当事人人为的因素外，特定证人本身也很可能存在难以克服的缺陷，如观察失误、记忆不清、叙述模糊等，从而将法官的事实认定引入歧途。

与这种由数量有限的证人开展的传统的作证方式不同的是，采用社会研究报告的方式可以从理论上将所有知道案件事实的证人的陈述都作为法官事实认定的依据。当然，基于本书所探讨的社会研究报告的特征，对这些为数众多的证人展开的关于案件事实的调查通常只能着眼于经过抽样调查方法挑选出来的有限样本。如果这种社会研究得到了规范的实施，那么最终形成的社会研究报告的结论将比以上所介绍的传统的证人证言更加可靠。这是因为，一方面，社会研究报告需要对证人进行科学的抽样，这就有利于避免当事人对个别证人进行事前“培训”弊端；另一方面，经科学抽样得出的样本能够反映全体证人的证词，这便有利于避免个别证人证言所出现的偏差或错误。

这里需要注意的是，同当事人的陈述在接受社会研究的时候不再具有独立的形式类似，证人在这种情况下所做出的陈述也不能再被认为是“证人证言”这种形式的证据。这样一来，作为一种法定证据形式的证人证言所本应遵守的一些要求便不再成立。例如，根据意见证据规则的要求，证人通常只能以所见、所闻、所嗅等方式就其所知道的案件情况作证，而不能发表关于这些案件情况的意见。但是，当证人接受的是专家的社会研究，当他们的陈述也不再是证人证言的时候，便无须再受到意见证据规则的约束。这样一来，证人关于案件事实的评价、意见、观点都可以成为社会研究报告中所要分析、评估的重要内容。因此，我们可以发现在司法实践中应用的大量社会研究报告中，有很多便是针对证人的意见进行的调查。而且从某种程度上讲，实践中对证人进行的社会研究更多的是他们关于案件事实的意见的调查，而不是对他们陈述的案件事实本身的调查，以下便是一起典型案例。

2006年3月，霍寿金向北京市第一中级人民法院起诉称：自己是爱国武术家霍元甲长子霍东章的第四个儿子，是霍元甲在国内唯一健在的孙子。由北京电影制片厂、星河投资有限公司、杨步亭、李连杰出品，中国电影集团公司第一制片分公司与星河投资有限公司联合摄制的电影《霍元甲》于2006年1月25日陆续在中国内地及全球范围内公开放映，影片光盘也于2006年3月上旬公开发行销售。原告在家人的提议下观看了此片，观后非常愤慨，认为该片侵犯了原告祖父霍元甲的名誉。影片中将原告祖父描写成生性好斗，成人以后为争“津门第一”而好勇斗狠，乱收酒肉徒弟，甚至滥杀无辜的一介江湖武夫。也就是因为其滥杀无辜、致人非命的行为，招致老母、独女被仇人残忍杀害。原告祖父的形象已经被塑造成了一名无父、无母、无妻、无子、无女的落魄流浪汉，与以往人们印象中的民族英雄形象相去甚远。影片与历史事实大相径庭，令知晓霍元甲生平的普通民众产生疑问，令不了解霍元甲生平的民众产生错误认识，使对霍元甲这一民族英雄的社会评价普遍降低。原告作为霍元甲的近亲属，认为被告侵犯了霍元甲的名誉，故请求判令被告停止影片《霍元甲》的各种发行放映行为，消除影响、恢复名誉，公开赔礼道歉。为了证明自己的诉讼主张，原告向法庭提交了自己在霍元甲家乡和上海进行问卷调查后制作的社会研究报告，以证明该电影造成霍元甲的社会评价普遍降低。

然而，原告提出的诉讼请求未获得一审法院的支持，遂将该案上诉到北京市高级人民法院。被上诉人在二审程序中针对这份社会研究报告的质证意见认为，“问卷材料，属于证人证言，这些证人没有出庭接受当事人的质询，不能作为认定案件事实的依据。他们和海外精武会成员的理解和感受不同于社会大众，是极少的一个特定的群体，他们的感受不能代表社会整体评价……上诉人不能以偏概全，以此否认海内外广大受众对电影《霍元甲》的认同和喜爱”。①

由于证人是“知道案情情况”的人，因此在诉讼中对证人进行的社会研究必然会限制在这种特定的“知道案件事实情况”的人群之内。可见，像这里提到的这起名誉侵权案件便是可以应用社会研究报告的绝佳领域。毕竟，以该案为例，受调查者如果要对电影《霍元甲》是否造成了对历史人物霍元甲社会评价降低的情况发表意见，必须以观看了这部电影为前提。也就是说，调查者如果想要分析一方当事人的民事法律行为是否造成了另一方当事人名誉权受到侵害抑或社会评价度降低，那么接受调查的人必然需要对这一事件有所了解。否则，对一位并不知

①参见北京市高级人民法院（2007）高民终级字第309号判决书。

道案情的人进行调查，显然无法得出特定当事人的社会评价度是否降低的判断。

同时应当注意到的是，该案中对这些证人进行的社会研究显然属于对他们的意见进行的调查。与此相对的是，如果仅仅是对这些证人关于他们所知道的案件事实进行的社会研究，那么调查内容只能是他们有没有看过《霍元甲》这部电影以及观看到了什么内容，而不能够调查他们关于该电影的意见。由此可见，如果要调查证人关于案件事实的意见，只有社会研究报告这种证据形式可以不受传闻证据规则的约束，证人的意见才有可能成为法官进行事实认定的一个参考。当然，法官在这个时候进行的事实认定是基于专家在社会研究报告中对证人意见的研究或分析，而不是直接着眼于这些意见。这再一次说明，专家的意见在社会研究报告中是十分重要的一个构成要素，如果这个要素缺失，社会研究报告便不能再称之为科学证据。于是，如果仅仅是对证人的意见进行所谓的“调查”而不存在对这些意见进行分析之后得出的结论的话，这些意见只能属于证人证言的具体表述，其证据能力会受到意见证据规则的限制。

通过对上述案例进行认真分析可以发现，该案中所进行的社会研究与本书所探讨的社会科学证据的要求可能还存在不小的距离，一个重要的原因便是前者可能缺乏调查结论。从被上诉人的其中一个质证理由来看，如果上诉人只向法庭提交了“证人”的问卷调查结果而不存在任何对这些调查结果的分析意见的话，这份证据便因不存在调查结论①这个重要的部分而无法满足社会科学证据的构成要素。于是，这些证人关于对霍元甲的评价普遍降低的意见实际上不应当获得法官的采纳。在我国目前的司法实践中，许多带有社会研究报告这种社会科学证据特征的证据都存在这样的问题。因此准确地讲，在笔者第三章分析的66起案例中，至少有一部分案例其实只是在样本选择、研究过程的实施等方面带有社会科学证据的特征，由于调查结论的缺失，还不能将诸如上文所提到的案例中使用的证据笼统地称为严格意义上的社会科学证据。总结

①调查结果并不等于调查结论。就此案而言，如果这份社会研究报告属于社会科学证据，那么调查结果仅仅是受调查者对问卷作答后所表现出来的答案情况；调查结论则应当是调查者对作答情况进行分析之后得出的关于调查情况的意见。

而言，在采用常规的询问方法对证人进行调查的时候，要十分注意意见证据规则的要求；但是采用社会研究报告对证人进行调查的时候，则可以突破常规的证人证言形式，将他们关于案件事实的意见也纳入其中。

实际上，只要案件出现了大量的证人，便可以用社会研究报告的形式进行取证。而且，调查者不仅可以像常规的证人证言的取证方式那样对这些证人就他们所知道的案件事实进行调查，而且还可以对他们关于这些案件事实的意见进行调查。因此，从理论上讲，在民事诉讼中对证人进行的社会研究可以不分案件类型，社会研究报告的应用因此而存在广阔的应用空间。但是，从司法实践的现实状况来看，民事司法对当事人或者证人进行的社会研究总体来说应用得还是非常有限，调查的客体主要集中为普通公众，因此下文将重点分析对普通公众进行的社会研究。

三、针对普通公众的社会研究

根据社会研究报告在民事诉讼实践中针对的调查客体的不同，本书将这种证据的应用划分为对当事人、证人和普通公众的调查三种类型。虽然在一般意义上，当事人和证人也属于普通公众，但是本书所称的普通公众特指社会研究报告的调查客体中除了当事人和证人之外的不知道案件事实情况的其他人群。当事人和普通公众比较容易区分，这里主要谈一下证人和普通公众的差异。根据证人的定义，证人特指知道案件事实情况而向司法机关做证的人。[①] 因此，本书所研究的普通公众与证人的最大不同点就在于，前者并不知道“案件事实情况”。实际上，相比普通公众而言，多数案件中的证人的数量还是极其有限的。因此可以这样说，某一起案件中知道案件事实情况的证人的数量可能有限甚至没有，但是不知道案件事实情况的普通公众在任何一起案件中都会存在。即使是经过媒体广泛报道，在社会上引起广泛讨论的案件，也必然会存在对这些案件并不知情或者漠不关心的普通公众。这样一来，从理论上讲，在任何一起案件中都存在当事人、证人之外的普通公众的情况下，

①这个概念是根据证人证言这种证据形式的定义归纳出的。证人证言，是指证人就自己所知道的案件事实情况向司法机关所作的陈述。参见何家弘、刘品新：《证据法学》（第3版），法律出版社2008年版，第163页。

所有的案件其实都存在对这些普通公众进行社会研究的可能性。于是，我们可以发现，对普通公众进行的社会研究要比对当事人、证人进行的社会研究拥有更为广阔的应用空间。

正是由于对普通公众进行的社会研究有着这样广阔的应用空间，不管是在美国还是在中国的司法实践中出现的社会研究报告都主要是针对这些普通公众进行的社会研究。综合本书所收集的案例情况以及笔者对这个问题的进一步思考，对普通公众进行的社会研究又可以细分为以下3种类型。

（一）根据法律规范关于“公众”等人群的表述进行的社会研究

在一些法律规范中，我们不难发现一些关于“公众”等一定范围人群的表述。这类人群的范围有可能根据案件的实际情况仅仅局限于案发地所在的狭小的地域，也有可能延伸到更为广阔的社会。虽然有些法律规范明确了法官在进行事实认定的时候需要考察这类人群关于案件相关情况的认识、态度、观点或意见，但是现行的证据法律制度的常规证明手段中却没有提供一种能够恰当反映他们这类观点的证据形式。正是在现实的需要与证据法律制度滞后的背景下，社会研究报告作为一种新型的证据在司法实践中发挥了重要的作用。虽然社会研究所针对的调查客体并不限于法律规范中表述的“公众”，如“消费者”、“股东”也可以表示一定范围的人群，但是这里仅以“公众”为例根据民事案件的案由来阐释社会研究报告的应用。总的来说，各种法律规范关于“公众”的规定多出现在知识产权类纠纷中，除了知识产权合同纠纷外，主要集中在知识产权权属、侵权纠纷中。

1. 知识产权权属、侵权纠纷

关于“公众”的规定在知识产权类法律法规中最为常见，而且在驰名商标的认定和侵犯商标专用权纠纷案件中最为典型，于是这类诉讼也成了社会研究报告在司法实践中应用最多的领域。正如上文所言，2014年5月1日经新修正后施行的《商标法》中，仅有的73个条文中便出现了8处关于“公众”的表述。例如，该法第14条规定，认定驰名商标应当考虑的5个因素中的第一项便是“相关公众对该商标的知晓程度”。而2002年最高人民法院发布的《关于审理商标民事纠纷案件适用法律若干问题的解释》对2001年《商标法》第52条第5项的规定进行了细化，将以下行为解释为“给他人注册商标专用权造成其他损害的”情况：

（一）将与他人注册商标相同或者相近似的文字作为企业的字号在相同或者类似商品上突出使用，容易使相关公众产生误认的；

（二）复制、模仿、翻译他人注册的驰名商标或其主要部分在不相同或者不相类似商品上作为商标使用，误导公众，致使该驰名商标注册人的利益可能受到损害的；

（三）将与他人注册商标相同或者相近似的文字注册为域名，并且通过该域名进行相关商品交易的电子商务，容易使相关公众产生误认的。

此外，最高人民法院2009年发布的《关于审理涉及驰名商标保护的民事纠纷案件应用法律若干问题的解释》也出现了多处关于“公众”的规定：

第1条：本解释所称驰名商标，是指在中国境内为相关公众广为知晓的商标。

第8条：对于在中国境内为社会公众广为知晓的商标，原告已提供其商标驰名的基本证据，或者被告不持异议的，人民法院对该商标驰名的事实予以认定。

第9条：足以使相关公众对使用驰名商标和被诉商标的商品来源产生误认，或者足以使相关公众认为使用驰名商标和被诉商标的经营者之间具有许可使用、关联企业关系等特定联系的，属于商标法第13条第1款规定的“容易导致混淆”①。

足以使相关公众认为被诉商标与驰名商标具有相当程度的联系，而减弱驰名商标的显著性、贬损驰名商标的市场声誉，或者不正当利用驰名商标的市场声誉的，属于商标法第13条第2款规定的“误导公众，致使该驰名商标注册人的利益可能受到损害”②。

第10条：原告请求禁止被告在不相类似商品上使用与原告驰名的

① 参见2001年10月27日修正的《商标法》。

② 参见2001年10月27日修正的《商标法》。

注册商标相同或者近似的商标或者企业名称的，人民法院应当根据案件具体情况，综合考虑以下因素后作出裁判：

……

（二）该驰名商标在使用被诉商标或者企业名称的商品的相关公众中的知晓程度；

……

此外，针对江苏省高级人民法院的请求，最高人民法院于2003年在《关于对TCL集团公司在产品促销活动中使用与汉都公司注册商标相近的“千禧龙”文字是否构成商标侵权请求的批复》中指出，“判断在产品促销活动中使用与他人注册商标相同或者相近似的文字是否侵犯商标专用权，应当以这种使用行为是否容易造成相关公众对商品和服务的来源产生混淆……要对产品促销活动中使用他人商标的具体情形进行分析，如行为人是否将他人商标作为自己的商标或者自己的商品名称使用，是否在使用他人商标的方式、时间等方面容易使相关公众混淆商品或者服务的来源，或者误认商品、服务的提供者存在特殊的关系等”。①

通过《商标法》及相关的司法解释的规定可以清楚地发现，诸如“相关公众对该商标的知晓程度”、“误导公众”的表述实际上都要求法官在进行驰名商标的认定和判断案件中是否存在商标专用权侵权事实的时候考虑公众的意见，具体而言就是要考虑公众对某一商标的知晓程度以及他们是否会受到近似商标的误导。虽然这些问题都可以通过其他的证据形式来加以佐证或者由经验法则来加以判断，但是对公众进行直接的社会研究无疑是最能反映相关案件事实的实际情况的。

总的来说，商标侵权案件中对公众进行社会研究的情况比较常见。但是就当事人使用这类社会研究报告所欲证明的具体内容来看，许多案件又略有差异。例如，一些案件中的当事人对公众进行社会研究的目的

①最高人民法院（2003）民三他字第4号批复。需要说明的是，最高人民法院的批复并不属于本书所称的法律规范的范围，这里只是为了说明最高人民法院在商标侵权案件中对公众意见的重视。

是为了证明商标的公众满意度、信誉度或市场认知度较高，[①] 从而在诉讼中请求法官认定该商标为驰名商标；有的案件中的当事人向法庭提交社会研究报告的目的则在于证明另一方当事人的行为侵犯了自己的商标专用权。[②]

社会研究报告在知识产权权属、侵权纠纷中的应用并不限于商标权权属、侵权纠纷案件，在专利权权属、侵权纠纷案件中也可以得到应用。例如，2010 年施行的《国务院关于修改〈中华人民共和国专利法实施细则〉的决定》第 32 条对原《中华人民共和国专利法实施细则》中规定的假冒专利的行为进行了修改，其中有两项涉及公众意见的判断。这两项分别是："……（三）在产品说明书等材料中将未被授予专利权的技术或者设计称为专利技术或者专利设计，将专利申请称为专利，或者未经许可使用他人的专利号，使公众将所涉及的技术或者设计误认为是专利技术或者专利设计；……（五）其他使公众混淆，将未被授予专利权的技术或者设计误认为是专利技术或者专利设计的行为。"虽然本书收集到的案例还没有发现社会研究报告在这类案件中的

---

①例如，在"山东永乐食品有限公司诉张连诗商标侵权纠纷案"中，原告委托中国社会调查所、北京东方枫叶咨询有限公司就"腾永乐"商标的公众认知度进行了调查。调查者在上海、宁波、大连、秦皇岛、德州、济南 6 个城市中选择了 1000 名普通消费者以及经销商。法院认为，被调查对象数量较多且分布比较合理，并且调查结果显示了"腾永乐"牌面粉及制品在被调查者中具有较高的知晓程度。因此，法院确认了该社会研究报告所证明的"腾永乐"牌产品在相关公众中被广为知晓的事实，并在判决中认定了该商标为驰名商标。参见山东省德州市中级人民法院（2006）德中民四初字第 78 号判决书。

②当然，像本书导论中提到的"四川省爱心（集团）有限公司诉泸州爱心金行商标侵权与不正当竞争案"中的社会研究报告则是由被告提出的，其目的在于证明自己所使用的商号不会造成公众对原告商标的误认。实际上，社会研究报告到底由哪一方当事人提出，并不影响这种证据在商标专用权纠纷案件中的应用。不过在这类案件的多数情况下，原告提出社会研究报告以证明被告侵犯商标专用权的例子更多。例如，在"立邦涂料（中国）有限公司诉无锡市丹帝龙化工有限公司侵犯商标专用权纠纷案"中，原告于2004 年 12 月 1 日委托上海格调商务咨询有限公司在湖州市调查"九龙立邦"商标侵权的事实。2005 年 3 月 20 日，上海格调商务咨询有限公司在上海市火车站（2 份）、人民广场（2 份）、百安居沪太店（5 份）分别对旅客（2 份）、游客（1 份）、自行车管理人员（1 份）、油漆工（2 份）、建材顾客（3 份），职业分别为文员、拍卖行工作人员、自由职业者、家政服务人员、退休人员、公务员进行了问卷调查，调查内容为"九龙立邦"与"立邦"广告宣传资料对比，调查结果认为：有厂商关联性的比例为6:3，有产品关联性的比例为7:2。虽然这份社会研究报告选择的样本很有限，但是仍然获得了法院的采信。参见浙江省湖州市中级人民法院（2005）湖民一初字第 3 号判决书。

应用，但是既然法律规范规定了公众对相关专利的“误认”或“混淆”问题，那么法官在进行事实认定的时候就有必要考察公众的意见，于是针对公众进行的社会研究便有了应用的空间。

此外，知识产权权属、侵权纠纷中的计算机网络域名权属、侵权纠纷也可以采用社会研究报告来证明案件事实。根据最高人民法院于2001年发布的《关于审理涉及计算机网络域名民事纠纷案件适用法律若干问题的解释》第4条，人民法院审理域名纠纷案件，对符合3项条件的，应当认定被告注册、使用域名等行为构成侵权或者不正当竞争，① 其中的第2项便是“被告域名或其主要部分构成对原告驰名商标的复制、模仿、翻译或音译，或者与原告的注册商标、域名等相同或近似，足以造成相关公众的误认”。

由此可见，在知识产权权属、侵权纠纷案件中，包括法律、司法解释、批复等在内的多项法律规范或规范性文件都出现了关于“公众”的表述，以上所列出来的诸多规定实际上便可以成为社会研究报告得以应用的根据。

2. 知识产权合同纠纷

除了知识产权权属、侵权纠纷而外，社会研究报告在知识产权合同纠纷中也可以应用，这主要指的是这类纠纷中的技术合同纠纷。《合同法》第十八章的多个条文中出现了“技术秘密”的规定，但是没有阐释到底何谓技术秘密。为此，最高人民法院于2001年在《全国法院知识产权审判工作会议关于审理技术合同纠纷案件若干问题的纪要》中指出，“合同法第十八章所称的技术秘密，是指不为公众所知悉、能为权利人带来经济利益、具有实用性并经权利人采取保密措施的技术信息……不为公众所知悉，是指该技术信息的整体或者精确的排列组合或者要素，并非为通常涉及该信息有关范围的人所普遍知道或者容易获得……”据此，在技术合同纠纷中为了证明技术秘密“不为公众所知悉”，采用社会研究报告的方式对公众进行调查，有利于达到常规证明手段不及的证明效果。

---

①根据这里的规定，社会研究报告也可以适用于不正当竞争纠纷，由于所涉及的关于社会研究报告应用的内容相同，笔者不再单列开来进行分析。

（二）根据法律规范规定的与公众的认识、态度密切相关的事项进行的社会研究

实际上，明确规定诸如“公众”这样的群体的情况在法律规范中并不是特别多。有些法律规范虽然没有明确地对这类群体加以表述，但是由于一些需要在诉讼中由当事人证明或由法官认定的事项需要考察他们的意见，因此社会研究报告的应用便拥有了更大的空间。换言之，法律规范规定的一些事项如果仅仅通过常规的证据形式加以证明或法官个人的经验加以判断的话，很容易产生争议，因此可以考虑将这些事项交由特定群体来加以阐明。

例如，《物权法》第116条第2款规定：“法定孳息，当事人有约定的，按照约定取得；没有约定或者约定不明确的，按照交易习惯取得。”根据这条规定，对于什么是与特定物的孳息相关的交易习惯，当事人有时很难在诉讼中加以阐明，而法官一旦不当运用经验法则会令当事人不服。因此如果采用社会研究报告的形式，对纠纷发生所在地的一定范围内的公众进行调查，以考察他们关于这种交易习惯的认识或态度，可以达到常规证据形式所难以具有的证明效果。① 《合同法》的条文中也出现了9处关于“交易习惯”的表述，分别涉及该法的“合同的订立”、“合同的履行”、“合同的权利义务终止”及“其他规定”，②

---

①与此类似的是，《物权法》第85条规定，法律、法规对处理相邻关系有规定的，依照其规定；法律、法规没有规定的，可以按照当地习惯。由于诉讼中涉及的对习惯的认定与交易习惯的认定没有本质差别，因此笔者认为对习惯也可以采用社会研究报告的方式加以证明。本书不再单独就社会研究报告对“习惯”的证明作进一步的分析。

②《合同法》第22条：承诺应当以通知的方式作出，但根据交易习惯或者要约表明可以通过行为作出承诺的除外。第26条第1款：承诺通知到达要约人时生效。承诺不需要通知的，根据交易习惯或者要约的要求作出承诺的行为时生效。第60条：当事人应当按照约定全面履行自己的义务。当事人应当遵循诚实信用原则，根据合同的性质、目的和交易习惯履行通知、协助、保密等义务。第61条：合同生效后，当事人就质量、价款或者报酬、履行地点等内容没有约定或者约定不明确的，可以协议补充；不能达成补充协议的，按照合同有关条款或者交易习惯确定。第92条：合同的权利义务终止后，当事人应当遵循诚实信用原则，根据交易习惯履行通知、协助、保密等义务。第125条第1款：当事人对合同条款的理解有争议的，应当按照合同所使用的词句、合同的有关条款、合同的目的、交易习惯以及诚实信用原则，确定该条款的真实意思。第136条：出卖人应当按照约定或者交易习惯向买受人交付提取标的物单证以外的有关单证和资料。第293条：客运合同自承运人向旅客交付客票时成立，但当事人另有约定或者另有交易习惯的除外。第368条：寄存人向保管人交付保管物的，保管人应当给付保管凭证，但另有交易习惯的除外。

因此当交易习惯成为案件中的争议焦点的时候，当事人便可以采用社会研究报告的形式来对其进行证明，从而维护自己的权益。

除了交易习惯外，法律规范中规定的另一个与公众密切相关的事项便是“公序良俗”。尽管像《民法通则》、《物权法》、《合同法》等都没有采用“公序良俗”的表述，但是从相关的条文中可以找出与它相关的内容。例如，《民法通则》第7条规定：“民事活动应当尊重社会公德，不得损害社会公共利益，扰乱社会经济秩序。”这一般被认为是公序良俗原则在民事实体法中最典型的体现，它可以分解为社会公德、社会公共利益、社会经济秩序这几个关键要素。因此，其他法律规范中与这些要素相关的条款一般也可以认为是公序良俗条款。例如，《合同法》第52条规定，损害社会公共利益的，合同无效。这便是公序良俗原则在《合同法》中的体现。但是，到底什么是公序良俗，实际上没有统一的答案。例如，在2010年年底，《国有土地上房屋征收补偿条例》第二次面向社会征求意见，其中反映出来的一个难题便是公共利益难以界定。[①] 因此，当这个问题成为诉讼中的争议焦点的时候便很可能出现理解上的不一致。这样一来，由于受公序良俗本身的不确定性和该原则在审判中运用的程序缺乏等因素影响，在裁判活动中对公序良俗进行认定时很容易面临不确定性的困境，[②] 进而影响判决的公信力。

尽管如此，有一种观点认为，既然法律规范难以在有限的条文表述中说清楚什么是公共利益，在没有更好办法的情况下还是应当由法官通过个案进行判断。然而，司法判断的角度不同，方法也各异，裁判者在很多情况下对这个问题仍然难当其任。笔者认为，既然叫作公共利益，那么至少有一种鉴别方法便是以公众的判断为依据。这是因为，公共利益的界定必须以公众的福祉为依归，脱离了公众福祉的任何一种判断方法在正当性上都要大打折扣。在这样的思路下，在诉讼活动中判断公共利益，便可以采取定量研究的方法，通过社会研究报告的形式来考察特定公众的态度。这些公众既可以就案件中所涉及的包括公共利益在内的

①黄骏：“学者忧行政部门向法院申请强拆系走过场”，载《中国青年报》2011年1月1日。

②参见陈吉生、金锦城：“公序良俗的非确定性与裁判结果的确定性探析”，载《法律适用》2008年第5期。

公序良俗问题发表自己的事实判断，也可以作出关于这个问题的价值选择，从而帮助当事人进行证明以及法官进行裁断。当然，需要特别说明的是，特别是对公共利益这个问题而言，通过社会研究报告的方式来加以判断只是笔者提出的一种新的思路，并不代表这种方式在所有涉及这个问题的个案中都能适用。这是因为，对公共利益进行界定实际上非常复杂，远非对公众进行社会研究这种单一的方式所能完全解决的。毕竟，在对公共利益进行界定的时候，在许多情况还需要考虑社会政策、经济发展等宏观因素。

（三）根据案件实际情况进行的其他社会研究

从笔者在第三章分析的我国的案例来看，尽管以上两类情况已经概括了社会研究报告在目前的民事诉讼中应用的多数情况（特别是知识产权权属、侵权纠纷），但是除了这些类型以外，社会研究报告实际上还可以根据案件的实际情况发挥作用。在法律规范没有明确表述诸如“公众”等群体以及条文中也不存在与这些群体密切相关的待证事项的情况下，社会研究报告仍然有应用的空间，这里便试举两例。

1. 著作权侵权纠纷中对作品混淆的判断

虽然商标权权属、侵权纠纷案件中涉及涉案商标是否相同或相似的问题，而相应的法律规范也明确指出了需要考察公众意见的情况，但是在类似的一些民事纠纷中，由于法律规范不存在这样的规定，导致当事人的证明和法官的事实认定出现困难。这里先来看一起著作权侵权纠纷案件以及出现的问题。

1999 年 6 月，可口可乐公司在全国各大电视台为“雪碧”饮料播放广告，片中使用了《日出》（又名《真我》）的主题曲。该广告引起了太阳神公司的注意，其主题曲的旋律和歌词与太阳神集团听觉识别系统战略中使用的在广东版权局登记的公司企业歌曲《当太阳升起的时候》、广告歌《当太阳升起的时候》的旋律和歌词基本相同。尤其是那句“当太阳升起的时候，我们的爱天长地久”和可口可乐公司的“当太阳升起的时候，你的味道让我品不够”旋律、词语容易让人混淆。2000 年 4 月北京市高级人民法院受理了太阳神集团对可口可乐公司不正当竞争的起诉。

在诉讼过程中，法官就可口可乐公司使用的广告歌曲《日出》是否与原告的企业歌曲《当太阳升起的时候》相同或相似的问题，委托中国版权研究会版权鉴定专业委员会进行鉴定。访鉴定专业委员会经过认真对比分析，出具了鉴定书，“鉴定委员会认为：就构成歌曲音乐作品表现形式基本要素考察，两首作品不存在使之显著区别的成分，现存的微小差别不足以使其受众感觉这两部作品是不同的作品，即两部作品是基本相同的”。经过审理，法院判决被告可口可乐公司“停止使用侵犯太阳神公司著作权词曲；在《法制日报》上就其侵犯太阳神公司的广告歌曲行为向广东太阳神集团有限公司刊登致歉声明；支付赔偿金44.5万元、鉴定费2.5万元”。[①]

关于两种事物是否容易引起混淆的问题，实际上每个人都有发言权。即使法官通过经验法则来对这一事实进行认定，从事实认定的方法来讲也未尝不可。但是，这种方法的确暗藏风险，毕竟法官个人的结论极有可能对当事人和公众没有说服力。在《著作权法》及相关的司法解释没有对上述案件中涉及的不同作品是否容易让人产生混淆给出应对策略的情况下，法官在该案中对一份鉴定意见的采纳和采信在一定程度上值得称道，毕竟这种做法在事实认定的过程中引入了鉴定专家的意见，从而有利于避免法官的主观臆断。但是，该案中的争议事实到底是否适合采用鉴定的方法来加以处理，却有待商榷。例如，佟强教授就认为，对于司法审判活动中的专门性问题，人民法院的确可依职权或者当事人申请，委托鉴定人运用科学技术或者专门知识对诉讼涉及的专门性问题进行鉴别和判断并提供鉴定意见。但是，歌曲是一种艺术的具体表现形式，两首歌曲的旋律和歌词是否相同或相似，特别是是否相似，很大程度上取决于歌曲听众的主观感受，因此该问题不应也无法通过司法鉴定来认识和确定，而是应当根据一个认知正常的人的标准，由其通过感知而确定……由于实际上认知正常的人的标准是一个抽象概念，因此实践中可以考虑通过类似于在一定人数的人群中抽样调查的方法来确定。[②] 笔者同意这种观点。一方面，现行的鉴定制度中实际上不存在关于鉴别歌曲是否容易使人混淆这样的鉴定门类；另一方面，这种问题是

---

①参见王晓东：“广告歌曲等无形资产如何保护”，载《北京青年报》2005年3月6日。

②参见王晓东：“广告歌曲等无形资产如何保护”，载《北京青年报》2005年3月6日。

否适合采用专家鉴定的方式给出专家意见也肯定会存在疑问。因此，在这种情况下，不如将这种法官个人难以判断而且也不宜由专家进行直接鉴定的问题交由普通公众来进行判断。采用社会研究报告的形式来反映公众的意见，可以为著作权侵权纠纷中出现的这种问题的解决提供一个新的思路。

2. 民俗习惯的判断

这里所称的民俗习惯并不包括那些已经被吸纳进法律规范的部分，主要涉及乡规民俗、地区习俗、传统习惯等，因此并非我国的法律渊源，[①] 但是从理论上讲则可以作为法官认定案件事实的重要参照。近年来，随着司法经验的总结和理论研究的深入，民俗习惯在司法审判中的作用逐渐得到彰显。特别是在农村社会、熟人社会以及少数民族地区发生的案件中，民俗习惯的重要性更是不可低估。毕竟，在审判过程中注重考量民俗习惯，有利于纠纷的和谐解决以及裁判公信力的提升。

例如，江苏省姜堰市人民法院近年来将善良民俗习惯有条件地引入司法裁判领域，并向全省推广，[②] 取得了良好的司法效果和社会效果。但是从证据法的角度讲，这里也涉及民俗习惯如何认定的问题。而且，按照姜堰市人民法院的做法，还有必要区分善良的民俗习惯与非善良的民俗习惯。在某些案件中，当事人和法官会对一定区域内的民俗习惯存在共识，因此这个问题不易出现争议。但是也可能在另外一些案件中，何谓某一当事人主张的民俗习惯以及何谓善良的民俗习惯便很可能成为诉讼争议的焦点。特别是当一方当事人是外乡人而不了解某地的民俗习惯与当地人产生纠纷的时候，案件中关于民俗习惯的争议更可能会在相当程度上被放大。在这种情况下，笔者认为，通过对一定地域内的公众进行社会研究，可以科学、客观地反映当地关于民俗习惯的共识，从而消解诉讼中针对这个问题产生的争议，有利于纠纷的顺利解决。否则，如果法官在一起案件中根据一方当事人的主张或自己的经验而以民俗习惯为由进行判决的话，很可能会被不了解该民俗习惯的另一方当事人视

---

①这里需要注意民俗习惯与上文中分析过的交易习惯的区别。虽然两者都不属于法律渊源的范畴，但是笔者之所有将这两个问题分开进行论述，主要是因为交易习惯往往在法律规范中有明确的表述，而民俗习惯则只是法官在审判中需要参考的因素。

②参见杨涛："适用善良习俗体现司法人性化"，载《法制日报》2008 年 10 月 15 日。

为“强加的正义”。

第三节　余　　论

一、社会研究报告的理论模型

综观本章关于社会科学证据特别是社会研究报告的应用领域的探索，无论是刑事诉讼还是民事诉讼，也无论是针对当事人、证人还是普通公众，虽然应用这种证据的事由纷繁芜杂，但是实际上都存在共通之处。为了更加清晰地揭示社会研究报告在应用方面的这个共同点，可以对以下两个问题展开思考：首先，在没有这种证据的情况下，法官在相应的案件中是如何对特定的待证事实进行认定的？其次，就司法实践中出现的社会研究报告而言，当事人或者法官主要是基于什么目的而启动社会研究的程序的？

对于第一个问题，虽然本书收集到了 66 起应用社会研究报告的案件，但是相比难以计数的各类诉讼，这部分案件显然十分稀少。换言之，在出现了本书所指出的社会研究报告的大量应用领域的情况下，实际上法官采用的都是传统的方式来进行事实认定的。具体而言，在法律规定了“公众”等特定群体的情况下，法官一方面需要对案件中涉及的“公众”进行法律解释，另一方面则需要结合自己的判断对与这些法律规定相关的案件事实问题加以认定。而在没有类似规定的情况下，法官也只能结合自己的经验，运用经验法则对相关案件事实进行认定。也就是说，对于某些特定的案件事实，在采用常规证明方式难以证明的情况下，法官对这些事实的认定更接近于一种个人的判断。虽然在事实认定的过程中也需要运用经验法则，而且这种经验法则并不等于法官个人的经验而应当是人们共同的经验，[①] 但是至少从形式上讲，法官的这种事实认定活动与人们的共同经验是相隔离的。或者可以这样说，虽然法官的事实认定活动需要考虑人们共同的经验，但是由于缺乏有效的机制来连接法官的个人经验与人们共同的经验法则，导致经验法则的运用可能更多地停留在理论层面，从而难以有效落实。

①参见张卫平：“认识经验法则”，载《清华法学》2008 年第 6 期。

对于第二个问题，虽然当事人的举证行为可以从多种理论视角进行解说，但是笔者认为这种行为的根本目的可以定位于为法官的事实认定提供依据。而在一部分由法官启动社会研究的案件中，也可以认为他们这样做的目的在于为自己的事实认定提供依据。换言之，他们之所以选择这样做，实际上都是为了帮助法官更好地进行事实认定。上文已经指出，进行社会研究是为了考察特定人群特别是普通公众关于涉案事实的观点、意识或态度。因此，在诉讼中开展社会研究更为确切的目的便在于帮助法官考察特定人群特别是普通公众关于涉案事实的观点、意识或者态度。这样一来，与上述传统的事实认定机制不同的是，社会研究报告的出现为法官的个人经验与特定人群的共同经验或意识之间搭建了一座桥梁，于是法官在进行事实认定的时候便可以有效地避免对个人经验的单纯依赖。

因此，社会研究报告的本质就在于它实现了法官的个人经验与社会意识的有效连接，这便是司法实践中已经出现的以及上文提出的可以在某些领域中应用的社会研究报告共同的特点。于是，如果建立一个理论模型，将前者简称为“个人经验”，后者简称为“社会意识”，那么这个理论模型便可以表述为：“个人经验—社会意识。”根据这个理论模型，凡是法官在个案中进行事实认定的时候按照法律规范或者结合案件的具体情况，需要考虑或者有必要考虑包括当事人、证人以及公众在内的社会意识的时候，从理论上讲都有应用社会研究报告的可能性。这样一来，即使本章没有对民事诉讼、刑事诉讼乃至行政诉讼中大量适合社会研究报告应用的领域进行完备的归纳，也可以根据这个理论模型分析这种证据可以应用于哪些案件以及哪些案件事实。由于民事案件类型的极大丰富性，本章第二节实际上远远没有穷尽社会研究报告所有的应用领域，但是，根据这个理论模型，我们必将在实践中发现更多适合社会研究报告应用的领域。

尽管社会研究报告从理论上讲可以适用于本书远未穷尽的应用领域，但是却并不意味着司法实践中任何符合“个人经验—社会意识”这一理论模型的情形都可以或应当应用这种证据。为了更加恰当地把握该理论模型的内涵，应当在应用社会研究报告的时候至少特别注意以下三个方面的问题：

其一，社会研究报告针对的是案件的事实问题而非法律问题。社会研究报告作为一种社会科学证据所能证明的只能是案件中的事实问题，而非法律问题。也就是说，对“社会意识”的调查针对的只能是涉及案件事实判断的“社会意识”，而非涉及法律适用的“社会意识”。在上文提到的药家鑫案中，由于法官对旁听人员开展的调查针对的是他们对于被告人应当得到什么刑罚的判断，是一个典型的法律适用问题，因此并不是本书所探讨的社会研究报告的应有之义。

其二，社会研究报告受被调查者就案件事实的认知能力的限制。就社会研究报告所针对的是案件事实问题而言，也并非所有的案件事实都适于开展社会研究。例如，在数年前，在北京某基层法院审理的一起医疗事故损害赔偿纠纷案件中，法官在庭审前向旁听人员发放了40份问卷，由旁听人员根据庭审情况进行判断。庭审结束后，40份问卷全部收回，27票认为案件中的病历真实，2票认为伪造病历，11票对此说不清楚。[①] 一般而言，病历作为一种书证其本身是否真实，是一个需要由专业的司法鉴定解决的专门性问题，并不是“社会意识”所能进行直观判断的。因此，在应用社会研究报告这种社会科学证据的时候，应当特别注意它与自然科学证据的区别，区分哪些事项应当由专家采用科学技术进行直接的检验或鉴定，哪些事项则可以由专家就“社会意识”进行调查或研究。

其三，社会研究报告内含的“社会意识”应当与裁判者的“个人意识”有机结合。上文已经指出，裁判者的“个人意识”本身就可以被认为是“社会意识”的组成部分，但是两者有时并不会完全一致，甚至出现冲突。社会研究报告对“社会意识”的反映实际上恰恰是为了更好地帮助裁判者结合“个人意识”进行事实认定，因此两者之间并不存在互相排斥的关系，而是可以有机结合。但同时需要注意的是，如果案情并不复杂，裁判者在仅依靠“个人意识”便能够有效地查清案情的情况下，反映“社会意识”的社会研究报告便会显得多余。而且从某种程度上讲，裁判者在认定案件事实的过程中通常会首先根据自己的“个人意识”，在此基础上再去判断“社会意识”。

我国台湾地区“行政院公平交易委员会对于公平交易法第二十条案件之处理原则”甚至还对商品、商标等是否会导致混淆的程序进行

---

①杨昌平：“药家鑫的生死谁说了算”，载《北京晚报》2011年4月13日。

了详细的排序，将对采取问卷方式对“社会意识”的考查放在了最后一位。该原则第13条规定：“认定程序表征是否为相关事业或消费者所普遍认知、是否相同或类似之使用或是否致混淆，依下列程序认定之：（一）由本会委员会议认定。（二）有相当争议致难以判断，得举行公听会或座谈会，征询学者专家、业者代表、消费者代表、相关产业公会及机关意见，供本会认定之参考。（三）影响重大且有相当争议致难以判断，得委托公正、客观之团体、学术机构，以问卷征询一般大众或相关交易对象意见。”在上文提到的“好×化工股份有限公司诉台湾地区‘行政院’公平交易委员会违反‘公平交易法’”案，台湾地区最高行政法院在对案件中出现的社会研究报告未予采纳的理由中，还援引了该“原则”的规定加以分析：

对“问卷调查”并非常态应使用之调查方式，仅于“影响重大且具相当争议致难以判断”之特殊情况始会实行。系争二商品外观既非属相同或类似之使用，亦无致相关事业或消费者产生混淆误认之虞，被上诉人认无依职权再为市调报告之必要与实益，尚难认有何违法之处。且其前经本院予以判决发回后，就本件重为事实之调查及证据之认定，并针对市调报告予以审酌及评估，依论理及经验法则综合系争二商品外观是否造成消费者之混淆，堪认已尽调查之能事，本件事证已属明确，并无再予就本件为市场调查之必要。①

因此，从以上“原则”以及“好×化工股份有限公司”案可以得到的启示便是，社会研究报告中反映的“社会意识”并不在任何时候都具有相对于裁判者的“个人意识”的优先性，对“社会意识”的调查研究也并不能完全排斥可能与之构成冲突的“个人意识”的运用。当然，至于如何在裁判中就“个人意识”与“社会意识”进行有机结合，需要裁判者在个案中根据案情作出恰当的判断。

二、社会科学证据研究应当重点注意的问题

根据上文的研究以及笔者对社会科学证据在我国司法证明实践中的

①台湾地区“最高行政法院99年（2010年）判字第28号”。

应用状况的观察，笔者认为，这种证据在我国的发展状况大致相当于美国在20世纪二三十年代的情形。之所以得出这样的大致判断，主要基于以下两个方面的理由：其一，我国不存在“立法事实”的证明问题，因此在研究社会科学证据的时候可以直接对应于这种证据在美国对“裁判事实”的证明史，也即相当于美国20世纪二三十年代的情形。上文已经指出，美国具有法官造法的司法传统，社会科学证据的雏形（也即“布兰代斯辩论摘要”）恰恰诞生于对“立法事实”的证明过程之中。与此相对应，在我国的司法证明语境下对社会科学证据加以研究则只用考察这种证据在个案中针对“裁判事实”的证明。其二，我国目前关于社会科学证据的研究与应用状况也相当于美国20世纪二三十年代的情形。一方面，我国的证据法学界以及相关法学部门的学者基本上还没有对社会研究报告展开过专门的分析，更谈不上对社会科学证据的系统研究；另一方面，由于没有相关规则的调整，以社会研究报告为主要形式的社会科学证据在我国的司法实践中应用得也比较混乱。这些情况都与美国那一时期的境况十分类似。

因此，对比社会科学证据在美国的发展，我们十分有必要将我国目前对这种证据的研究和应用立足于对美国20世纪五六十年代的参考。根据上文的分析，我国证据法学界可以效仿美国同行半个世纪之前所进行的努力，对社会科学证据所涉及的方方面面的问题展开深入的分析，而实务部门也应当在具体运用这种证据的同时加强对相关问题的总结和归纳。限于篇幅，笔者在这里仅仅谈一下我国对社会科学证据的研究所应注意的重点问题。

首先，虽然社会科学证据是一种新型证据，但是应当从理论上将它定位于科学证据的一个重要组成部分。考察美国近年来对社会科学证据进行研究所出现的新趋势，笔者认为，我国对这种证据的研究既没有必要也不应当脱离对传统的科学证据研究的学术积淀。毕竟，社会科学证据与科学证据的另一分支——第一章提到的自然科学证据——虽存在显著区别，但两者都同属科学证据，在证据能力及证明力规则的设计上应当具有相通之处，因此完全可以在研究过程中做到融会贯通。

其次，学术界应当加强对社会科学证据在司法实践中的应用所表现出来的重点、难点问题的研究。根据笔者的观察，目前我们亟待对社会科学证据的主要形式即社会研究报告在实务中反映出来的以下几个问题加强研究：

第一，鉴于一些法院对社会研究报告的证据属性还存在疑问，因此对它到底是不是一种证据，它的适用范围、它在司法证明中的应用到底有何价值需进行深入思考。

第二，关于社会研究报告的证据形式还存在疑问，如有学者认为它属于证人证言，而有人则认为它类似于鉴定结论，观点的分歧充分说明了社会研究报告其实很难在现行的法定证据形式体系中找到合适的位置。因此，在我国证据法学研究和司法实务都比较重视证据的形式合法性的背景下，有必要认真探讨这种证据的证据形式问题，以免令其在实践中遭遇形式上的合法性危机。

第三，在目前司法实践中，当事人经常会对社会研究报告进行公证后再提交法庭，这其中便涉及是否有必要对这种证据进行公证、需要对哪些问题进行公证等亟待厘清的问题。例如，有的当事人申请公证机构以“保全证据公证”的形式直接进行社会研究并出具公证书，其正当性实际上值得商榷。毕竟，开展社会研究到底是否属于“保全证据公证”以及公证人员到底是否能够胜任需要专业知识和技术加以保障的社会研究，还需要进一步研究。

第四，面对提交法庭的形形色色的社会研究报告，各地的法院在审查认定的时候对于其证据能力、证明力的判断表现出极大的差异，研究者需要对这种现象加以充分关注，在充分总结经验的情况下最终建构起符合我国司法证明特点的采纳和采信规则。

总之，我国对社会科学证据的研究正处于刚刚起步的阶段，在科学证据的理论框架之下分化出社会科学证据这种全新的类型，将成为我国证据法学研究的一个重要的理论突破。研究者可以以社会研究报告这一社会科学证据的主要形式为切入点，对司法证明实务中表现出来的重点、突出问题加以深入研究，从而对我国的证据法学研究作出新的贡献。

附　　录

附录1　布朗诉托皮卡教育委员会案（节选）①

布朗诉托皮卡教育委员会
(Brown v. Board of Education of Topeka) 347 U. S. 483 (1954)

首席大法官沃伦先生发表了本院意见：

这些提交给我们的案件来自堪萨斯州、南卡罗来纳州、弗吉尼亚州和特拉华州。它们都以不同的事实和不同的当地条件为前提，但一个共同的法律问题使得本院有理由在合并意见中将它们一并考虑。

在上述每一起案件中，黑人种族中的未成年人（minors）通过他们的法律代表寻求法院的帮助，以便进入其社区中以非隔离措施为基础的公立学校。在每一起案件中，根据那些要求种族隔离或许可种族隔离的法律，白人儿童入学的学校拒绝录取他们。这一隔离据称是剥夺了原告在宪法第十四修正案下的法律的平等保护。除了特拉华州一案以外的其他每一起案件中，由三名法官组成的联邦地区法院根据本院在 Plessy v. Ferguson 案中宣布的所谓"隔离但平等"的原则，拒绝给原告提供救济。根据该原则，只要为不同种族提供了物质上平等的各项设施，即使这些设施是隔离开来的，那么他们便获得了平等对待。在特拉华州一案中，特拉华州最高法院遵循了该原则，但指令白人学校接收原告，原因是白人学校的物质条件优于黑人学校。

---

①参见 http://wenku. baidu. com/view/acbd0213a216147917112881. html，最后访问日期：2010 年 12 月 1 日。笔者结合本案的判决书原文，对个别译文进行了修改。

原告主张，隔离的公立学校不“平等”，也不能实现“平等”，因此这样的学校被剥夺了法律的平等保护。由于所提的这一问题具有显著的重要性，本院受理了该案。本院于1952年开庭期间听取了辩论，并于本次开庭就本院提出的某些问题听取了再次辩论。

再次辩论主要围绕着1868年宪法第十四修正案通过时的情形。该辩论详尽地涵盖了国会对宪法修正案的考虑，各州对该修正案的批准，随后种族隔离中存在的做法以及该修正案的支持者与反对者的观点。这些讨论和我们自己的调查使我们确信，尽管这些原始资料已作出了某些说明，但还不足以解决我们面对的问题，它们充其量是一些不具有决定性的材料。战后修正案最热切的支持者们毫无疑问地要求废除“所有在美国出生或归化的人们”中间存在的所有法律差异。而其反对者，同样也肯定对修正案的文字和精神采取了针锋相对的态度，并希望这些文字和精神仅在最低限度上发挥效力。国会和州立法机构中的其他人究竟是怎么想的，尚无法断定。

该修正案的历史之所以不具有决定意义，还有另外一个理由。就采取隔离措施的学校而言，这个理由就是当时公共教育的状况。在南方，由普通税收（general taxation）所支持的通向免费的公立学校（free common schools）的运动还没有发展起来，白人儿童的教育主要来自私人集团。黑人（negroes）教育几乎不存在，而黑人族群中几乎所有的人都是文盲。事实上，对黑人的任何教育在某些州是为法律所禁止的。与此相对的是，许多黑人如今已在艺术、科学、商业及其他专业领域取得了非凡的成功。的确，公立学校的教育在宪法第十四修正案时期已在北方取得了很大的进展，但是在国会辩论中，宪法第十四修正案对于北方各州的影响都被忽略了。即使在北方，那时公共教育的条件与今日的现状也不可同日而语。课程设置通常都很简单；在乡村地区，常见的是不分年级的学校；许多州的学校一年只有三个月的学期；义务入学几乎无人所知。结果，宪法第十四修正案旨在对公共教育实现的影响在其历史上收效甚微，这并不令人感到惊奇。

宪法第十四修正案通过后不久，在本院在对其首次做出解释的案件中，本院将该修正案解释为禁止一切由州所强加的对黑人的歧视。“隔离但平等”的原则直到1896年即上面提及的Plessy v. Ferguson案中才在本院出现，该原则不仅涉及教育还包括交通。美国法院由此在长达半个多世纪之久的时间里一直采用这一原则。本院已有6起在公共教育方面涉及“隔离但平等”原则的案件。在 Cumming v. Country Board of Education（175 U. S. 528）案以及 Gong Lum v. Rice（275 U. S. 78）案中，该原则自身的有效性并没有受到挑战。在更近期的案件中，在所有研究生级别的学校（graduate school），我们发现由白人学生享有的特殊利益没有平等的给予具有同样教育资格的黑人学生。Missouri ex rel. Gaines v. Canada（305 U. S. 337）、Sipuel v. Oklahoma（332 U. S. 631）、Sweatt v. Painter（339 U. S. 629）、Mclaurin v. Oklahomo State Regents（339 U. S. 637）这些案件中，都没有对这一原则进行必要的审查，以便为黑人原告提供救济。在上面提到的 Sweatt v. Painter 案中，本院也没有明确就 Plessy v. Ferguson 案是否应当被认为不适用于公共教育这个问题进行表态。

在这几个迫切需要解决的案件中，这个问题被直接提了出来。在此不同于 Sweatt v. Painter 案，下面的调查表明，所涉及的黑人学校与白人学校在建筑、课程、入学资格和教师薪金以及其他“有形的”因素方面，已经实现了平等或者正在实现平等。因此，我们的判决不能仅仅就每一案件中黑人学校和白人学校的这些有形因素进行比较，相反我们必须考察隔离本身对公共教育的影响。

在探讨这一问题的时候，我们无法将时钟转回到1868年宪法第十四修正案通过的时候，也无法回到1896年作出 Plessy v. Ferguson 判决的时候。我们必须从整个国家（Nation）出发，从公共教育的充分发展以及目前在美国人的生活中所处的地位来考虑公共教育。只有用这一方法才能决定公立学校的隔离措施是否剥夺了对这些原告的法律的平等保护。

今天，教育也许是州和地方政府最重要的功能。义务教育法和教育的巨大财政开支都表明我们认可了教育对我们民主社会的重要性。我们要履行我们最基本的公共责任，就要接受教育，甚至参军服役也需要教育。教育是培养良好公民品格（good citizenship）的真正基础。今天，教育是唤醒儿童认识文化价值的首要手段，让他为后来的职业训练做准备，并帮助他正常地适应其环境。在这些日子里，人们会怀疑，如果哪个孩子被否定了获得教育的机会，是否还有理由期待他实现人生的成功。这样一种机会是由州负责提供，它是一项必须在平等的基础上对所有人开放的权利。

由此，我们就触及前面所提出的问题：在公共学校中仅以种族为由对儿童的隔离，即使物质设施和其他“有形的”因素可能是平等的，是否剥夺了少数族群的儿童接受教育的平等机会？我们认为答案是肯定的。

在前面提到的 Sweatt v. Painter 一案中，为了查明一所实施种族隔离的法学院未能给黑人提供平等的教育机会，本院主要依靠的是“那些无法客观衡量但在法学院中造就伟大（make for greatness）的那些品质”。在前面提到的 McLaurin v. Oklahoma State Regents 一案中，为了要求被录取到白人研究院就读的黑人应当得到与所有其他学生同样的对待，本院再次诉诸对无形因素的考虑：“……他研究的能力，进行讨论和同其他学生交流观点的能力，以及在一般意义上，学习其专业的能力。”对这些无形因素的考虑，要用更大的力量在小学和高中里适用于儿童。仅仅由于种族而把他们与其他类似年龄和资质的儿童分开，就会产生一种与他们在社区中的身份相关的自卑感，这可能会影响他们的心灵和心智，而且可能永远无法排解。这种隔离对他们的教育机会的影响在 Kansas 案件的判决中得到了很好的表述，不过该判决是由一所感到不得不判决黑人原告败诉的法院作出的：

> 白人儿童与有色儿童在公共学校中的隔离已经对有色儿童产生了有害影响。当这种隔离得到法律的支持，这种影响会更为严重，因为种族分离的政策通常被解释为代表了黑人群体的卑贱。自卑感影响了儿童学习的动机。因此，法律支持下的种族隔离趋于妨碍黑人儿童的教育和心理的发展，并剥夺了他们在种族融合（racially integrated）的学校体制下将会获得的某些利益。

在 Plessy v. Ferguson 案的时代，无论心理学知识发展到了怎样的程度，这一判决足以得到当代权威（的研究成果）的充分支持。[①] Plessy v. Ferguson 案中任何与这一发现相抵触的言词都将会遭到否决。

我们的结论是，在公共教育领域，并不存在“隔离但平等”原则适用的余地。隔离的教育设施本身就是不平等的。因此，我们认为这些

① 判决书原文共 14 个脚注，这里只列出与本书主题密切相关的第 11 个脚注。

诉讼中的原告和其他身陷同样处境的人们，由于我们所谴责的隔离，被剥夺了宪法第十四修正案所保障的法律的平等保护。作出这一认定后，我们就没有必要再讨论这种隔离是否也违反了宪法第十四修正案的“正当程序条款”。

由于这些案件属于集团诉讼，由于这一判决的广泛适用性，也由于地方条件的众多差异，在这些案件中所阐明的判决（the formulation of decrees）提出了相当复杂的问题。在第二次辩论中，适当救济的考虑必然要从属于主要的问题，即公共教育的隔离措施的合宪性。现在，我们已经宣布这种隔离是对法律平等保护的否定。为了我们能够得到双方当事人对所阐明的判决的充分支持，这些案件将保留在待审案件目录表中，本院要求双方当事人就本院先前提出的问题 4 和 5 提出进一步的理由，以便本届开庭的再次辩论。合众国司法部部长会再次被邀请参加。在 1954 年 9 月 15 日前，要求或许可在公共教育中采取隔离措施的州司法部部长也将被许可作为应邀出庭的“法庭之友”（amici curiae）到场，并要求在 1954 年 10 月 1 日前送交案件摘要。

这就是本院的判决。

［脚注 11］K. B. CLARK，《偏见与歧视对个性发展的影响》（关于儿童和青少年的白宫会议五十年，1950）；WITMER 和 KOTINSKY，《塑造过程中的个性》（1952），见卷 6；DEUTSCHER AND CHEIN，《强制实施的种族隔离造成的心理影响：关于社会科学意见的一份调查》，《心理学期刊》（1948），第 26 卷第 259 页；CHEIN，《平等设施条件之下的种族隔离会产生什么样的心理影响?》，《意见与态度调查国际期刊》（第三卷）（1949），第 299 页；BRAMELD，《歧视和国家福利中的教育成本》（1949），第 44 ~ 48 页；FRAZIER，《生活在美国的黑人》（1949），第 674 ~ 681 页。就这个问题的讨论，一般可阅 MYRDAL，《美国面临的一个困境》（1944）。

BROWN v. BOARD OF EDUCATION,34 U. S. 483(1954)
347 U. S. 483

MR. CHIEF JUSTICE WARREN delivered the opinion of the Court.

These cases come to us from the States of Kansas, South Carolina, Virginia, and Delaware. They are premised on different facts and different local conditions, but a common legal question justifies their consideration together in this consolidated opinion.

In each of the cases, minors of the Negro race, through their legal representatives, seek the aid of the courts in obtaining admission to the public schools of their community on a nonsegregated basis. In each instance? they had been denied admission to schools attended by white children under laws requiring or permitting segregation according to race. This segregation was alleged to deprive the plaintiffs of the equal protection of the laws under the Fourteenth Amendment. In each of the cases other than the Delaware case, a three - judge federal district court denied relief to the plaintiffs on the so - called " separate but equal" doctrine announced by this Court in Plessy v. Ferguson. Under that doctrine, equality of treatment is accorded when the races are provided substantially equal facilities, even though these facilities be separate. In the Delaware case, the Supreme Court of Delaware adhered to that doctrine, but ordered that the plaintiffs be admitted to the white schools because of their superiority to the Negro schools.

The plaintiffs contend that segregated public schools are not "equal" and cannot be made "equal," and that hence they are deprived of the equal protection of the laws. Because of the obvious importance of the question presented, the Court took jurisdiction. Argument was heard in the 1952 Term, and reargument was heard this Term on certain questions propounded by the Court.

Reargument was largely devoted to the circumstances surrounding the adoption of the Fourteenth Amendment in 1868. It covered exhaustively consideration of the Amendment in Congress, ratification by the states, then existing practices in racial segregation, and the views of proponents and opponents of the Amendment. This discussion and our own investigation convince us that, although these sources cast some light, it is not enough to resolve the problem with which we are faced. At best, they are inconclusive. The most avid proponents of the post - War Amendments undoubtedly intended them to remove all legal distinctions among " all persons born or naturalized in the United

States." Their opponents, just as certainly, were antagonistic to both the letter and the spirit of the Amendments and wished them to have the most limited effect. What others in Congress and the state legislatures had in mind cannot be determined with any degree of certainty.

An additional reason for the inconclusive nature of the Amendment's history, with respect to segregated schools, is the status of public education at that time. In the South, the movement toward free common schools, supported by general taxation, had not yet taken hold. Education of white children was largely in the hands of private groups. Education of Negroes was almost nonexistent, and practically all of the race were illiterate. In fact, any education of Negroes was forbidden by law in some states. Today, in contrast, many Negroes have achieved outstanding success in the arts and sciences as well as in the business and professional world. It is true that public school education at the time of the Amendment had advanced further in the North, but the effect of the Amendment on Northern States was generally ignored in the congressional debates. Even in the North, the conditions of public education did not approximate those existing today. The curriculum was usually rudimentary; ungraded schools were common in rural areas; the school term was but three months a year in many states; and compulsory school attendance was virtually unknown. As a consequence, it is not surprising that there should be so little in the history of the Fourteenth Amendment relating to its intended effect on public education.

In the first cases in this Court construing the Fourteenth Amendment, decided shortly after its adoption, the Court interpreted it as proscribing all state-imposed discriminations against the Negro race. The doctrine of "separate but equal" did not make its appearance in this Court until 1896 in the case of Plessy v. Ferguson, supra, involving not education but transportation. American courts have since labored with the doctrine for over half a century. In this Court, there have been six cases involving the "separate but equal" doctrine in the field of public education. In Cumming v. County Board of Education, and Gong Lum v. Rice, the validity of the doctrine itself was not challenged. In more recent cases, all on the graduate school level, inequality was found in that specific benefits enjoyed by white students were denied to Negro students of the same educational qualifications. Missouri ex rel. Gaines v. Canada; Sipuel v. Oklahoma; Sweatt v. Painter; McLaurin v. Oklahoma State Regents. In none of these cases was it necessary to re – examine the doctrine to grant relief to the Negro plaintiff. And in Sweatt v. Painter, supra, the Court expressly reserved decision on the question whether Plessy v. Ferguson should be held inapplicable to public education.

In the instant cases, that question is directly presented. Here, unlike Sweatt v. Painter, there are findings below that the Negro and white schools involved have been equalized, or are being equalized, with respect to buildings, curricula, qualifications and salaries of teachers, and other "tangible" factors. Our decision, therefore, cannot turn on merely a comparison of these tangible factors in the Negro and white schools involved in each of the cases. We must look instead to the effect of segregation itself on public education.

In approaching this problem, we cannot turn the clock back to 1868 when the Amendment was adopted, or even to 1896 when Plessy v. Ferguson was written. We must consider public education in the light of its full development and its present place in American life throughout the Nation. Only in this way can it be determined if segregation in public schools deprives these plaintiffs of the equal protection of the laws.

Today, education is perhaps the most important function of state and local governments. Compulsory school attendance laws and the great expenditures for education both demonstrate our recognition of the importance of education to our democratic society. It is required in the performance of our most basic public responsibilities, even service in the armed forces. It is the very foundation of good citizenship. Today it is a principal instrument in awakening the child to cultural values, in preparing him for later professional training, and in helping him to adjust normally to his environment. In these days, it is doubtful that any child may reasonably be expected to succeed in life if he is denied the opportunity of an education. Such an opportunity, where the state has undertaken to provide it, is a right which must be made available to all on equal terms.

We come then to the question presented: Does segregation of children in public schools solely on the basis of race, even though the physical facilities and other "tangible" factors may be equal, deprive the children of the minority group of equal educational opportunities? We believe that it does.

In Sweatt v. Painter, supra, in finding that a segregated law school for Negroes could not provide them equal educational opportunities, this Court relied in large part on "those qualities which are incapable of objective measurement but which make for greatness in a law school." In McLaurin v. Oklahoma State Regents, supra, the Court, in requiring that a Negro admitted to a white graduate school be treated like all other students, again resorted to intangible considerations: "... his ability to study, to engage in discussions and exchange views with other students, and, in general, to learn his profession." Such considerations apply with added force to children in grade and high schools. To separate them from others of similar age and qualifications solely because of their race generates a feeling of inferiority as to their status in the community that may affect their hearts and minds in a way unlikely ever to be undone. The effect of this separation on their educational opportunities was well stated by a finding in the Kansas case by a court which nevertheless felt compelled to rule against the Negro plaintiffs:

"Segregation of white and colored children in public schools has a detrimental effect upon the colored children. The impact is greater when it has the sanction of the law; for the policy of separating the races is usually interpreted as denoting the inferiority of the negro group. A sense of inferiority affects the motivation of a child to learn. Segregation with the sanction of law, therefore, has a tendency to retard the educational and mental development of negro children and to deprive them of some of the benefits they would receive in a racially integrated school system."

Whatever may have been the extent of psychological knowledge at the time of Plessy v. Ferguson, this finding is amply supported by modern authority. [Footnote11][1]Any language in Plessy v. Ferguson contrary to this finding is rejected.

We conclude that in the field of public education the doctrine of "separate but equal" has no place. Separate educational facilities are inherently unequal. Therefore, we hold that the plaintiffs and others similarly situated for whom the actions have been brought are, by reason of the segregation complained of, deprived of the equal protection of the laws guaranteed by the Fourteenth Amendment. This disposition makes unnecessary any discussion whether such segregation also violates the Due Process Clause of the Fourteenth Amendment.

Because these are class actions, because of the wide applicability of this decision, and because of the great variety of local conditions, the formulation of decrees in these cases presents problems of considerable complexity. On reargument, the consideration of appropriate relief was necessarily subordinated to the primary question – the constitutionality of segregation in public education. We have now announced that such segregation is a denial of the equal protection of the laws. In order that we may have the full assistance of the parties in formulating decrees, the cases will be restored to the docket, and the parties are requested to present further argument on Questions 4 and 5 previously propounded by the Court for the reargument this Term. The Attorney General? of the United States is again invited to participate. The Attorneys General of the states requiring or permitting segregation in public education will also be permitted to appear as amici curiae upon request to do so by September 15, 1954, and submission of briefs by October 1, 1954.

It is so ordered.

[Footnote 11]

K. B. Clark, Effect of Prejudice and Discrimination on Personality Development (Midcentury White House Conference on Children and Youth, 1950);

---

[1] 判决书原文共 14 个脚注，这里只列出与本书主题密切相关的第 11 个脚注。

Witmer and Kotinsky, Personality in the Making (1952), c. VI;

Deutscher and Chein, The Psychological Effects of Enforced Segregation: A Survey of Social Science Opinion, 26 J. Psychol. 259 (1948);

Chein, What are the Psychological Effects of [347 U. S. 483, 495] Segregation Under Conditions of Equal Facilities?, 3 Int. J. Opinion and Attitude Res. 229 (1949);

Brameld, Educational Costs, in Discrimination and National Welfare (MacIver, ed., (1949), 44 –48;

Frazier, The Negro in the United States (1949), 674 –681;

And see generally Myrdal, An American Dilemma (1944).

附录2　山东省鲁宝厨业有限公司诉淄博市临淄信福诚工贸有限公司商标侵权纠纷案

山东省滨州市中级人民法院
民事判决书[①]

（2005）滨中民三知初字第15号

原告：山东省鲁宝厨业有限公司。

法定代表人：范曰光，该公司总经理。

委托代理人：郝高芬，山东畅达律师事务所律师。

被告：淄博市临淄信福诚工贸有限公司。

法定代表人：朱伯耀，该公司总经理。

原告山东省鲁宝厨业有限公司与被告淄博市临淄信福诚工贸有限公司商标侵权纠纷一案，原告山东省鲁宝厨业有限公司于2005年10月28日向本院起诉。本院受理后，依法组成合议庭，公开开庭审理了本案。原告法定代表人范曰光、委托代理人郝高芬，被告法定代表人朱伯

① 本判决书来自“北大法律信息网”司法案例数据库。

耀均到庭参加诉讼。本案现已审理终结。

原告诉称，山东省鲁宝厨业有限公司是国内厨房设备行业的先进龙头企业之一。1991 年以来，“鲁宝”商标一直是我公司在厨房设备及其类似商品上注册的商标，是我公司最主要的品牌标志和最重要的无形资产。“鲁宝”商标曾于 2002 年 6 月、2005 年 8 月先后被山东省工商行政管理局评定为著名商标。至今“鲁宝”商标在厨房设备行业的相关公众中享有极高的信誉和地位。

2004 年 11 月以来，我公司在市场上发现有被告销售的带有“鲁宝”商标的聚丙烯集装袋。我公司认为，“鲁宝”商标是我公司在厨房设备及其类似商品的注册商标，经过十几年的广告宣传，已经在相关消费群体中非常著名，被告在不相类似商品上直接复制使用我公司的著名商标，误导公众，是一种假冒、侵权行为，极易使消费者误认、误购。虽然后来在我公司的制止下，侵权行为没有扩大，但该行为淡化了我公司著名商标的显著性和商业价值，已经使著名商标注册人的利益受到了现实性的损失。为维护我公司合法利益，特诉至法院，请求：一、法院依法认定我公司“鲁宝”商标为驰名商标。二、被告立即停止侵犯我公司驰名商标注册专用权的行为，赔偿由此给我公司造成的经济损失 6000 元。三、被告承担本案诉讼费用。

被告淄博市临淄信福诚工贸有限公司在庭审中口头辩称，我们与原告所从事的行业不同，原告的“鲁宝”商标是用于厨房设备，而我们是用在集装袋上，厨房设备与集装袋按照商品分类属于不同类别，所以我们在生产的集装袋上使用“鲁宝”商标不构成对原告商标的侵权。并且，我们在产品上使用“鲁宝”字样仅持续了很短的时间，在原告发现并通知我们后，我们随即停止使用“鲁宝”商标，原告不应再起诉我方。我们利用“鲁宝”商标一共生产了几百条集装袋，利润小，没有赚到钱，对方要求我方赔偿损失 6000 元没有事实和法律依据。

原告山东省鲁宝厨业有限公司为证明自己的诉讼请求，向本院提交了相应的证据，其提交的证据按照证明目的主要分为两部分，第一部分系与驰名商标认定有关的证据，第二部分系证明被告侵权的证据。

（一）与驰名商标认定有关的证据

证据一，企业法人营业执照，该证据表明原告企业名称是山东省鲁宝厨业有限公司，公司经营范围：厨房设备、制冷设备、纸塑设备、纸塑产品、模具制造、不锈钢器皿销售，原告用该份证据证明其是合法经营。

证据二是一组证据，有山东省著名商标证书（2002 年、2005 年）、山东名牌证书、全国厨具商会理事单位证书、上级领导来厂视察的照片、所获荣誉照片、全国工业产品生产许可证、全国诚信守法乡镇企业证书、国家级产品检验报告、全国质量稳定合格证书、全国驰名品牌证书、全国创名牌重点企业证书、山东优秀民营科技企业证书、省级文明诚信文明企业证书、国际质量认证管理体系证书、农业银行信用等级证书、省级守合同重信用证书、省级免检单位证书、技术创新企业证书、绿色产品质量证书、国际风筝联合会获指定专用厨具证书、进出口资格证书、建厂初期上级颁发的有关证件、部分星级酒店高校用户单位食堂用户名单、部分大型用户反馈意见信件、部分大型用户订货合同。该组证据证明相关公众对“鲁宝”商标广为知晓，“鲁宝”商标信誉度高，质量好，广大公众极为认可。

证据三，编号为 549436 号“鲁宝”商标注册证一份，用以证明“鲁宝”商标的注册时间为 1991 年 4 月 20 日，核定使用商品第 11 类，即消毒蒸饭车；2000 年 10 月 21 日核准续展注册商标证明，用以证明编号为 549436 号“鲁宝”商标续展后继续使用；编号为 895700 号“鲁宝”商标注册证一份，用以证明“鲁宝”商标的注册时间为 1996 年 11 月 7 日，核定使用商品第 11 类，即厨房炉灶、煤气灶、烹调器、蒸煮装置和设备、电油炸锅、烹调器具、电热水器；公司更名证件及核准转让注册商标证明，用以证明企业名称变更后对“鲁宝”商标仍然享有合法的商标专用权。从 1991 年“鲁宝”商标注册以来，原告一直使用至今。

证据四，近 3 年的广告发布情况、部分广告费单据、部分报刊广告复印件、部分驻外办事处门头广告照片，用以证明“鲁宝”商标通过电视、报纸、杂志、网络以及通过制作广告牌、灯箱等方式，以各种形式、各种途径进行宣传的时间、程度和地理范围。原告以此证明“鲁宝”商标广告宣传力度大，受众面广，口碑好，消费者认可。

证据五，博兴县工商行政处罚书、博兴县公安局打假证明、天津市打假办刊登的保名优公告、阜阳市工商局打假公告，用以证明“鲁宝”商标作为著名商标受保护的事实，以此说明“鲁宝”商标是原告多年来创造出的名牌，原告为保护这一品牌付出了极大的代价，多年来一直致力于打假保名牌，工商行政部门及质检部门也为此做了大量的工作，使该著名商标得到保护。

证据六，1. 中华厨业商会证明一份，证明原告近 3 年的销售利税在厨具制造业的排名情况；2. 省中小企业局 2002 年出具的行业证明一份，证明原告缴纳利税连续 3 年居全省同行业第一位；3. 原告近 3 年“鲁宝”厨具产销售区域范围及销售量图示，证明原告的销售区域及范围；4. 博兴县中小企业局证明一份，证明原告近 3 年的销售收入及利税情况。上述证据进一步证明“鲁宝”产品在厨具行业的排名名列前茅，从而证明“鲁宝”商标在相关公众中广为知晓。

证据七，法院委托中国社会调查所、北京东方枫叶咨询有限公司对“鲁宝”厨具产品商标认知度进行调查。中国社会调查所、北京东方枫叶咨询有限公司在调查论证的基础上作出“鲁宝”厨具产品商标认知度社会研究报告。该证据进一步证明了“鲁宝”商标为广大消费者所熟知，质量可靠，信誉高，“鲁宝”商标完全符合驰名商标的认定条件，应被认定为驰名商标。

针对原告山东省“鲁宝”厨业有限公司提供的七部分证据，经质证，被告淄博市临淄信福诚工贸有限公司对上述证据的真实性没有异议，但认为，原告提供的证据不能证实“鲁宝”商标构成驰名商标，因为构成驰名商标必须符合商标法关于认定驰名商标规定的条件，而原告提供的上述证据不足以证明其在第 11 类商品上使用的“鲁宝”注册商标为驰名商标，并且是否构成驰名商标，应由国家商标局根据相关条件进行认定，原告使用的“鲁宝”商标未经认定，不是驰名商标。本院认为，是否驰名商标，要审查商标是否符合商标法及有关法律关于认定驰名商标规定的标准和条件，行政机关有行政认定权，法院也有司法认定权，本院对原告提供上述证据的真实性予以确认。

（二）证明被告侵权的证据

证据一，被告使用原告“鲁宝”商标产品的照片。证据二，原告购买被告侵权产品的发票。原告用上述证据证明：被告直接在其产品上使用原告注册的“鲁宝”牌商标，其行为侵犯了原告对“鲁宝”注册的专用权。

针对上述证据，经质证，被告对证据的真实性没有异议，但认为其在产品上使用“鲁宝”商标仅仅持续了很短的时间，卖出的产品也很少，而且其生产的是集装袋，与原告的厨房设备属于不同的类别，因此不构成侵权。本院对上述证据的真实性予以确认。

被告淄博市临淄信福诚工贸有限公司没有提供证据。

根据本院认定的上述证据，本院查明下列事实：

山东省鲁宝厨业有限公司于1990年9月成立，其经营范围为：厨房设备、制冷设备、纸塑设备、纸塑产品、模具制造、不锈钢器皿销售。1991年4月20日，经国家工商行政管理局核准，该公司在第11类商品“消毒蒸饭车”上注册了鲁宝文字及图案商标即，注册有效期限自1991年4月20日至2001年4月20日；1996年，该公司又在第11类商品厨房炉灶、煤气灶、烹调器、蒸煮装置及设备、电油炸锅、烹调器具、电热水器注册鲁宝文字及图案商标即，并获国家工商行政管理局核准，注册有效期限自1996年11月7日至2006年11月6日。2000年10月21日，山东省鲁宝厨业有限公司将在“消毒蒸饭车”上注册的即将到期的“鲁宝”商标申请续展，获国家商标局核准，续展10年。该公司在其“鲁宝”商标注册后，一直在其核定的产品上使用“鲁宝”商标。

山东省“鲁宝”厨业有限公司主要生产的厨房设备、制冷设备、不锈钢器皿等，其类别属于“鲁宝”商标注册核准使用商品第11类，主要产品为厨房炉灶、煤气灶、烹调器、蒸煮装置及设备、电油炸锅、烹调器具、电热水器。该公司2002年销售收入9790万元，利税978万元，在厨具制造类行业中销售收入排名第一，利税第一；2003年销售收入10212万元，利税1225万元，在厨具制造类行业中销售收入排名第二，利税第一；2004年销售收入11338万元，利税1474万元，在厨具制造类行业中销售收入排名第二，利税第二。多年来，原告销售收入及利税在厨具行业一直居于前列。原告产品的销售范围在国内包括山东、北京、上海、甘肃、广东、新疆等省、自治区和直辖市，即除西藏、海南、台湾地区外，全国各地均有销售，在国外主要销往俄罗斯、韩国、日本，“鲁宝”系列厨房设备在市场占有率上一直名列前茅。

自2002年至今，原告先后在山东、北京、河北、天津等省、市电视台以各种形式发布广告；自 2002 年起，原告在上海、青岛、唐山、北京、石家庄等公路沿线以制作灯箱、路牌等方式进行宣传；自 2003 年起，原告还在历届博兴国际小戏艺术暨董勇文化旅游节上对其“鲁宝”商标及其产品进行宣传；自 2003 年起，在互联网上设专门网页 www. cglbjt. com 对本公司及其“鲁宝”系列商品进行宣传；2005 年在 www. bx12365. gov. cn 上进行企业展示和宣传，并多次在《大众日报》、《滨州日报》、《山东电视报》以及《中国质量技术监督》、《发展论坛》发布广告进行宣传。另外，历年来，公司还通过展销会、经贸洽谈会的方式在济南、北京、上海、广州等地宣传销售“鲁宝”产品，“鲁宝”牌厨房设备还被国际风筝联合会指定为专用精品厨具。

2002 年 7 月，“鲁宝牌”不锈钢厨具被中国质量检验协会评为全国稳定合格产品；2002 年、2005 年，“鲁宝”商标被山东省工商行政管理局评为山东省著名商标；2002 年至 2003 年山东省“鲁宝”厨业有限公司连续两年被中华人民共和国农业部授予全国乡镇企业创名牌重点企业称号；2003 年“鲁宝牌”系列厨具产品被山东名牌战略推进委员会及山东省质量技术监督局评为山东名牌；2003 年“鲁宝牌”不锈钢厨具被中国品牌发展促进委员会评为中国驰名品牌，并多次获得滨州市知名商标称号；2005 年山东省“鲁宝”厨业有限公司被中国进出口商品检验总公司质量认定中心颁发质量管理体系认定证书，“鲁宝牌”不锈钢厨房设备系列产品加入 ISO9001：2000 质量管理体系。

自 2000 年以来，博兴县、阜阳市、天津市的工商行政管理局或质量技术监督部门先后对 7 起制作或销售假冒鲁宝商标的厨房设备进行了查处。2005 年 10 月，山东省鲁宝厨业有限公司向国家商标局就招远市东风电毯有限公司在地毯上注册“鲁宝”商标提出异议，国家商标局已受理。

在本案诉讼期间，经原告申请，我院于 2005 年 10 月委托中国社会调查所、北京东方枫叶咨询有限公司对商标认知度进行调查，上述两机构于2005 年 11 月出具社会研究报告。该调查报告的主要内容为：1. 调查方法：设计调查问卷，采取面访及计算机辅助电话访问的形式进行调查。2. 样本构成：调查机构采取随机抽样的方式，在北京、天津、唐山、济南、青岛、南京抽取样本 400 个。性别构成男性 230 人，占总人数的 57.5%，女性 170 人，占总人数的 42.5%。用户单位的性质：农、林、牧、渔业 3 人；采掘业 8 人；制造业 45 人；电力、煤气及水的生产和供应业 7 人；建筑业 10 人；地质勘查、水利管理业 1 人；交通运输、仓储业 8 人；批发和零售贸易业 21 人；餐饮业 65 人；IT 行业 2 人；金融、保险业 6 人；房地产业 3 人；社会服务业 36 人；卫生体育和社会福利业 3 人；教育、文化艺术和广播电影电视业 110 人；科学研究和综合技术服务业 8 人；国家机关、政党机关和社会团体 28 人；其他行业 40 人。购买厨具的主要决策人：被访者自己 240 人，占总人数的 60%；行政部门 114 人，占总人数的 28.5%；其他 46 人，占总人数的 11.5%。3. 对“鲁宝”品牌的总体评价：调查结果显示，在相同档次的厨具产品中，“鲁宝”产品市场占有率高，所占比例为 83.5%。消费者了解“鲁宝”厨具的时间：有 38.7% 的消费者是在 4 年以前知道鲁宝厨具的，有 62.3% 的消费者知道“鲁宝”厨具的时间是一年到三年，说明消费者了解“鲁宝”厨具的时间较长。消费者购买并使用“鲁宝”厨具的时间：有 83.5% 的消费者购买并使用“鲁宝”厨具的时间在 3 年以上。消费者对目前购买的厨具的性价比的满意程度为 98.2%。消费者选择厨具时考虑的最主要的因素：厨具的价格 61.4%、质量 55.4%、安全 48.1%。消费者了解和判断厨具产品质量的途径：亲朋好友介绍 53.3%、广告 43%、品牌 24.5%、曾经使用过 22.5%。消费者对“鲁宝”厨具的档次评价：有 10.2% 的消费者认为“鲁宝”厨具是高档产品，有 37.4% 的消费者认为“鲁宝”厨具是中高档产品，有 38.6% 的消费者认为“鲁宝”厨具是中档产品，有 13.5% 的消费者认为“鲁宝”厨具是中低档产品，有 0.3% 的消费者认为“鲁宝”厨具是低档产品。消费者对于“鲁宝”品牌含义的理解：有 44.9% 的人认为“鲁宝”品牌的含义是山东的瑰宝，有 43.1% 的人认为“鲁宝”厨业这艘巨轮在浩瀚的商海里乘风破浪勇往直前，有 59.3% 的人认为“鲁宝”产品钻石品质，产品质量稳定可靠。消费者最近一个月对“鲁宝”厨具的相关广告收看情况：有 28.8% 的消费者在最近一个月内看过“鲁宝”厨具广告，其中 61.7% 的消费者是在电视中看到的，有 60.9% 的消费者是通过报刊看到的，有 33.9% 的消费者是在路牌上看到的。4. 调研结论：（1）消费者购买、使用厨具产品的比率相对较高，“鲁宝”厨具产品在北京、天津、唐山、济南、青岛和南京的购买率排名第一。（2）消费者认定“鲁宝”厨具产品在厨具产品市场中属于中高档产品，对其品牌的认知广泛，认为其品牌的知名度较高。（3）消费者购买、使用厨具产品的时间较长，对其产品的质量满意，对其品牌的认同感强。（4）消费者对于“鲁宝”厨具产品信赖程度高，对其产品的性价比满意度高。（5）在“鲁宝”厨具产品的媒体广告方面，消费者认为电视广告的到达率最高，受众面较广，其次是口碑的宣传。（6）消费者通常是通过亲朋好友介绍和广告来了解和判断“鲁宝”厨具产品的质量。（7）消费者通过电视和口碑的宣传来获得“鲁宝”厨具产品的信息。（8）消费者对于“鲁宝”厨具产品的推荐率在本次所调查的厨具产品品牌中排在前列。（9）消费者对于“鲁宝”厨具产品的指名预购率在本次所调查的厨具产品品牌中排在第一位，顾客忠诚度较高。

2005 年 6 月 15 日，原告山东省鲁宝厨业有限公司向被告淄博市临淄信福诚工贸有限公司购买集装袋 100 条，该批集装袋上印有商标与原告注册的商标一致。

结合原、被告的诉、辩主张，本院归纳双方的争议焦点为：

1. 原告“鲁宝”商标是否符合驰名商标的认定条件，法院应否认定其为驰名商标。

2. 被告的行为是否侵犯原告注册商标专用权。

3. 赔偿数额如何确定。

针对第 1 个争议焦点，即原告“鲁宝”商标是否符合驰名商标的认定条件，法院应否认定其为驰名商标，本院认为，驰名商标，是指在中华人民共和国境内为相关公众广为知晓并享有较高声誉的商标，商标驰名与否取决于商标权人对于商标的开发、经营、管理、维护，这是一个动态的变化的事实状态。认定一个商标是否驰名应综合衡量多方面因素。根据《中华人民共和国商标法》的有关规定，本院从以下几方面对“鲁宝”商标进行了审查。

第一，相关公众对 商标的知晓程度。

首先，确定相关公众的范围。相关公众包括与使用商标所标示的某类商品有关的消费者，生产前述商品的其他经营者以及经销渠道中所涉及的销售者和相关人员等。本案中，原告将商标用于“商标注册用商品和服务国际分类表”第 11 类产品上，并主要用于消毒蒸饭车、厨房炉灶、煤气灶、烹调器、蒸煮装置及设备、电油炸锅、烹调器具、电热水器，该类商品的消费者主要为集团用户厂矿企业、宾馆、学校、部队等后勤部门和少量个人用户。本案中 商标的相关公众应包括该类商品的消费者和生产厨具产品的经营者以及从事厨具销售的人员。

其次，关于相关公众对商标是否广为知晓的判断。一方面，确定相关公众对某种产品的商标是否广为知晓是对相关公众认知程度的一种判断，应当采取客观方法进行。本案原告的商标先后获得滨州市知名商标、山东省著名商标的称号，并被中国品牌发展促进委员会评为中国驰名品牌，这反映了有关部门对该商标在特定地域、特定行业里被相关公众广为知晓的一种正面评价，对本案审理具有一定参考价值。但是，"鲁宝"商标是否被相关公众广为知晓属于一种客观存在，仅依赖个别部门的主观评价难以达到客观公正的效果，因此，有必要采取相对客观的方法对相关公众的心里认知程度进行判断。本院委托社会调查机构进行随机抽样调查的方法能够比较客观的反映"鲁宝"商标在相关公众中的知晓程度。另一方面，在对商标为相关公众中知晓程度的判断上，即在量化的标准上，应当根据商标所表示的商品的类别、同类商品的多少、消费者群体的大小等因素进行综合判断。本案中原告标有"鲁宝"商标标识的消毒蒸饭车、厨房炉灶、煤气灶、烹调器、蒸煮装置及设备、电油炸锅、烹调器具、电热水器等，消费者主要是集团用户，消费者数量相对较少，但同类商品多，如果相关公众中超过半数以上的被调查者对该商标知悉就应当认为该商标被广为知晓。我院委托中国社会调查所、北京东方枫叶咨询有限公司对认知度进行调查，在被调查者中，有 83.5% 的消费者购买并使用"鲁宝"厨具，足以说明该商标在相关消费者中被广为知晓。

综上所述，本院认为， 商标在相关公众中被广为知晓。

第二，鲁宝商标使用的持续时间。该商标自 1991 年 4 月 20 日注册以来，至今仍持续使用，使用时间已经超过了 15 年。

第三，鲁宝商标宣传工作持续的时间、程度和地理范围。原告自商标注册以来对该商标以各种形式进行了宣传，宣传方式包括电视、网络、报纸、杂志、户外广告、展览会等形式，宣传力度大、范围广、持续时间长。

第四，原告产品的销售收入、利税和市场占有率。该公司 2002 年销售收入 9790 万元，利税 978 万元，在厨具制造类行业中销售收入排名第一，利税第一；2003 年销售收入 10212 万元，利税 1225 万元，在厨具制造类行业中销售收入排名第二，利税第一；2004 年销售收入 11338 万元，利税 1474 万元，在厨具制造类行业中销售收入排名第二，利税第二。在相同档次的厨具产品中，“鲁宝”产品市场占有率高，所占比例为 83.5%。据此应认定原告的销售收入及市场占有率均处于较高水平。

第五，原告产品被假冒的情况。自 2000 年以来，全国各地经工商行政管理局或质量技术监督部门查处的假冒行为就有 7 起，国家商标局业已受理原告对招远市东风地毯有限公司在地毯上注册鲁宝商标提出的异议，这也从一个方面印证了该商标的知名度。

综上所述，本院认为，原告在其产品消毒蒸饭车、厨房炉灶、煤气灶、烹调器、蒸煮装置及设备、电油炸锅、烹调器具、电热水器使用的商标，使用时间已经持续 15 年，其产品市场占有率高，为宣传该产品进行的广告已经遍及全国范围，并先后多次获得了有关行政部门、行业协会的正面评价，该商标从客观上已经达到了为相关公众所广为知晓的程度，符合认定驰名商标的条件。因此，本院认定原告使用在消毒蒸饭车、厨房炉灶、煤气灶、烹调器、蒸煮装置及设备、电油炸锅、烹调器具、电热水器上的商标为驰名商标。

针对第 2 个争议焦点，即被告的行为是否侵犯原告注册商标专用权，本院认为，被告淄博市临淄信福诚工贸有限公司生产并销售的集装袋上印有“鲁宝”商标，而该产品上并无其他商标标识，因此应认为淄博市临淄信福诚工贸有限公司系将该商标作为集装袋的商标进行使用。被告淄博市临淄信福诚工贸有限公司生产集装袋后将其对外销售，因此应认定被告淄博市临淄信福诚工贸有限公司既是被控侵权产品集装袋的生产者又是销售者。

原告山东省鲁宝厨业有限公司将 商标注册在《商标注册用商品和服务国际分类表》第 11 类产品上，并主要用于消毒蒸饭车、厨房炉灶、煤气灶、烹调器、蒸煮装置及设备、电油炸锅、烹调器具、电热水器，上述产品均属于厨具类；而被告淄博市临淄信福诚工贸有限公司生产的集装袋属于“商标注册用商品和服务国际分类表”22 类中

“袋子，装卸、包装用物品”中的一种即集装袋 C220014，原告所生产的产品与被控侵权产品不属于同类产品。原告所生产的产品是用于蒸煮、加热、烹调等饮食加工方面，而被告生产的集装袋则是用于装卸、包装物品方面，两类产品的功能、用途不同。虽然这两类产品都是面向普通消费者，在销售渠道、销售对象等方面存在部分相同之处，但是现实生活中，消费者不会将集装袋与厨具产品相混淆。因此，原告所生产的商标消毒蒸饭车等厨具产品与被控侵权产品集装袋既非同类产品也不是相类似产品。

在原告产品与被告产品既非同类也不相类似的情况下，如果原告拥有的“鲁宝”商标是驰名商标，则被控侵权产品使用“鲁宝”商标的行为有可能构成对原告商标权的侵犯。当然，并非只要将驰名商标用于不相同也不相类似的商品上的行为均构成商标侵权。最高人民法院《关于审理商标民事纠纷案件适用法律若干问题的解释》规定：“复制、模仿、翻译他人注册的驰名商标或其主要部分在不相同或者不相类似商品上作为商标使用，误导公众，致使该驰名商标注册人的利益可能受到损害的行为为商标侵权行为”，依照该规定，是否误导公众是判定侵权与否的主要条件。因此，就本案而言，被控侵权产品集装袋上使用了与原告注册商标完全一致的商标作为其自身商标使用，该行为是否误导公众成为判定侵权的关键。所谓误导公众，是指由于侵权人的侵权行为使公众对于商品来源产生混淆，误认为侵权产品系商标权人生产，或者认为侵权人使用驰名商标得到了商标权人的认可，或者认为侵权人与驰名商标权人存在某种特定联系。在判断被控侵权行为能否误导公众的问题上，应当以一般消费者的注意力为准，并结合驰名商标自身的显著性与商标在特定相关公众中的驰名程度进行。

首先，关于驰名商标的显著性。如果一个商标的显著性越强，那么对它的使用就越可能造成对相关公众的误导，反之越弱。有些商标在商标一产生时就先天具备显著性，特别是一些臆想商标；有些商标是在后天使用中形成第二含义，其显著性是在使用中逐渐显现。本案中，原告的 商标是两个汉字加三角、圆弧图案形成的商标，该商标构思精巧，寓意丰富，指示性强，且经过 15 年的使用，其显著性明显高于其他普通商标，相关公众在见到同样商标时，容易联想起原告的特定产品。其次，关于驰名商标的驰名程度。商标法所称的驰名商标其驰名程度限于相关公众，不以全体或不相关公众均熟知为要求。本案原告注册商标就属于为特定相关公众所熟知的商标，而非全体或不相关公众均熟知的商标。

综上所述，本院认为，由于商标本身所具有的显著性以及后天经使用在消费者中形成的显著性，当相关公众见到标有 的集装袋后，就会对商品的来源产生混淆，误认为标有 商标的产品系原告生产或其生产者使用该商标获得了原告认可，或者该生产者与原告存在某种特定联系，这种行为构成了对相关公众的误导。当误导公众行为成就时，原告作为商标权人的利益便受到损害。这势必削弱商标与作为生产商的原告之间唯一的特定的联系，从而造成该品牌对相关公众吸引力的降低。因此，被告在其生产的集装袋上使用 商标的行为构成对原告 注册商标专用权的侵犯。

针对第 3 个争议焦点即赔偿数额如何确定，本院认为，原告要求被告赔偿损失 6000 元，但没有提供自己直接损失的证据，综合被告的过错程度、生产规模、生产时间等因素，根据最高人民法院《关于审理商标民事纠纷案件适用法律若干问题的解释》第 16 条第 2 款的规定，本院酌定侵权赔偿数额为人民币 5000 元。

综上所述，本院认为，原告山东鲁宝厨业有限公司使用在消毒蒸饭车、厨房炉灶、煤气灶、烹调器、蒸煮装置及设备、电油炸锅、烹调器具、电热水器上的商标为驰名商标。被告在其生产的集装袋上使用商标的行为构成对原告商标权的侵犯，应依法承担停止侵权、赔偿损失的民事责任。根据《中华人民共和国商标法》第 13 条第 2 款，第 14 条，第 52 条第 2、3 项，第 56 条第 2 款，最高人民法院《关于审理商标民事纠纷案件适用法律若干问题的解释》第 1 条第 2 项，第 8 条，第 16 条，第 22 条第 1、2 款之规定，判决如下：

一、原告山东鲁宝厨业有限公司使用在消毒蒸饭车、厨房炉灶、煤气灶、烹调器、蒸煮装置及设备、电油炸锅、烹调器具、电热水器上的商标为驰名商标。

二、被告淄博市临淄信福诚工贸有限公司自本判决生效后立即停止在其集装袋上使用“鲁宝”商标的行为。

三、被告淄博市临淄信福诚工贸有限公司自本判决生效后10日内向原告支付赔偿金人民币5000元。

案件受理费1000元、其他诉讼费300元，由被告淄博市临淄信福诚工贸有限公司承担，原告已预交，被告于本判决生效后10日内直接向原告给付。

如不服本判决，当事人可以在收到判决书之日起15日内向本院提出上诉，并按对方当事人的人数提出副本，上诉于山东省高级人民法院。

审　判　长　李金花
审　判　员　张秀峰
代理审判员　唐贵学
二〇〇六年三月二十日
书　记　员　刘　伟

附录3　鲁道夫·达斯勒体育用品波马股份公司(Puma Aktiengesellschaft Rudolf Dassler Sport)与农工商超市（集团）有限公司侵犯商标专用权纠纷上诉案

中华人民共和国上海市高级人民法院
民事判决书[①]

（2009）沪高民三（知）终字第70号

上诉人（原审原告）鲁道夫·达斯勒体育用品波马股份公司（PU-

① 本判决书来自“北大法律信息网”司法案例数据库。

MA Aktiengesellschaft Rudolf Dassler Sport）。

授权代表克劳斯·博尔（Klaus Bauer），执行董事。

委托代理人朱勇芳，上海天安涌道律师事务所律师。

委托代理人任庆亮，上海天安涌道律师事务所律师。

上诉人（原审被告）农工商超市（集团）有限公司。

法定代表人杨德新，董事长。

委托代理人邵鸣，上海市锦天城律师事务所律师。

上诉人鲁道夫·达斯勒体育用品波马股份公司与上诉人农工商超市（集团）有限公司因侵犯商标专用权纠纷一案，不服上海市第二中级人民法院（2008）沪二中民五（知）初字第406号民事判决，向本院提起上诉。本院于2009年6月17日受理后，依法组成合议庭，于同年10月13日公开开庭审理了本案。上诉人鲁道夫·达斯勒体育用品波马股份公司（以下简称波马公司）的委托代理人朱勇芳、任庆亮，上诉人农工商超市（集团）有限公司（以下简称农工商超市）的委托代理人邵鸣到庭参加了诉讼。本案现已审理终结。

原审法院经审理查明：案外人鲁道夫·达斯勒美洲狮运动鞋公司于1978年12月2日向中华人民共和国国家工商行政管理总局商标局（以下简称国家商标局）申请注册"豹图形"商标，注册证号为第76559号。1991年12月30日，国家商标局核准变更注册人为原告。经续展注册，该商标的有效期限自1998年12月2日至2008年12月1日。核定使用的商品为商品国际分类第25类，包括运动衣、运动裤、运动鞋等商品。

原告于1991年10月30日向国家商标局注册了"PUMA"和"豹图形"组合商标，商标注册证号为第570147号。核定使用商品为第25类衣服、鞋和帽，有效期至2001年10月29日。经续展注册，该商标的有效期至2011年10月29日。

原告于1999年12月28日向国家商标局注册了"豹图形"商标，商标注册证号为第1348498号。核定使用商品为第25类服装、鞋和帽，有效期至2009年12月27日。

2007年4月2日，上海天安涌道律师事务所申请上海市公证处对上海市张扬路501号上海第一八佰伴新世纪商厦附近开展的问卷调查过程进行保全证据公证。经公证，在19份有效问卷中，对原告"豹图形”品牌非常熟悉的有5人，知道的有13人，不知道的有1人。同年4月12日，上海市公证处出具了（2007）沪证经字第2617号公证书。

原告的“PUMA”和“豹图形”商标，通过网络、赞助及参加展销会等途径进行了宣传，具有一定的知名度。

2007年9月21日上午，上海涌道知识产权代理有限公司代理人姚建伟在公证人员的见证下，到被告位于上海市杨浦区鞍山路180号的经营店购买了两双鞋子，并取得被告开具的发票一张。公证人员对上述购物过程进行了全程公证，并将所购得的运动鞋进行拍照和封存。同年9月25日，上海市静安区公证处出具了（2007）沪静证经字第3675号公证书。

所封存的运动鞋经当庭开拆查验，其中一双鞋（该双鞋以下简称巨鹿鞋）外包装有“巨鹿”字样，鞋身外侧有一形象笨拙的动物图形，图形中间有小方格块及一些英文字母；另一双鞋（该双鞋以下简称迪尔纳鞋）外包装有“迪尔纳时尚运动系列”、“泉州永盛鞋塑有限公司”等字样，鞋身中部内外侧有一类似豹的动物图形，图案只有前半身形象，图案中间有规则排列的小方块。

原告委托上海天安涌道律师事务所于2007年10月10日、10月31日两次发函通知被告停止侵权及协商解决事宜。后双方协商未果，原告诉至法院。

本案中，原告主张的实际支出主要包括取证公证费人民币1000元、市场调查公证费人民币2000元、购鞋费人民币168元、交通费人民币41元、档案查询费人民币145.4元、照片冲印费人民币16.8元、快递费人民币10元等。上海天安涌道律师事务所与原告签订《聘请律师合同》，约定律师按每小时人民币1500元计时收费，目前律师代理费尚未最终结算。

另查明，被告与案外人尚希明就被告鞍山店A1区签订租赁合同。原告前述公证购买的两双鞋由尚希明租赁的柜台售出，发票由被告开具。

原审法院认为：注册商标专用权受法律保护。原告系“豹图形”商标（商标注册证号为第76559号和第1348498号）、“PUMA”和“豹图形”组合商标（商标注册证号为第570147号）的注册权人，核定使用的商品为运动鞋等。原告享有的上述注册商标专用权受我国法律保护。

本案中，将被告销售的“迪尔纳鞋”上的豹半身图形与原告注册的两个“豹图形”商标（商标注册证号为第76559号和第1348498号）比较，尽管该鞋左右侧使用的只有前半身的类似豹图形，但考虑到原告“豹图形”商标的知名度，鞋上图形与原告商标的相应部分相似程度较高等因素，根据相关公众的一般注意力进行观察比较，应当认定两图形构成近似。这种近似会使消费者产生混淆和误认，故原审法院认定系争“迪尔纳鞋”构成对原告“豹图形”注册商标专用权的侵害。关于原告主张被告“迪尔纳鞋”侵犯“PUMA”和“豹图形”组合商标（商标注册证号为第570147号）的主张，原审法院认为该商标由两部分组成，且“PUMA”文字系商标的主体部分，经将“迪尔纳鞋”上的豹半身图形与原告组合商标比较，整体形象上存在较大区别，不构成近似。将被告销售的“巨鹿鞋”身上的动物图形与原告主张权利的注册商标比较，该鞋身外侧动物图形形象笨拙，图形中间有小方格块及一些英文字母，不能判断出该图形是哪种动物，与原告注册商标中的“豹图形”比较，存在明显较大区别，故原审法院认定“巨鹿鞋”身上的动物图形与原告商标不近似，“巨鹿鞋”不侵犯原告的注册商标专用权。综上，被告销售的“迪尔纳鞋”构成对原告“豹图形”注册商标专用权的侵害。

被告未经权利人许可，销售侵犯他人注册商标专用权的行为，也构成对原告注册商标专用权的侵害。根据原告提供的相关证据，可以认定原告品牌及其主张权利的注册商标具有一定知名度。被告作为从事商品零售业务的大型超市，应当知悉原告的注册商标。尽管本案系争“迪尔纳鞋”由案外人租赁柜台销售，但发票由被告开具，被告依法仍应承担停止侵害、赔偿损失等民事责任。被告虽抗辩系争侵权鞋由案外人租赁柜台售出，但由于销售发票由被告出具，该抗辩不能成为被告不侵权及免除赔偿责任等的合法理由。

鉴于原告的损失及被告的获利均难以确定，原审法院考虑被告侵权行为的性质、期间、后果、被告经营的规模、方式、图形相似程度和原告支付的合理开支等因素，酌情确定赔偿数额。原告提出因被告实施了商标侵权行为而要求被告在媒体上公开道歉的诉讼请求，原审法院认为缺乏法律依据，不予支持。原告要求被告在《新民晚报》上消除影响的诉讼请求，考虑到被告行为的性质以及侵权行为与法律责任相适应的原则，对原告该诉请亦不支持。

综上，依照《中华人民共和国商标法》第五十二条第（一）、（二）项，第五十六条，最高人民法院《关于审理商标民事纠纷案件适用法律若干问题的解释》第十条、第十六条、第十七条、第二十一条，《中华人民共和国民法通则》第一百三十四条第一款第（一）项、第（七）项、第（九）项之规定，判决：一、被告农工商超市（集团）有限公司停止侵犯原告鲁道夫·达斯勒体育用品波马股份公司享有的注册证号为第76559号和第1348498号的注册商标专用权的行为；二、被告农工商超市（集团）有限公司在本判决生效之日起10日内赔偿原告鲁道夫·达斯勒体育用品波马股份公司包括合理费用在内的经济损失人民币3.5万元；三、原告鲁道夫·达斯勒体育用品波马股份公司的其他诉讼请求不予支持。本案一审案件受理费人民币8800元，由原告鲁道夫·达斯勒体育用品波马股份公司负担人民币4092元，被告农工商超市（集团）有限公司负担人民币4708元。

判决后，波马公司、农工商超市均不服，向本院提起上诉。

波马公司的主要上诉理由为：第一，原审法院认定“巨鹿鞋”身上的动物图形与原告注册商标不近似，不侵犯原告的注册商标专用权，波马公司认为原审法院的上述认定属认定事实错误。农工商超市销售的“巨鹿鞋”上的图形，从整体上及主要部分上看，都与波马公司的注册商标非常近似，且农工商超市故意将该鞋与其他侵犯波马公司注册商标专用权的运动鞋放在一起进行销售，使消费者误认为是波马公司的产品，侵犯了波马公司的注册商标专用权。第二，原审法院关于“被告与案外人尚希明就被告鞍山店A1区签订租赁合同。原告前述公证购买的两双鞋由尚希明租赁的柜台售出，发票由被告开具”的认定，属认定事实不清。波马公司一审中提供的一系列证据证明本案的销售主体是农工商超市。农工商超市一审中提供的租赁合同并不能证明农工商超市与尚希明之间存在租赁关系。第三，原审法院判决的赔偿数额不足以弥补波马公司为制止侵权行为所支付的合理开支，判决明显不合理。波马公司为调查、制止农工商超市的侵权行为支付了大量合理费用，其中律师费就支付了人民币12万余元。第四，农工商超市应当承担消除影响的民事责任。波马公司曾两次致函要求农工商超市停止侵权，但农工商超市未停止侵权行为，反而在上海及其他地区继续销售侵权商品。农工商超市的上述行为不仅造成了上诉人市场份额的减少，而且在国内市场上造成了负面影响，客观上降低了波马公司注册商标的商誉。据此，波马公司请求：撤销一审判决第二项，依法改判农工商超市赔偿经济损失人民币50万元；撤销一审判决第三项，依法改判农工商超市在《新民晚报》上公开消除影响，刊登面积不小于16.5cm×10cm；一、二审诉讼费由农工商超市承担。

农工商超市针对波马公司的上诉理由，答辩称：被控侵权产品不是农工商超市直接销售的，是由承租人销售的，波马公司也知悉，是波马公司诱使农工商超市代开了发票。原审法院关于农工商超市应当知道系争注册商标以及被控侵权产品上的图形与系争注册商标相近似的认定，过于武断。一审判决加重了农工商超市的责任。

农工商超市的主要上诉理由为：原审法院判决农工商超市承担赔偿损失人民币3.5万元的民事责任，明显加重了农工商超市应当承担的责任，与本案基本事实不符，应当予以撤销。原审法院认定，“迪尔纳鞋”由案外人租赁柜台销售，即并非农工商超市销售，农工商超市与案外人之间仅存在租赁关系。农工商超市为案外人开具发票的不当行为，不是直接侵权行为，农工商超市亦无侵权故意，不应当承担侵权责任。据此，农工商超市请求：依法撤销一审判决第二项；一、二审诉讼费由波马公司负担。

波马公司针对农工商超市的上诉理由，答辩称：一审判决的赔偿数额过低。波马公司去购物就需要农工商超市开具发票，不存在诱导行为。农工商超市关于被控侵权产品由租赁柜台销售的主张没有证据证明。

二审中，上诉人波马公司向本院提交以下证据材料：1.（2009）沪东证经字第5281号“公证书”1份以及“调查问卷分析报告”1份，欲证明波马公司的品牌具有非常高的知名度，在随机调查的人员中有95%的人认为“巨鹿鞋”上的图形与波马公司的注册商标相同或相似；2.“收款通知书”，欲证明波马公司支付的律师费用为17884.65美元，合人民币121615.62元；3.公证费发票1张及“二审期间律师花费时间统计表”1份，证明波马公司在本案二审程序中又产生了合理支出。

对波马公司提交的上述证据材料，农工商超市质证认为：1.“公证书”不是二审程序中的新证据，且调查问卷系由波马公司单方进行，其中关于商标近似判定的调查违背法定原则（被控侵权产品是男式运动鞋，被调查者却主要是女性，不符合“相关公众”要求，且不是在“不同地点、不同时间”状态下进行的比对，不符合“隔离比对”要求），问卷调查缺乏客观性、科学性和正确性，不具有证明力；2.“调查问卷分析报告”不是由专业调查机构或人员作出，仅是波马公司代理人主观意见的表达，不具有客观性，无法证明被控侵权图形与系争注册商标相似；3.“收款通知书”不能证明此为波马公司为本案支出的律师费用；4. 公证费发票的内容是保全证据，与调查证据不同，对其关联性不予认可；5.“二审期间律师花费时间统计表”是波马公司委托代理人单方制作的，无法反映工作发生的时间和内容，对其关联性不予认可。

根据波马公司提交的上述证据材料以及农工商超市的质证意见，本院认为：1.“公证书”是对波马公司委托代理人进行问卷调查的过程所作的公证，波马公司可以在一审期间进行上述问卷调查并向原审法院提交相关证据材料，故该“公证书”不属于二审程序中的新的证据；而且，问卷调查系波马公司单方进行，“公证书”所附的调查问卷及DVD光盘显示，在问卷设计以及调查进行过程中均存在不合理之处（后文详述），本院对其证明力亦难以采信。2.“调查问卷分析报告”是波马公司代理人对相关问题的意见陈述，不属于证据。3.“收款通知书”不能反映该笔支出系波马公司为本案支出的律师费用。4.“二审期间律师花费时间统计表”系波马公司委托代理人单方制作，缺乏其他票据佐证。故本院对波马公司提供的上述证据材料均不予采纳。由于本院对波马公司提交的“公证书”未予采纳，故对相应的公证费发票亦不予采纳。

上诉人农工商超市未向本院提交新的证据材料。

经审理查明，原审法院将一双被控侵权运动鞋外包装上的字样误写为“巨鹿”，实际应为“巨惠”，同时将该鞋错误简称为“巨鹿鞋”，实际应为“巨惠鞋”。对原审法院的上述笔误，本院予以纠正。原审法院认定的其余事实属实，本院予以确认。

本院认为，上诉人波马公司是两个“豹图形”注册商标的权利人，对该两个注册商标享有专用权，有权禁止他人在同一种商品或者类似商品上使用与该注册商标相同或者近似的商标。上诉人农工商超市为侵犯波马公司上述注册商标专用权的“迪尔纳鞋”开具了发票，应当承担相应的停止侵权、赔偿损失的民事责任。

上诉人波马公司上诉称，原审法院认定“巨惠鞋”身上的动物图形与原告注册商标不近似，不侵犯原告的注册商标专用权，波马公司认为原审法院的上述认定属认定事实错误。本院认为，最高人民法院《关于审理商标民事纠纷案件适用法律若干问题的解释》第九条第二款规定，商标法第五十二条第（一）项规定的商标近似，是指被控侵权的商标与原告的注册商标相比较，其文字的字形、读音、含义或者图形的构图及颜色，或者其各要素组合后的整体结构相似，或者其立体形状、颜色组合近似，易使相关公众对商品的来源产生误认或者认为其来源与原告注册商标的商品有特定的联系。判断被控侵权标识与涉案注册商标是否构成近似，应当在考虑注册商标的显著性及市场知名度的基础上，对比两者文字的字形、读音、含义或者图形的构图及颜色或者文字、图形等各要素的组合等因素，对两者的整体、主要部分进行综合判断。本案中，被控侵权“巨惠鞋”上的动物图形中间有小方格和英文字母，图形本身并不能判断是哪种动物，与涉案注册商标中的“豹图形”相比，从整体及主要部分的综合比对来看，两者并不近似，不易使相关公众对商品的来源产生误认或者认为其来源与波马公司注册商标的商品有特定的联系。二审中，上诉人提交了“公证书”以证明“巨惠鞋”上的动物图形与注册商标中的“豹图形”相似。对此，本院认为，该“公证书”公证的问卷调查存在诸多不合理之处：其一，调查不是由第三方独立进行，而是由上诉人代理人直接实施；其二，调查纯粹以书面比对、问卷回答的方式进行，而非购物情景或模拟购物情景下对商品的实际比对；其三，调查问卷在对两者进行比对时的参照物是运动鞋的照片而非运动鞋实物；其四，调查问卷在对两图形进行比对时未做到隔离比对；其五，在问卷调查过程中，存在被调查人在调查人员辅助下完成调查的情况；等等。综上，上述问卷调查的调查结果尚不足以证明相关公众会对“巨惠鞋”商品的来源或者其来源与涉案注册商标存在特定联系等产生混淆或误认。对波马公司提交的“公证书”，本院难以采纳。故上诉人波马公司的这一上诉理由无事实和法律依据，本院不予支持。

上诉人波马公司上诉称，原审法院关于“被告与案外人尚希明就被告鞍山店A1区签订租赁合同。原告前述公证购买的两双鞋由尚希明租赁的柜台售出，发票由被告开具”的认定，属认定事实不清。本院认为，一审中，农工商超市提供的“租赁合同”、发票、案外人尚希明的声明以及相关单位的情况说明等证据能够相互印证，结合商铺布局及购物流程，一般消费者应当可以区分超市经营及超市招商经营，可以认定被控侵权的运动鞋系由案外人租赁柜台销售的事实，波马公司虽对此提出异议，但未能提供反证予以推翻，原审法院关于该节事实的认定清楚。上诉人的这一上诉理由无事实和法律依据，本院不予支持。

上诉人波马公司上诉称，原审法院判决的赔偿数额不足以弥补波马公司为制止侵权行为所支付的合理开支，判决明显不合理。本院认为上诉人虽主张其为调查、制止被控侵权行为支付了大量费用，但原审法院有权根据本案的实际情况依法确定其中应予以支持的合理部分。本案中，波马公司未举证证明其因被侵权所遭受的实际损失，亦未举证证明农工商超市的侵权所得，故原审法院根据农工商超市侵权行为的性质、期间、后果、农工商超市的经营规模、方式、图形的相似程度以及波马公司支付的合理开支等因素酌情确定农工商超市赔偿波马公司人民币3.5万元，并无明显不当。波马公司的这一上诉理由不能成立，本院不予支持。

上诉人波马公司上诉称，农工商超市应当承担消除影响的民事责任。本院认为，侵权人实际应承担的民事责任的具体方式应当根据侵权的具体情况来确定。本案中，侵权运动鞋由案外人租赁柜台销售，农工商超市为其开具了发票。根据侵权行为与法律责任相适应的原则并结合本案的实际情况，本院认为原审法院关于对波马公司要求农工商超市公开消除影响的诉讼请求不予支持的认定，并无不当。故波马公司的这一上诉理由不能成立，本院不予支持。

上诉人农工商超市上诉称，原审法院判决农工商超市承担赔偿损失人民币3.5万元的民事责任，明显加重了农工商超市应当承担的责任，与本案基本事实不符，应当予以撤销。本院认为，虽然侵权运动鞋由案外人租赁的柜台销售，但发票是由农工商超市开具的，因此农工商超市依法应当承担停止侵害、赔偿损失等民事责任。原审法院在确定赔偿数额时，已经考虑了农工商超市的行为性质等因素。原审法院根据本案实际情况酌情确定农工商超市赔偿波马公司人民币3.5万元，并无明显不当。上诉人的这一上诉理由不能成立，本院不予支持。

综上所述，原审法院认定事实清楚，适用法律正确，审判程序合法。上诉人波马公司和上诉人农工商超市的上诉请求与理由均缺乏事实和法律依据，应予驳回。依照《中华人民共和国民事诉讼法》第一百五十三条第一款第（一）项、第一百五十八条之规定，判决如下：

驳回上诉，维持原判。

本案二审案件受理费人民币 4767 元，由上诉人鲁道夫·达斯勒体育用品波马股份公司负担人民币 4092 元，上诉人农工商超市（集团）有限公司负担人民币 675 元。

本判决为终审判决。

审　判　长　丁文联
审　判　员　于金龙
代理审判员　马剑峰
二〇〇九年十一月九日
书　记　员　刘　伟

参考文献

一、中文参考文献

（一）专著

1. 陈浩然：《证据学原理》，华东理工大学出版社2002年版。

2. 陈界融：《美国联邦证据规则（2004）译析》，中国人民大学出版社2005年版。

3. 陈向明：《质的研究方法与社会科学研究》，教育科学出版社2000年版。

4. 樊崇义主编：《证据法学》，法律出版社2008年版。

5. 何家弘、刘品新：《证据法学》，法律出版社2004年版。

6. 何家弘主编：《证据法学研究》，中国人民大学出版社2007年版。

7. 何家弘主编：《证据的审查与认定规则示例与释义》，人民法院出版社2009年版。

8. 冀祥德主编：《司法制度新论》，社会科学文献出版社2009年版。

9. 刘晓丹：《论科学证据》，中国检察出版社2010年版。

10. 任东来：《美国宪政历程：影响美国的25个司法大案》，中国法制出版社2004年版。

11. 沈青松：《解除世界的魔咒——科学对文化的冲击与展望》，台北时报文化出版有限公司1984年版。

12. 宋林飞：《西方社会学理论》，南京大学出版社1997年版。

13. 谭世贵主编：《中国司法制度》，法律出版社2005年版。

14. 肖峰：《科学精神与人文精神》，中国人民大学出版社1994年版。

15. 徐静村主编：《刑事诉讼法学》（上），法律出版社 1997 年版。

16. 杨国枢等主编：《社会及行为科学研究法》（上册），重庆大学出版社 2006 年版。

17. 杨仁寿：《法学方法论》，中国政法大学出版社 1999 年版。

18. 张明楷：《刑法学》（第 3 版），法律出版社 2007 年版。

19. 郑杭生主编：《社会学概论新修》（精编版），中国人民大学出版社 2009 年版。

（二）译著

20. （美）艾尔·巴比：《社会研究方法》（第 11 版），邱泽奇译，华夏出版社 2009 年版。

21. （美）汉斯·采泽尔、戴维·凯：《用数字证明：法律与诉讼中的实证方法》，黄向阳译，中国人民大学出版社 2008 年版。

22. （美）肯尼思·R. 福斯特、彼得·W. 休伯：《对科学证据的认定——科学知识与联邦法院》，王增森译，法律出版社 2001 年版。

23. （美）林德赛：《科学与文化》，方祖同译，协志工业出版股份有限公司 1976 年版。

24. （美）马修·戴弗雷姆：《法社会学讲义——学术脉络与理论体系》，郭星华、邢朝国、梁坤译，北京大学出版社 2010 年版。

25. （美）米尔健·R. 达马斯卡：《飘移的证据法》，李学军等译，中国政法大学出版社 2003 年版。

26. （美）乔恩·R. 华尔兹：《刑事证据大全》（第 2 版），何家弘等译，中国人民公安大学出版社 2004 年版。

27. （美）史蒂文·瓦戈：《法律与社会》（第 9 版），梁坤、邢朝国译，中国人民大学出版社 2011 年版。

28. （美）约翰·W. 斯特龙主编：《麦考密克论证据》（第 5 版），汤维建等译，中国政法大学出版社 2004 年版。

29. （美）约翰·莫纳什、劳伦斯·沃克：《法律中的社会科学》（第 6 版），何美欢、樊志斌、黄博译，法律出版社 2007 年版。

30. （英）哈耶克：《科学的反革命》，冯克利译，译林出版社 2003 年版。

31. （英）吉尔德·德兰逊：《社会科学——超越建构论和实在论》，张茂元译，吉林人民出版社 2005 年版。

32.（日）松尾浩也：《日本刑事诉讼法》（下卷），张凌译，中国人民大学出版社 2005 年版。

33. （日）田口守一：《刑事诉讼法》，刘迪等译，法律出版社 1999 年版。

34.（德）汉斯·波塞尔：《科学：什么是科学》，李文潮译，上海三联书店 2002 年版。

35. （德）尼克拉斯·卢曼：《信任：一个社会复杂性的简化机制》，瞿铁鹏、李强译，上海世纪出版集团 2005 年版。

（三）论文

36.（美）爱德华·J. 伊姆维克里德：“从过去 30 年美国使用专家证言的法律经历中应吸取的教训”，载《证据科学》2008 年第 5 期。

37.（美）爱德华·J. 伊姆维克里德：“揭开‘非传闻证据’的神秘面纱——哪些法庭外的陈述不是传闻证据”，载何家弘主编《证据学论坛》（第 15 卷），法律出版社 2010 年版。

38.（美）约翰·莫纳罕：“社会科学研究方法在美国法院中的应用”，魏奎楠等译，载《清华法律评论》（第三卷第一辑），清华大学出版社 2009 年版。

39. 陈吉生、金锦城：“公序良俗的非确定性与裁判结果的确定性探析”，载《法律适用》2008 年第 5 期。

40. 陈林林：“法律的社会科学研究”，载《光明日报》2010 年 11 月 9 日。

41. 陈蓉霞：“社会科学与自然科学：此科学非彼科学——兼评一个惟科学主义的文本”，载《自然辩证法通讯》2004 年第 4 期。

42. 陈向明：“社会科学中的定性研究方法”，载《中国社会科学》1996 年第 6 期。

43. 杜颖：“商标纠纷中的消费者问卷调查证据”，载《环球法律评论》2008 年第 1 期。

44. 何家弘：“中国证据法学的发展趋势”，载《检察日报》1999 年 9 月 2 日。

45. 何家弘、刘晓丹：“论科学证据的采纳与采信”，载《中国司法鉴定》2002 年第 1 期。

46. 何家弘：“测谎结论与证据的有限采用规则”，载《中国法学》

2002 年第 2 期。
47. 蒋志培："如何理解和适用最高人民法院《关于审理商标权民事纠纷案件适用法律若干问题的解释》"，载《科技与法律》2002 年第 4 期。
48. 雷建昌："我国刑事证据分类模式的缺陷及其完善"，载《法律科学》2004 年第 3 期。
49. 李文华："社会科学与自然科学的五个差异——兼论进一步繁荣发展哲学社会科学的现实意义"，载《科学学研究》2006 年第 12 期。
50. 李玉萍："量刑事实证明初探"，载《证据科学》2009 年第 1 期。
51. 梁坤："宪法权利视角下的美国目击者辨认证据规则"，载《证据科学》2009 年第 4 期。
52. 梁坤、陶树声："刑事审判当庭认证实证研究"，载《人民司法》2010 年第 15 期。
53. 梁坤："陪审团审判中的社会科学"，载《人民法院报》2010 年 10 月 8 日。
54. 刘品新："论电子证据的定位——基于中国现行证据法律的思辨"，载《法商研究》2002 年第 4 期。
55. 刘品新："'捆绑诉讼'的错案隐患"，载《人民检察》2005 年第 15 期。
56. 吕国强、李国泉："驰名商标司法认定与保护的若干问题研究"，载《法学》2009 年第 2 期。
57. 王军："舆论监督与公众人物名誉权——从'范志毅名誉权'官司说起"，载《法学杂志》2005 年第 1 期。
58. 萧瀚："'公共人物'登录判决书及陪审团制度萌芽——范志毅诉文汇新民联合报业集团名誉侵权案评析"，载《清华法学》2003 年第 2 期。
59. 王赢、侯猛："法律现象的实证调查：方法和规范"，载《中国社会科学》2007 年第 2 期。
60. 杨波："对科学证据的反思——以程序为视角的关照"，载《当代法学》2005 年第 6 期。
61. 杨涛："适用善良习俗体现司法人性化"，载《法制日报》

2008 年 10 月 15 日。
62. 张保生：“研究证据科学，促进司法公正”，载《证据科学》2007 年第 15 卷第 1、2 期。
63. 张爱国：“商标消费者调查的正当性研究——从 49 份商标侵权纠纷民事判决书谈起”，载《知识产权》2011 年第 2 期。
64. 张斌：“论科学证据的概念”，载《中国刑事法杂志》2006 年第 6 期。
65. 张斌：“论科学证据的三大基本理论问题”，载《证据科学》2008 年第 2 期。
66. 张君周：“刑事诉讼中的科学证据与权利救济——以比较法研究为视角”，中国人民大学 2009 年博士学位论文。
67. 张卫平：“认识经验法则”，载《清华法学》2008 年第 6 期。
68. 曾胜珍：“论商标‘混淆误认’之判断标准——以消费者问卷调查效力为主”，载《岭东财经法学》2008 年第 1 期。
69. 周家贵：“商标问卷调查在英美法院商标侵权案件中的运用”，载《知识产权》2006 年第 6 期。
70. 周来祥：“人文社会科学研究的特点与规律”，载《文史哲》2003 年第 1 期。
（四）其他文章
71. 蔡煜：“公证调查取证难，难于上青天?”，载《中国公证》2002 年第 4 期。
72. 陈宇、王銮锋、梁惠枝：“东莞警方顺德刑拘一网络小说作者”，载《南方都市报》2010 年 9 月 28 日。
73. 杜琛：“邱兴华部分心理学答卷公开，专家对案情分歧严重”，载《新闻晨报》2006 年 12 月 22 日。
74. 侯玉才：“精神病鉴定是如何做出的”，载《都市时报》2010 年 3 月 5 日。
75. 黄骏：“学者忧行政部门向法院申请强拆系走过场”，载《中国青年报》2011 年 1 月 1 日。
76. 李鸿光、顾泳潮：“可信赖的法官”，载《人民日报》（海外版）2001 年 9 月 14 日。
77. 李奎：“雪碧汞中素案公诉　涉及罕见罪名”，载《法制晚报》

2010 年 12 月 2 日。

78. 李曙明：“药家鑫案：问卷做题型参考须慎重”，载《检察日报》2011 年 3 月 25 日。

79. 鲁司律：“律师胡明：挑战人生　谱写辉煌”，载《山东法制报》2005 年 12 月 15 日。

80. 孙继武：“最高法提审判决书洗脱方正‘陷阱取证’恶名”，载《法制日报》2006 年 12 月 24 日。

81. 孙莹：“毒杀情人　怎样的爱恨”，载《北京晚报》2010 年 12 月 14 日。

82. 王进：“体育新闻官司媒体首度胜出　范志毅败诉过程揭秘”，载《北京青年报》2002 年 12 月 23 日。

83. 王晓东：“广告歌曲等无形资产如何保护”，载《北京青年报》2005 年 3 月 6 日。

84. 徐迅雷：“公众调查被采信的意义”，载《人民法院报》2002 年 12 月 27 日。

85. 杨昌平：“药家鑫的生死谁说了算”，载《北京晚报》2011 年 4 月 13 日。

86. 杨建国：“茶话证据法学的前世、今生与来世——德恒证据学论坛‘六十华诞’侧记”，载张士宝主编《法学家茶座》（第 30 辑），山东人民出版社 2010 年版。

87. 赵天水：“官司打到你手软”，载《南方周末》2010 年 5 月 27 日。

（五）裁判文书

88. “李东山等 71 户村民诉河间市国欣农村技术服务总会基因抗虫棉损失赔偿案”，河北省河间市人民法院（1995）河经初字第 1041 号、第 1041—19 号至第 1041—22 号、第 1041—26 号至第 1041—40 号、第 1041—42 号（共 21 份判决书）；河北省沧州市中级人民法院（1996）沧经终字第 61 号、第 61—1 号至第 61—20 号（共 21 份判决书）。

89. “（香港）中添国际有限公司诉上海碧纯贸易发展有限公司等不正当竞争案”，上海市第二中级人民法院（1996）沪二中经初（知）字第 529 号调解书。

90. “上海赛洋纺织科技有限公司诉上海北宇纺织科技有限公司、

泰州市旭日升制衣有限公司、镇江针织厂服装分厂商标侵权纠纷案”，上海市第二中级人民法院（1999）沪二中知初字第137号判决书。

91．“南京富甲公司诉中意合资南京依维柯公司损害商业信誉纠纷案”，江苏省高级人民法院（2000）苏知初字第2号判决书。

92．“广州蓝月亮有限公司与宝洁（中国）有限公司不正当竞争纠纷上诉案”，广东省高级人民法院（2001）粤高法知终字第57号判决书。

93．“美国教育考试服务中心诉北京市海淀区私立新东方学校侵犯著作权和商标专用权纠纷案”，北京市第一中级人民法院（2001）一中知初字第33号判决书。

94．“研究生入学管理委员会诉北京市海淀区私立新东方学校侵犯著作权和商标专用权纠纷案”，北京市第一中级人民法院（2001）一中知初字第33号判决书。

95．“陈兴良诉中国数字图书馆有限责任公司著作权侵权纠纷案”，北京市海淀区人民法院（2002）海民初字第5702号判决书。

96．“范志毅诉文汇新民联合报业集团名誉侵权纠纷案”，上海市静安区人民法院（2002）静一（民）初字第1776号判决书。

97．“华东师范大学出版社诉吉林教育出版社不正当竞争纠纷案”，上海市第二中级人民法院（2002）沪二中民五（知）初字第115号判决书。

98．“上海和成洁具有限公司与和成（中国）有限公司不正当竞争纠纷案”，上海市第一中级人民法院（2002）沪一中民五（知）终字第3号判决书。

99．“厦门华侨电子企业有限公司诉四川长虹电气股份有限公司上海分公司等商标侵权纠纷案”，上海市第二中级人民法院（2003）沪二中民五（知）初字第172号判决书。

100．“青岛昌隆文具有限公司诉青岛亘豪商贸有限公司等商标侵权纠纷案”，山东省青岛市中级人民法院（2003）青民三初字第1095号判决书。

101．“颐中烟草（集团）有限公司诉青岛联智广告有限公司商标侵权纠纷案”，山东省青岛市中级人民法院（2004）青民三初字第304号判决书。

102. “星源公司（StarbucksCorporation）等诉上海星巴克咖啡馆有限公司等商标侵权及不正当竞争纠纷案”，上海市第二中级人民法院（2004）沪二中民五（知）初字第1号判决书。

103. “杭州张小泉集团有限公司与上海张小泉刀剪总店等商标侵权及不正当竞争纠纷上诉案”，上海市高级人民法院（2004）沪高民三（知）终字第27号判决书。

104. “蒙超诉柳州市土地交易储备中心著作权侵权案”，广西壮族自治区柳州市中级人民法院（2004）柳市民初（三）字第2号判决书。

105. “万科企业股份有限公司诉浙江绿都房地产开发有限公司商标侵权纠纷案”，浙江省杭州市中级人民法院（2004）杭民三初字第267号判决书。

106. “四川德阳谭氏餐饮连锁有限公司诉上海谭氏官府菜餐饮发展有限公司南京西路分公司等商标侵权纠纷案”，上海市第二中级人民法院（2005）沪二中民五（知）初字第149号判决书。

107. “张华南诉长沙市海阔浴都等商标侵权纠纷案”，湖南省长沙市中级人民法院（2005）长中民三初字第110号判决书。

108. “豪夫迈—罗须控股公司（F·Hoffmann－LaRocheAG）诉中华人民共和国工商行政管理总局商标评审委员会注册商标行政纠纷案”，北京市第一中级人民法院（2005）一中行初字第677号判决书。

109. “安海斯—布希公司（Anheuser－Bush，Incorporated）诉国家工商行政管理总局商标评审委员会商标注册纠纷案”，北京市第一中级人民法院（2005）一中行初字第958号判决书。

110. “立邦涂料（中国）有限公司诉无锡市丹帝龙化工有限公司等侵犯商标专用权纠纷案”，山东省泰安市中级人民法院（2005）泰知初字第1号判决书。

111. “山东周村烧饼有限公司诉青岛名宝食品有限公司侵犯商标专用权、认定驰名商标纠纷案”，山东省潍坊市中级人民法院（2005）潍民三初字第100号判决书。

112. “德州亚太集团有限公司诉德州市中石电子有限公司商标侵权纠纷案”，山东省德州市中级人民法院（2005）德中民四初字第59号判决书。

113. “山东省鲁宝厨业有限公司诉淄博市临淄信福诚工贸有限公

司商标侵权纠纷案”，山东省滨州市中级人民法院（2005）滨中民三知初字第15号判决书。

114. “立邦涂料（中国）有限公司诉无锡市丹帝龙化工有限公司侵犯商标专用权纠纷案”，浙江省湖州市中级人民法院（2005）湖民一初字第3号判决书。

115. “宁波博洋纺织有限公司诉宁波市鄞州德亨电器有限公司商标侵权纠纷案”，浙江省宁波市中级人民法院（2005）甬民二初字第353号判决书。

116. “立邦涂料（中国）有限公司诉中山市可邦涂料有限公司等商标侵权纠纷案”，重庆市第一中级人民法院（2005）渝一中民初字第485号判决书。

117. “河北昌黎县东方长城葡萄酒有限公司与中国粮油食品（集团）有限公司侵犯商标权纠纷上诉案”，重庆市高级人民法院（2005）渝高法民终字第129号判决书。

118. “立邦涂料（中国）有限公司诉中山市可邦涂料有限公司等不正当竞争纠纷案”，江苏省盐城市中级人民法院（2005）盐民三初字第7号判决书。

119. “福建晋江德尔惠鞋业有限公司诉刘钰辉侵犯商标权、不正当竞争纠纷案”，福建省福州市中级人民法院（2005）榕民初字第4号判决书。

120. “安徽天方茶业（集团）有限公司诉周剑商标权侵权纠纷案”，安徽省合肥市中级人民法院（2005）合民三初字第103号判决书。

121. “福建省厨师食品集团有限公司诉徐淑春商标专用权侵权纠纷案”，江西省上饶市中级人民法院（2006）饶中民三初字第22号判决书。

122. “山东贝莱特空调有限公司诉武城县滕庄镇建华空调加工处商标侵权纠纷案”，山东省德州市中级人民法院（2006）德中民四初字第54号判决书。

123. “山东永乐食品有限公司诉张连诗商标侵权纠纷案”，山东省德州市中级人民法院（2006）德中民四初字第78号判决书。

124. “广州市合生元生物制品有限公司诉王克臣商标侵权纠纷

案”，吉林省白城市中级人民法院（2006）白民三初字第1号判决书。

125. “中国核工业建峰化工总厂诉周平商标侵权纠纷案”，吉林省白城市中级人民法院（2006）白民三初字第2号判决书。

126. “上海南大集团有限公司诉王振江商标侵权纠纷案”，吉林省白城市中级人民法院（2006）白民三初字第3号判决书。

127. “宁波金田铜业（集团）股份有限公司诉穆晓峰商标侵权纠纷案”，吉林省白城市中级人民法院（2006）白民三初字第4号判决书。

128. “常安集团有限公司诉贾洪娟商标侵权纠纷案”，吉林省白城市中级人民法院（2006）白民三初字第5号判决书。

129. “广州市花都区三星指甲钳厂与佛山市南海海金五金制品有限公司侵犯商标权纠纷上诉案”，广东省高级人民法院（2006）粤高法民三终字第454号判决书。

130. “爱乐体育用品（福建）有限公司诉蔡明良计算机网络域名商标侵权纠纷案”，湖南省衡阳市中级人民法院（2006）衡中法民三初字第33号判决书。

131. “成都恩威投资（集团）有限公司诉贺德满商标侵权纠纷案”，四川省成都市中级人民法院（2006）成民初字第697号判决书。

132. “江西添光化工有限责任公司诉抚州天达贸易有限公司计算机网络域名侵权纠纷案”，江西省抚州市中级人民法院（2006）抚民三初字第47号判决书。

133. “深圳市盾牌防雷技术有限公司诉云南希普防雷工程有限公司买卖合同纠纷案”，云南省昆明市中级人民法院（2006）昆民四初字第199号判决书。

134. “新多集团有限公司诉楼建静商标侵权纠纷案”，安徽省宣城市中级人民法院（2006）宣中民三初字第5号判决书。

135. “内蒙古蒙牛乳业（集团）股份有限公司诉呼和浩特经济技术开发区蒙牛酒业有限公司等商标侵权及不正当竞争纠纷案”，北京市第一中级人民法院（2006）一中民初字第1896号判决书。

136. “日本曹达株式会社诉中华人民共和国国家工商行政管理总局商标评审委员会商标行政纠纷案”，北京市第一中级人民法院（2006）一中行初字第739号判决书。

137. “南京常锦房地产开发有限公司诉周洪金名誉权纠纷案”，江苏省南京市江宁区人民法院（2006）江宁民二初字第 2038 号判决书；江苏省南京市中级人民法院（2006）宁民一终字 1736 号判决书。

138. “鲁道夫·达斯勒体育用品波马股份公司诉昆山润华商业有限公司上海南汇分公司商标侵权纠纷案”，上海市第一中级人民法院（2007）沪一中民五（知）初字第 153 号判决书。

139. “鲁道夫·达斯勒体育用品波马股份公司诉上海莘庄乐购生活购物有限公司商标侵权纠纷案”，上海市第一中级人民法院（2007）沪一中民五（知）初字第 292 号判决书。

140. “华联超市股份有限公司诉金湖世纪华联超市连锁有限公司上海松江第一分公司等擅自使用他人企业名称及其他不正当竞争纠纷案”，上海市第一中级人民法院（2007）沪一中民五（知）初字第 403 号判决书。

141. “北京海林电器设备有限公司诉胡明灯侵犯商标权纠纷案”，江西省吉安市中级人民法院（2007）吉中民二初字第 1 号判决书。

142. “广州石头记饰品有限公司诉陈丹丹商标侵权纠纷案”，西藏自治区林芝地区中级人民法院（2007）林中民二初字第 02 号判决书。

143. “霍寿金与中国电影集团公司等名誉权纠纷上诉案”，北京市高级人民法院（2007）高民终级字第 309 号判决书。

144. “徐某诉彭宇侵权纠纷案”，江苏省南京市鼓楼区人民法院（2007）鼓民一初字第 212 号判决书。

145. “拉科斯特股份有限公司诉江苏蜥鳄服饰有限公司侵犯商标专用权纠纷案”，江苏省苏州市中级人民法院（2008）苏中知民初字第 0180 号判决书。

146. “四川白家食品有限公司与河南省正龙食品有限公司等商标侵权纠纷上诉案”，河南省高级人民法院（2008）豫法民三终字第 37 号判决书。

147. “江苏淮阴辉煌太阳能有限公司诉侯立娜计算机网络域名侵犯商标专用权纠纷案”，河北省邢台市中级人民法院（2008）邢民三初字第 29 号判决书。

148. “索尼爱立信移动通信产品（中国）有限公司诉国家工商行政管理总局商标评审委员会商标确认纠纷案”，北京市第一中级人民法院（2008）一中行初字第196号判决书。

149.“刘建佳与索尼爱立信移动通信产品（中国）有限公司等商标行政纠纷上诉案”，北京市高级人民法院（2008）高行终字第717号判决书。

150.“王士本诉北京市怀柔区桥梓镇平义分村经济合作社等农业承包合同纠纷案”，北京市怀柔区人民法院（2009）怀民初字第02683号判决书。

151.“青岛汉缆股份有限公司诉青岛松山机械有限公司商标侵权纠纷案”，山东省青岛市中级人民法院（2009）青民三初字第137号判决书。

152.“鲁道夫·达斯勒体育用品波马股份公司与农工商超市（集团）有限公司侵犯商标专用权纠纷上诉案”，上海市高级人民法院（2009）沪高民三（知）终字第70号判决书。

153.“四川省爱心（集团）有限公司诉泸州爱心金行商标侵权与不正当竞争案”，四川省泸州市中级人民法院（2009）泸民初字第36号判决书；四川省高级人民法院（2010）川民终字第182号判决书。

154.“王洪洲诉国家工商行政管理总局商标评审委员会商标异议行政纠纷案”，北京市第一中级人民法院（2010）一中知行字初第2117号判决书。

155.“好×化工股份有限公司诉台湾地区‘行政院’公平交易委员会违反‘公平交易法’”案，台湾地区“最高行政法院99年（2010）判字第28号”。

（六）法律、法规及其他规范性文件

156.《中华人民共和国刑法》第18、48、213、219、221、246、292、367条。

157.《中华人民共和国民法通则》第7、101条。

158.《中华人民共和国物权法》第85、116条。

159.《中华人民共和国刑事诉讼法》第60条。

160.《中华人民共和国行政诉讼法》第32、40条。

161.《中华人民共和国民事诉讼法》第61、63、72、73条。

162.《中华人民共和国商标法》第10、13、14、16、57、58条。

163.《中华人民共和国公证法》第2、11、12、13、29条。

164.《中华人民共和国合同法》第22、26、60、61、92、125、136、293、368条。

165.《全国人民代表大会常务委员会关于司法鉴定管理问题的决定》第2条。

166. 最高人民法院、最高人民检察院、公安部、国家安全部、司法部:《关于规范量刑程序若干问题的意见》(试行)第11条。

167. 最高人民法院、最高人民检察院、公安部:《关于办理侵犯知识产权刑事案件适用法律若干问题的意见》第5、6条。

168. 最高人民法院、最高人民检察院:《关于办理侵犯知识产权刑事案件具体应用法律若干问题的解释》第8条。

169. 最高人民法院:《关于审理商标民事纠纷案件适用法律若干问题的解释》第1、8、10、22条。

170. 最高人民法院:《关于审理涉及驰名商标保护的民事纠纷案件应用法律若干问题的解释》第1、8、9、10条。

171. 最高人民法院:《关于民事诉讼证据若干问题的规定》第9、56、73、77条。

172. 最高人民法院:《关于审理涉及计算机网络域名民事纠纷案件适用法律若干问题的解释》第4条。

173. 最高人民法院:《全国法院知识产权审判工作会议关于审理技术合同纠纷案件若干问题的纪要》第2条。

174. 最高人民法院:《关于行政诉讼证据若干问题的规定》第68条。

175. 最高人民法院:《关于进一步加强少年法庭工作的意见》第13条。

176. 最高人民法院:《人民法院量刑程序指导意见》(试行)第6条。

177. 最高人民检察院:《人民检察院刑事诉讼规则》第437条。

178. 国务院:《关于修改〈中华人民共和国专利法实施细则〉的决定》第32条。

179. 国家工商行政管理总局:《驰名商标认定和保护规定》第2条。

180. 卫生部:《精神疾病司法鉴定管理办法》第21条。

181. 卫生部:《关于加强对精神病院管理的通知》附件1~5条。

182. 北京市高级人民法院:《关于审理商标民事纠纷案件若干问题的解答》第10条。

183. 台湾地区"行政院公平交易委员会对于公平交易法第二十条案件之处理原则"第13条。

(七)网络资料

184. 胡明:"试论抽样调查结论作为民事诉讼证据之可行性",载《德衡论文集》,http://www.deheng.com.cn/asp/PAPER/html/200811715124737.htm。

185. "某舞蹈演员诉某主持人名誉侵权案",载"卢湾区公证处实施保全证据公证",http://www.shanghai.gov.cn/shanghai/node2314/node2315/node15343/userobject21ai116937.html。

186. 靳伟华:"是恶意炒作,还是善意报道——范志毅名誉权案焦点凸现",载http://old.jfdaily.com/gb/node2/node17/node18/node1289/node1290/userobject1ai5021.html。

187. 李国泉:"关于驰名商标认定的几个法律问题星源公司等与上海星巴克咖啡馆有限公司等",载http://www.shezfy.com/spyj/alpx_view.aspx? id=5866。

二、英文参考文献

(一)专著

1. Alisa Smith, Law, Social Science, and Criminal Courts, Carolina Academic Press, 2004.

2. Andre A. Moenssens, Ray Edward Moses Fred E. Inbau, Scientific Evidence in Criminal Cases, the Foundation Press, Inc., 1975.

3. Angelo N. Ancheta, Scientific Evidence and Equal Protection of the Law, Rutagers University Press, 2006.

4. Betsy Levin & Willis D. Hawley (Eds.), The Courts, Social Science, and School Desegregation, New Brunswick: Transaction Books, 1975.

5. Brameld, Educational Costs, in Discrimination and National Welfare MacIver, ed., (1949).

6. Cf. Barksdale, The Use of Survey Research Findings as Legal Evi-

dence (Printers'Ink Books. 1957).

7. David L. Faigman, Michael J. Saks, Joseph Sanders, Edward K. Cheng, Modern Scientific Evidence: Standards, Statistics, and Research Methods, 2008 Student ed. Thomson West, 2007.

8. Edelman, S., Failure to conduct a survey in trademark infringement cases: A critique of the adverse inference. Trademark Reporter, 2000.

9. Frazier, The Negro in the United States (1949).

10. J. Moore, Moore's Federal Practice § 2.712 (1982).

11. James W. Loewen, Social Science in the Courtroom, Lexington Books, 1982.

12. John Cutler, On passing off, or illegal substitution of the goods of one trader for the goods of another trader, Gay and Bird, 1904.

13. John Monahan & Laurens Walker, Social Science in Law: Cases and Materials, Foundation Press, 2010.

14. Myrdal, An American Dilemma (1944).

15. Noreen L. Channels, Social Science methods in the legal process, Rowman & Allanheld, 1985.

16. Oliver Wendell Holmes, The Common Law, Little, Brown, and Company, 1881.

17. Rosemary J. Erickson & Rita J. Simon, The Use of Social Science Data in Supreme Court Decisions, University of Illinois Press, 1998.

18. Rosen Paul L. The Supreme Court and Social Science, University of Illinois Press, 1972.

19. Wallace D. Loh, Social Research in the Judicial Process: Cases, Readings and Text, Russell Sage Foundation, 1984.

20. Witmer and Kotinsky, Personality in the Making (1952), c. VI.

(二) 论文

21. Adrian A. S. Zuckerman: Law, Fact or Justice, Boston University Law Review, Vol, 66.

22. Benjamin F. King, Statistics in Antitrust Litigation, in Statistics and the Law 49 (Morris H. DeGroot et al. eds., 1986).

23. Bonynge, Trademark Surveys and Techniques and Their Use in Liti-

gation, 48 A. B. A. J. 329 (1962).

24. Brandon Garrett, Judging Innocence, Columbia Law Review, January 2008.

25. Charles Hennekens et al., Self – Reported Breast Implants and Connective – Tissue Diseases in Female Health Professionals: A Retrospective Cohort Study, 275 J. A. M. A. 616 (1996).

26. Charles E. Wyzanski, Jr., A Trial Judge's Freedom and Responsibility, in Whereas – A Judge's Premises: Essays in Judgment, Ethics, and the Law 18 (1965).

27. Chein, What are the Psychological Effects of Segregation under Conditions of Equal Facilities?, 3 Int. J. Opinion and Attitude Res. 229 (1949).

28. David Faigman, To Have and Have Not: Assessing the Value of Social Science to the Law as Science and Policy, 38 Emory Law Journal 1005 (1989).

29. Deutscher and Chein, The Psychological Effects of Enforced Segregation: A Survey of Social Science Opinion, 26 J. Psychol. 259 (1948).

30. Edward J. Imwinkelried, Attempts to Limit the Scope of the Frye Standard for the Admission of Scientific Evidence: Confronting the Real Costs of the General Acceptance Test, 10 Behavioral Sciences and the Law 441 (1992).

31. Edward J. Imwinkelried, The Daubert Decision: Frye Is Dead, Long Live the Federal Rules of Evidence, 29 Trial 60, 62 – 63 (Sep. 1993).

32. Erik Giltay et al, Silicone Breast Prostheses and Rheumatic Symptoms: A Follow Up Study, 53 Ann. Rheum. Dis. 194 (1994).

33. Gregory Todd Jones and Reidar Hagtvedt, Sample Data as Evidence: Meeting the Requirements of Daubert and the Recently Amended Federal Rules of Evidence. 18 Ga. St. U. L. Rev. 721.

34. Hans Zeisel, The Uniqueness of Survey Evidence, 45 Cornell L. Q. 335. (1960).

35. John Monahan, Laurens Walker, Social Authority: Obtaining, Evaluating, and Establishing Social Science in Law, 134 U. Pa. L. Rev. 477

(1986).

36. John Monahan, Laurens Walker, Social Frameworks: A New Use of Social Science in Law, 73 Va. L. Rev. 559 (1987).

37. John Monahan, Laurens Walker, Social Science Research in Law: A New Paradigm, 43 Am. Psychol. 465 (1988).

38. John Monahan, Laurens Walker, Judicial Use of Social Science Research, 15 Law & Hum. Behav. 571 (1991).

39. John Monahan, Laurens Walker, Sampling Liability, 85 Va. L. Rev. 329 (1999).

40. John Monahan, Laurens Walker, A Judges' Guide to Using Social Science, 43 Court Review 156 (2007).

41. John Monahan, Laurens Walker, Sampling Evidence at the Crossroads, 80 S. Cal. L. Rev. 969 (2007).

42. John Monahan, Laurens Walker, Gregory Mitchell, The Limits of Sccial Framework Evidence, 8 Law, Probability & Risk 307 (2009).

43. Kelley v. American Heyer – Schulte Corp. 957 F. Supp. 873 (W. D. Tex. 1997).

44. Kenneth B. Clark, Mamie P. Clark, Emotional Factors in Racial Identification and Preference in Negro Children, The Journal of Negro Education, Vol. 19, No. 3, summer, 1950.

45. Kenneth Culp Davis, An Approach to Problems of Evidence in the Administrative Process, 55 Harvard Law Review 364 (1962).

46. Note, Public Opinion Surveys as Evidence: The Pollsters Go to Court, 66 Harv. L. Rev. 498, (1953).

47. Oliver Wendell Holmes, The Path of the Law, 10 Harvard Law Review 457 (1897).

48. R. Clay Sprowls, The Admissibility of Sample Data Into a Court of Laws: A Case History, 4 UCLA L. Rev. 222 (1957).

（三）裁判文书

49. American Co – op. Serum Ass'n v. Anchor Serum Co., 153 F. 2d 907 (7 Cir.), cert. denied, 329 U. S. 721, 67 S. Ct. 57, 91 L. Ed. 625 (1946).

50. American Luggage Works v. United States Trunk Co., 158 F. Supp. 50 (D. Mass. 1957).

51. Amstar Corporation v. Domino's Pizza, 615 F. 2d. 252 (5th Cir. 1980).

52. Brown v. Board of Education, 347 U. S. 483 (1954).

53. Bunting v. Oregon, 243 U. S. 426, 37 S. Ct. 435, 61 L. Ed. 830.

54. Carlock v. State, 609 S. W. 2d 787 (Tex. Cr. App. 1980).

55. Cimino v. Raymark Industries, Inc. 751 F. Supp. 649 (E. D. Tex., 1990).

56. Commonwealth v. Trainor, 374 N. E. 2d 1216, (Mass. 1978).

57. Daubert v. Merrell Dow Pharmaceuticals, Inc., 509 U. S. 579 (1993).

58. Dolphin Tours, Inc. v. Pacifico Creative Servs., Inc., 773 F. 2d 1506, 1508 (9th Cir. 1985).

59. Du Pont Cellophane Co. v. Waxed Prods. Co., 6 F. Supp. 859, 885 (E. D. N. Y. 1934), modified, 85 F. 2d 75 (2 Cir.).

60. E. I. Du Pont De Nemours & Co. v. Waxed Products Co., 299 U. S. 601, 57 S. Ct. 194, 81 L. Ed. 443 (1936).

61. EEOC v. Sears, Roebuck & Co., 628 F. Supp. 1264, 1308 (N. D. Ill. 1986); 839 F. 2d 302 (7th Cir. 1988).

62. Elgin National Watch Co. v. Elgin Clock Co., 26 F. 2d 376 (D. Del. 1928).

63. Garold Stores, Inc. v. Dillar Dept Stores, 82 F. 3d 1533 (10th Cir. 1996).

64. Gebhart v. Belton, 87 A. 2d 862, 865, (Del. Ch. 1952).

65. Hilao v. Estate of Marcos, 103 F. 3d. 789 (9th Cir. 1996).

66. In Re Estate of Ferdinand E. Marcos Human Rights Litigation, 910 F. Supp. 1460 (D. Hawaii, 1995).

67. Indianapolis Colts v. Metropolitan Baltimore Football, 34 F. 3d 410 (7th Cir. 1994).

68. Jack P. Lipton, The Use and Acceptance of Social Science Evidence in Business Litigation after Daubert, 5 Psych. Pub. Pol. and L. 59

(1999).

69. James S. Kirk & Co. et al. v. Federal Trade Commission, 59 F. 2d 179 (7th Cir. 1932).

70. Kelley v. American Heyer – Schulte Corp., 957 F. Supp. 873. (W. D. Tex. 1997).

71. Lerner Stores v. Lerner, 162 F. 2d 160, 162 (9th Cir. 1947).

72. Life Savers Corp. v. Curtiss Candy Co., 182 F 2d 4 (7th Cir. 1950).

73. Lochner v. New York, 198 U. S. 45 (1905).

74. Marcalus Mfg. Co. v. Watson, 156 F. Supp. 161, 164 (D. D. C1957), aff'd, 103 U. S. App. D. C. 299, 258 F. 2d 151 (1958).

75. Miles Labs., Inc. v. Frolich, 195 F. Supp. 256, 262 (S. D. Cal.), aff'd per curiam, 296 F. 2d 740 (9 Cir. 1961), cert. denied, 369 U. S. 865, 82 S. Ct. 1030, 8 L. Ed. 2d 84 (1962).

76. Miller v. California, 413 U. S. 15 (1973).

77. Muller v. Oregon, 208 U. S. 412. (1908).

78. Oneida,. Ltd. v. National Silver Co., 25 N. Y. S. 2d 271 (Sup. Ct. 1940).

79. People v. Muller, 96 N. Y. 408 (1884).

80. People v. Nelson, 410 N. E. 2d 476, 477 – 79 (Ill. App. Ct. 1980).

81. People v. Page Books, Inc., 601 N. E. 2d 273, 279 – 80 (Ill. App. Ct. 1992).

82. Richardson v. Quik Trip Corp., 591 F. Supp. 1151, 1153 (S. D. Iowa 1984).

83. Roth v. United States, 354 U. S. 476 (1957).

84. Saliba v. State, 475 N. E. 2d 1181 (Ind. Ct. App. 1985).

85. Smith v. California, 361 U. S. 147 (1959).

86. Smith v. Wal – Mart, 537 F. Supp. 2d 1302 (2008).

87. SMS Sys. Maintenance Servs., Inc. v. Digital Equip. Corp., 188 F. 3d 11 (1st Cir. 1999).

88. Sprowls, The Admissibility of Sample Data Into a Court of Law: A Case History, 4 U. C. L. A. L. Rev. 222 (1957).

89. State v. Williams, 598 N. E. 2d 1250, 1256 - 58 (Ohio Ct. App. 1991).

90. Stender v. Lucky Stores, Inc., 803 F. Supp. 259, 326 (N. D. Cal. 1992).

91. Supreme Court of Canada. [2006] 1 S. C. R 772, 268 D. L. R. (4th) 424, 2006 SCC22.

92. Triangle Publications v. Rohrlich, 167 F. 2d 969 (2d Cir. 1948).

93. Tyus v. Urban Search Mgt., 102 F. 3d 256, 263 (7th Cir. 1996).

94. United States v. Starzecpyzel, 880 F. Supp. 1027, 1033 (S. D. N. Y. 1995).

95. United States v. United Shoe Mach. Corp., 110 F. Supp. 295 (D. Mass. 1953).

96. Weatherred v. State, 963 S. W. 2d 115 (1998).

97. Wilhoite v. Olin Corp. No. CV - 83 - C - 5021 - NE (N. D. Ala. filed Jan. 11, 1983).

98. W. C. Ritchie & Co. v. Wayman, 244 Ill. 509, 91 N. E. 695.

99. Zippo Manufacturing Co. v. Rogers Imports, Inc., 216 F. Supp. 670 (S. D. N. Y. 1963).

(四) 其他资料

100. Bryan A. Garner, Black's Law Dictionary, 9th ed., West Group, 2009.

101. Federal Judicial Center, Reference Manual on Scientific Evidence, second edition, 2000.

102. Federal Judicial Center, Manual for Complex Litigation, Fourth, 2004.

103. K. B. Clark, Effect of Prejudice and Discrimination on Personality Development, Midcentury White House Conference on Children and Youth, 1950.

104. Mass. Gen. Laws ch. 272, § 31.

105. Notes of Advisory Committee on Federal Rules of Evidence (1972).

106. Federal Rules of Evidence (2000, 2004).

(五) 网络资料

107. John Monahan, Laurens Walker, Twenty - Five Years of Social Science in Law, Law Hum Behav, http://www.springerlink.com/content/ar866870r9h08525/.

108. A very Different Approach: A Comparison of the Use of Surveys in Trademark Actions in the UK and the US, http://www.sjberwin.com/Contents/Publications/pdf/102/030306105700.pdf.

109. 哥伦比亚大学法学院的课程介绍，http://www.law.columbia.edu/llmgrad_studies/courses/social_sciences。

110. 杜克大学法学院的课程介绍，http://www.law.duke.edu/curriculum/courseinfo/course? id = 79&all = 1。

111. 霍夫斯特拉大学法学院的学位信息介绍，http://law.hofstra.edu/Academics/Degrees/JDMA/index.html。

112. 弗吉尼亚大学法学院的课程信息介绍，http://www.law.virginia.edu/lawweb/course.nsf/PrCHPbS/111235459。

后　记

本书是在我的博士论文的基础上修改定稿的。2010年年初，一首名为《忐忑》的“神曲”横空出世，到了年底开始风靡网络，一度在金曲排行榜上独领风骚，无比给力。就在这期间，我也一直在为我的博士学位论文“忐忑”着。因此，在这一年间，我不仅没有心思领悟“神曲”中“啊依哟”的真谛，也无暇关注其他太多与己无关甚或有关的事情。不是我不明白，这世界变化太快。当然，更加准确地说，这世界或许根本没有变化得太快，而只是因为我在这一年过多地将自己安静地封闭在了书斋里，因此世界似乎相对地变化得更快了。写到这里，我感觉自己似乎参悟到了相对论的某些精髓，这显然是写完博士论文之后的一个预期之外的收获。

我需要坦率地承认，从2009年秋开始，自己是带着一种填补国内研究空白的“雄心壮志”初步选择了本书的题目。不过，随着研究进程的推进，我越发感到自己在驾驭这个题目方面有些力不从心，甚至一度怀疑自己的选择。不过，正是我接下来要提到的一系列师长、同学、亲朋所给我的极大的帮助和鼓励，最终促使我消除了疑虑，并且还算顺利地完成了本书的写作。

我这里需要首先并且希望以最为真挚的心情感谢我的博士生导师何家弘教授。何老师相信缘分，我也相信能够成为一名“何门弟子”是冥冥之中注定的缘分，更重要的是，我觉得能够拥有这个身份是一种荣耀。第一次见到何老师还是2005年在四川大学，那时我还是川大的一名普通本科生。当年春夏之交，听闻一位来自中国人民大学、名叫何家弘的教授要在学校里办一场讲座，由于长年收看《今日说法》，我立马想起来此人上过这个节目。于是，带着一种目睹“真人”的冲动，我在讲座开始之前很早就跑去占座，不料研究生院的大教室已经是人山人海了。费了很大的劲儿，我终于找到了一个座位。不过，除了还记得何老师讲了关于证据立法的相关问题之外，我实在想不起那次讲座的详细内容。这是因为，一来我当时基本上属于证据法方面的法盲，二来我去听讲座本身就有点“动机不纯”——只是想去瞅一瞅曾经在电视里见到过的明星教授。虽然我没有从讲座中学到什么实质性的知识，但是这位风度翩翩、风趣幽默，在讲座现场自称“弘扬法学家精神的可人”的教授却给我留下了极深的印象。我随后到图书馆找到他的《毒树之果》、《域外痴醒录》，立即被书中深入浅出的内容所吸引，开始发现法学文章竟然可以写得这么精彩绝伦、引人入胜。当然，我也找到了当时已经出版的几卷《证据学论坛》，开始从“卷首絮语”以及“网上对话”（即何老师与龙宗智老师通过网络媒介开展的学术对话，在证据法学界产生了非常积极的影响）等文章中汲取营养，同时也对何老师有了进一步的了解。客观来讲，我对证据法的兴趣最初就是从何老师的这些书和文章中逐步培养起来的。

缘分还在继续。2005 年年底，我毅然报考了中国人民大学法学院诉讼法专业的硕士研究生并且幸运地被录取了。2006 年 4 月复试结束，根据诉讼法学专业当年实行的双向选择，我在该专业的三个方向中毫不犹豫地选择了证据学与侦查学方向。毕竟，既然有机会到人大念书，我当然要冲着何老师去了。2008 年，我又坚定地报考了何老师的博士生，继续做一名何门弟子。3 年的博士学习期间，我不仅在何老师的指导下在学业上有了很大的长进，而且还有机会参与管理证据学教研室、安排学术会议、赴多地调研，这些都让我得到了极大的锻炼，开阔了眼界。

这篇博士论文的写作当然最需要感谢的是何老师的指导。但是为了更为明确地反映这篇论文从选题到定稿的写作过程及心路历程，我准备大致按时间顺序分别感谢以下这些老师和同学们。需要特别说明的是，由于只是基于叙述的方便，以下“排名”不分先后。

这里先从感谢我的博士后合作导师——中国人民大学社会与人口学院的郭星华教授说起。实际上，正是郭老师的提携直接促使我有机会接触到与本书相关的问题。2008 年秋，我带有一种听点新鲜课程的想法，选修了郭老师的“法律社会学”，想听听社会学家是如何解读法律问题的。除了极大地开阔了眼界之外，我还有了一个意外的宝贵收获。课程临近结束之际，郭老师希望从几位选修该课的法学院学生中挑选一位同他一起翻译美国南卡罗莱纳州立大学社会学家马修·戴弗雷姆（Mathieu

Deflem）撰写的《法社会学讲义：学术脉络与理论体系》（*Sociology of Law*：*Visions of a Scholarly Tradion*）一书。在审核了我们几位法学院博士生的一小段翻译之后，我有幸被选中，同郭老师、邢朝国博士一起完成了该书的翻译。于是，这本于 2010 年 8 月由北京大学出版社出版的译著封面便印上了我的名字。正是在这本书的翻译完成后，我萌生了将法社会学的理论、知识或研究方法应用到我的专业也即证据学的研究之中的想法。2009 年秋的一天，郭老师给我打来电话，问我是否愿意同他的学生邢朝国博士共同将美国圣路易斯大学著名的社会学家史蒂文·瓦戈（Steven Vago）享誉学界的著作《法律与社会》（*Law and Society*，*9th edition*）翻译过来。我当即应允。毕竟，同朝国兄一起做翻译工作已经被证明是一件令人非常有收获而且充满愉悦的事。2010 年年初，我和朝国兄将这本全文达 68.5 万字并且为全球 500 多所大学所选用的教材的翻译工作完成，该书也已于 2011 年 4 月由中国人民大学出版社出版。如果说前一部译著使我有了进行交叉学科研究的初步设想的话，那么第二部译著则直接促成我选择了本书的题目。在翻译该书第四章第四节即“法官造法”部分的时候，我发现美国的法官经常在诉讼中接受一些带有社会科学研究特征的证据，作为造法的依据（参见本书第一章对社会科学证据进行界定的时候提到的三种类型）。在读到这部分的时候，我突然感到书中的这部分论述恰恰是我的专业与法社会学交叉的绝佳结合点，并且涉及我国证据法学界尚没有关注到的社会科学证据的问题。于是，我一边翻译此书，一边开始查阅与社会科学证据相关的资料，并且惊奇地意识到自己挖掘到了一座学术研究的富矿。这是因为，社会科学证据至少在美国已经有了一个世纪的研究传统，但是在我国的证据法学研究中还处于一片亟待开垦的空白地带。

2009 年 12 月 17 日，在中国人民大学法学院证据学研究所组织的“证据法学的发展趋势”研讨会上，我结合对以上问题的初步设想，以“社会科学研究成果在司法证明中的应用”为题进行了一个简短的发言。在此次会上，德恒律师事务所的李贵方律师、北京大学法学院的汪建成教授分别通过评议和提问的方式促使我对这个问题的思考更加深入。我在此向他们表示由衷的感谢。

2010 年 1 月，在四川大学西门外的一个小饭馆里，我同四川大学法学院的张斌教授进行了一次长谈，张老师对我选择这个题目表示了极大的支持。实际上，我还在川大读本科的时候就和张老师比较熟，而且正是他在我报考研究生之后向何老师推荐了我。在北京学习的这几年间，张老师一直对我关心有加。在写作过程中，他还通过电子邮件给我的论文框架提出了非常有价值的建议。到了2010年5月，我迎来了博士学位论文的开题报告，何家弘老师、周惠博老师、戴玉忠老师、李学军老师和刘品新老师都给我提出了极为宝贵的建议。例如，李学军老师结合她写博士论文的经历，给我了很多实用的建议，而刘品新老师则敏锐地指出了需要我重点关注的一些问题。论文的写作在开题报告之后便断断续续地进行，2011年年初完成初稿，并且接受了何家弘老师、李学军老师和刘品新老师对我进行的预答辩。三位老师对我的稿件密密麻麻的批注使我从结构、观点、材料和语言等多个方面认识到论文存在的问题，并及时进行了修改。

当然，这篇论文能够顺利定稿，我还要感谢论文评阅专家及答辩委员会成员周惠博教授、王传道教授、张玉镶教授、戴玉忠教授、杨迎泽教授、张方教授、李学军教授、刘立霞教授、刘品新副教授。各位专家对论文中尚存在的问题提出了极其宝贵的修改意见，促使我产生了进一步的思考。总之，这篇论文的完成要特别感谢以上多位老师的悉心指点。

除了以上几位老师，我还有好多人需要感谢，甚至担心“后记”会成为一篇冗长的流水账。但是，即使这篇后记会让人感觉冗长，我也得继续感谢下去。这里首先要感谢的是何师母。在北京5年的学习生活，师母在生活上给了我很大的帮助，跟师母的接触总是能给人以家的温暖。此外，人大证据学教研室已经成为我生命中一个重要的大家庭，刘晓丹老师、许明老师、毛自荐老师、谢君泽老师使我在这儿的学习生活产生了极大的归属感。此外，太多的师兄师姐、师弟师妹在这几年间也给了我家庭般的温暖，由于实在无法历数他们的名字，这里仅仅以一个我们共有的称谓来代替，那就是感谢所有的这些关心支持我的“何门弟子”们。当然，这里特别要提到我在2008级的同门刘英明和李薇薇。他们不仅是我的同学，更是我亲爱的兄长、大姐，我们共同在人大经历了几年令我们难忘的求学时光。除此之外，还有好多同学、朋友也需要感谢。一个屋檐下生活了3年的同学崔蕴涛、向波、钟澄经常会从不同的专业角度给予我启发。特别要提到的是“老崔”，可以这样说，这篇论文写作过程中的一些灵感就是同他在人民大学中区食堂二层一起吃西红柿刀削面和麻辣香锅的过程中“碰撞”出来的。

最后，我要感谢我最亲爱的家人。在北京求学必然与家人在空间上分开，导致“学孝不能两全”。我的父母给予我的经济上、精神上的最大支持，成为我一直奋勇向前的动力。2008 年的汶川大地震（我家离震中的直线距离大概不超过 100 公里）使得家里的房屋成为危房，不得不推倒重建。更令我心痛的是，当日下午，我与家人一度无法取得任何联系，心急如焚的感受至今难忘，回忆起来不禁令人唏嘘。然而，远在千里之外的我对此却无能为力，只希望能够通过将来的努力给家人更多的回报和安慰。

2013 年 6 月，我从中国人民大学社会系博士后流动站出站之后，有幸加入西南政法大学刑事侦查学院这个温暖的“刑侦大家庭”。任惠华院长、易旻副院长、贾治辉副院长、刘正宏书记、胡尔贵副书记、管光承教授、裘树祥教授、郑海教授、郑晓均教授、马方教授、张凌燕教授等老师对我的工作和生活给予了莫大的关心和帮助，本书也系重庆高校物证技术工程研究中心、重庆高校物证技术创新团队建设（KJTD201301）的阶段性成果，在此向各位老师及以上两个研究平台的支持一并表示感谢。

完成我的博士学位论文并出版成书，回过头再来听听《忐忑》，发现那首“神曲”还真有那么点意思。我的心里也不再那么“忐忑”了。

梁　坤

2011 年 5 月初稿于中国人民大学

2013 年 12 月定稿于西南政法大学